KB150449

윤대성 희곡 전집

·

2

윤대성 희곡 전집
· 2

평민사

윤대성 희곡전집

차 례

서문 • 6

추천사
— 한국희곡문학계의 이정표 • 8

망나니 • 11

노비문서 • 93

너도 먹고 물러나라 • 177

제국의 광대들 • 209

남사당의 하늘 • 265

윤대성 희곡 연구
좌절과 비극의 작가
— 초 · 중기 작품을 중심으로 • 322

서문

재작년부터 제자들이 나의 정년퇴직 기념사업 준비를 위해 모임을 가진다는 얘기를 전해 들었을 때 한편으로 고맙기도 했지만 내가 어느새 65세 노인이 된다는 사실에 아연했다. 나는 자신이 항상 젊다고 생각했고 또 철이 덜 든 젊은 이처럼 그렇게 말하고 행동했다. 그러나 오는 세월을 나라고 막을 수 있겠는가? 그래서 제자들에게 군이 정년퇴직 기념행사를 하려면 연극을 공연한다든가, 세미나를 하는 번거로움은 말고 그 동안 내가 발표한 작품들을 모은 전집 출간을 하자고 제안했다.

내 희곡집은 그 동안 네 권이 나와 있는데 함께 다시 편집해서 연극을 공연하는 단체나 희곡을 연구하는 후학들이 내 희곡의 특색을 한눈에 알아 볼 수 있게 전집으로 나누어 내는 데 합의했다.

첫째 권은 내 데뷔작품 「출발」을 비롯한 예술과 사랑, 가족과 개인의 갈등 같은 주로 존재의 문제를 다룬 작품들로 거의가 그 주인공이 나의 분신이라 할 수 있는 작가의 사적인 경험을 바탕으로 한 작품들이다.

둘째 권에 수록된 작품들은 한국 전통극에 대한 나의 관심이 표출되어 70년 대 전통의 현대화란 한국 연극사의 화두를 연 작품들이다.

셋째 권은 나의 출세작 「출세기」를 비롯하여 우리 사회의 부조리한 모순 등의 제 문제를 다룬 사회문제극들을 모았다.

넷째 권은 청소년을 위한 별들 시리즈 3부작을 비롯하여 뮤지컬 계통의 작품을 실었다. 마지막 작품「시스가족」은 뮤지컬은 아니지만「당신 안녕」이후 너무 무거운 내 작품 경향에서 탈피하여 마치 만화를 그리듯 가볍고 즐겁게 그러나 현대 사회의 문제를 꼭 집어내는 코믹 가족극을 만들려는 새로운 시도를 보인 작품으로 앞으로의 내 작품의 방향을 선보이는 뜻에서 "방황하는 별들" 과 함께 실었다.

이들 작품 외에 아마추어 시절의 작품「손님들」,「형제」,「아들들」,「어쩌면 좋아」,「열쇠」와 전문 극작가 시절의 작품인「목소리」,「더러운 손」,「파벽」,「사의 찬미」(대극장 공연 작품),「어느 아버지의 죽음」 등이 있으나 이번 전집에서는 제외했다. 이유는 내 마음에 썩 들지 않거나 각색 작품(「더러운 손」,「어느 아버지의 죽음」)들이기 때문이다.

정년을 기념해서 내놓는 전집이지만 나는 대학 교수가 정년이 되었다는 것 뿐이지 극작가로서의 활동이나 생활은 이제부터가 시작이라고 생각한다. 내가 정년이라는 소문이 나면서 벌써부터 작품의뢰가 쏟아진다. 그 동안 대학 강의 때문에 바쁠 것이라고 지레짐작하고 청탁을 못했던 극단이나 기획자가 이젠 마음 편히 작품을 부탁하고 있다.

앞으로 몇 년간 매년 내 작품이 공연되는 광경을 보게 될 것이며 계속 작품을 쓸 것을 여러분과 약속한다. 이번 전집 발간에는 서울예대 극작과 제자들의 노고와 학생들의 꾸준한 협조가 바탕이 되었음을 강조하고 싶다. 특히 내 제자이며 조교였던 이상범 교수, 조태현, 성혜영 그리고 이 어려운 시절에 전집출판을 쾌히 승낙한 평민사 관계자들에게 감사드린다. 내가 감사해야 할 사람들이 어찌 이들뿐이겠는가? 고마워하는 내 마음이 여러분들에게 속속들이 전해지기를 바랄 뿐이다.

2004년 1월 송추 자택에서

윤 대 성

한국희곡문학계의 이정표

차 범 석 | 극작가, 예술원 회원

극작가 윤대성 씨와 나는 여러 면으로 인연을 맺고 있다. 대학 동문이라는 것, 같은 극작가의 길을 걸어왔다는 것, 서울예술대학 극작과 교수로 함께 있었다는 경력이 그것을 분명히 말해주고 있다. 그러나 보다 개인적인 면에서 윤대성 씨가 늦장가를 갔을 때 나더러 주례를 서달라는 청을 받았을 때부터 우리의 끈끈한 인간관계가 시작되었다고 해도 과언은 아닐 것이다.

은행원으로서 정착된 생활을 하고 있으면서 틈틈이 희곡을 쓰거나 직장 연극서클을 지도해 오던 윤대성 씨는 누가 보더라도 착실하고 빈틈없고 사리에 분명한 모범적인 사회인이었다. 그래서 혼기도 다소 늦어진 편이었다. 그런데 나하고 나이 차이로는 10년 좀 넘는 터이고 결혼 주례감으로는 대학교수나 은행측에서도 얼마든지 적임자를 모셔올 수 있었을 터인데도 젊은 나더러 굳이 주례를 서달라고 일방통행으로 결정을 내리던 그 날의 그의 표정은 아직도 눈에 선하다. 상투적인 형식을 싫어하고, 시류에 편승하기를 경멸하고, 타성이나 관성에 떠밀려 그런대로 한 세상 살다가는 사람을 기피하고, 말 없는 가운데 자성과 자기연마와 자기세계의 개척에 혼신의 힘을 기울이려는 그의 의지를 나는 꿰뚫어 볼 수가 있었다. 뿐만 아니라 그로부터 약 30년, 해마다 설 명절 때는 틀림없이 세배를 왔다. 그것도 부부동반이며 선물은 〈초이스〉 커피 한 통이 지정상품이었다. 나는 그 한 가지만으로도 극작가 윤대성 씨가 어떤 삶을 추구하고 있으며, 그 삶의 숭고체이지 지기성찰의 끼나는 흔적이 바로 이 책에 실린 수많은 희곡에 땀과 피와 한숨과 눈물의 결정체로 우리 곁에 다가온 것을 누구보다도 축하하는 사람 가운데 하나임을 자부하고 있다.

극작가 윤대성 씨는 보기 드문 극작가이다. 내가 굳이 보기 드물다는 형용사를 쓴 것은 그가 희곡이나 연극에 대한 욕구와 집념이 남다르다는 뜻도 있지만 오늘의 연극이 어찌보면 난장판을 치루고 허세를 부리고 모방과 표절을 무슨 재치로 여기는 판국에서 그는 오직 정도(正道)와 지사(志士)적 고집으로 일관해왔다는 사실이다. 투철한 역사의식이나 민족의식을 바탕에 두고 역사적 현실을 예리하게 투시하면서 돌진하는 모습은 처절하게 느껴질 때가 있다. 그런가 하면 혼탁과 상실의 현실 속에서 한국의 정신세계를 재조명하는 가운데 문화비평이나 사회변천의 병리를 해학과 풍자와 패러디로 엮어나가려는 연극성의 탁월함을 피부 가까이 느낄 때마다 극작가 윤대성이 새삼 작은 거인으로 느껴졌던 것도 나의 솔직한 심정이다. 자기 소신에서는 한 치도 물러서지 않되 상반되는 경향성 작품에는 냉담할 정도로 창문을 닫고 말을 아끼는 그의 몸가짐은 분명 지사(志士)의 경지가 아니고서는 흉내낼 수 없는 일이다. 이웃나라 일본이나 미국을 뻔질나게 드나들면서, 이른바 '현대연극'이라는 라벨을 갖다 붙이면서 앞서가는 양 호기를 떨치는 후배작가들에게 냉담할 정도로 비평하는 극작가 윤대성 씨의 의지와 지성은 누구나 해낼 수 있는 몸짓은 아닐진데 나는 감히 그를 보기 드문 극작가라고 말하고 싶다.

오늘날 한국의 연극은 새판을 짠다고들 한다. 바꾸어 말해서 극작가 윤대성 씨를 포함해서 기성세대에게는 희망도 보람도 없으니 새로운 세대들이 연극계에 새판을 짜기라도 하려는 듯 기염을 내뿜고 있다. 매우 고무적이다. 그러나 매우 위험한 객기다. 뿌리가 없는 넝쿨들만 무성하기 때문이다. 낡았다는 것과 해를 묵혔다는 것은 전혀 별개의 개념이다. 극작가 윤대성 씨가 그 동안 작품을 집대성한 이 전집을 한국희곡문학계의 하나의 이정표가 될 것이다. 따라서 무엇이 새롭고 무엇이 낡았는가라는 답은 그때 가서 해도 늦지 않을 것이다. 평생을 걸고 희곡을 써나온 사람에게 있어서 유행성 경향만큼 허망하고 서글픈 건 없다. 기나긴 세월을 두고 흘러내리는 강 앞에서 누가 그 강의 전모를 정시할 수 있으랴. 나는 그런 관점에서 극작가 윤대성 씨의 희곡 전집을 더할 수 없는 무게와 존경심을 모아 축하하는 바이다.

망나니

등장인물

老僧: 白色탈을 썼다. 흰 장삼에 염주를 두르고 고깔
     을 썼다. 손에 부채를 든다.

고석할미(마당귀신): 赤色탈을 썼으며 까만 옷으로
     온몸을 감싸고 있다.

마당쇠: 갈색의 탈을 쓸 때도 있으며 劇中에선 쓰지
     않는다.

천수(皮千壽): 후에 망나니 된다.

계영(桂影 또는 桂月香): 천수의 아내

난희(蘭姬): 그들의 딸

賢西: 천수의 친구로 낙향한 선비다.

아이: 마당쇠의 어릴적

(以上의 人物은 各場에서만 등장한다.)

할머니   마님

용녀: 마님의 몸종   포도대장

포졸: 甲 · 乙 · 丙   피난민들: 男女 多
數

평양백성들: 男女 多數

隊長: 義兵으로 자칭하는 도적들

도끼태봉   기타: 부하 약간 명

죄수: 甲 · 乙   옥졸

萬弼: 선비이며 賢西의 친구

酒母   平壤監司

趙文龍: 평양주둔 명나라 장군

陳   趙장군의 副官

조선관리: 甲 · 乙   아전

妓生: 甲 · 乙 · 丙 · 丁 기타   大: 甲 · 乙 · 丙

그 외

第 一 場

막이 오르기 전부터 농악 소리가 조금씩 들려온다. 서서히 막이
오름에 따라 그 소리는 커지면서 막이 완전히 올랐을 때 농악
소리는 멈추고 음악이 염불곡으로 바뀌면서 조명이 무대 가운
데를 비치면 거기엔 갈색 가면이 걸려 있고 그 앞에 엎드린 듯
머리를 조아리고 있는 老僧이 보인다. 노승의 어깨는 염불곡에
맞춰 파도치는 듯 조금씩 움직이며 서서히 일어난다. 삼진삼퇴
사방치기 돌단춤 등의 춤을 춘다. 춤의 의미는 東西南北 四方
에 있는 神에게 또는 관객에게 인사를 하는 것이며 觀衆을 쫓는
것이다. 이 염불곡이 채 끝나기도 전에 찬 바람이 불면 무대 좌
측 상단에 고석할미 등장하여 춤추는 노승을 노려본다.

고석 어느 놈이 남의 마당에 와서 주인을 쫓는 춤을 추느냐?

노승 (춤을 멈추며) 허— 남의 춤판에 뛰어들어 이 마당이 너의 마
당이라고 말하는 너는 누구냐?

고석 나는 고석할미, 마당귀신이다. 이 마당에서 병들어 죽고 칼
맞아 죽고 분해서 죽고 전쟁에서 죽은 모든 혼령을 거느리고

있는 귀신이다. 나는 안개 낀 아침, 이슬비 오는 저녁이면 이 마당에서 죽어간 사람들의 영혼을 달래기 위해 그들과 같이 춤추고 노래하며 저들의 원한을 풀어 주었느니라.

노승 너는 어찌 인간의 죽음만을 생각하느냐? 만물에도 계절이 있 듯이 이 하늘 아래에는 두 가지의 때가 있는 것이니 태어날 때가 있으면 죽을 때도 있듯이, 심을 때가 있으면 반드시 이 를 가꿀 날도 있는 것이며, 병들 때가 있으면 곧 나을 때도 있 는 것처럼 통곡할 때가 지나면 웃을 때도 오는 것이며, 전쟁 이 있으면 평화가 오는 것처럼 무너질 때가 있으면 다시 세울 날도 있는 것이니, 네 어찌 마당귀신이라 해서 인간의 고통과 죽음의 비애만을 돌보려 하려느냐?

이 마당에서 나는 새로 태어난 생명의 탯줄이 타는 내음을 맡 아 왔으며 그들의 희망에 찬 첫 목소리에 귀 기울여 왔으며, 또한 봄이면 씨를 뿌리기 위해 온 가족이 마당에 모여 일 년 의 풍년이 들기를 기원하는 그들의 간곡한 기도를 들어 왔느 니라. 뙤약볕에 등을 태우며 온종일 고된 하루를 보낸 그들에 게 시원한 그늘과 사랑을 준 것도 이 마당이며, 가을이 되면 곡식을 거둬들여 가을 타작을 하는 곳도 이 땅이니, 네 어찌 이 마당의 주인이 너뿐이라 하느냐?

고석 보아하니 넌 중놈인 듯한데 알기도 많이 아는구나. 그렇지만 넌 모르는 것이 있어.

인간은 고통 받기 위해 사는 것이야! 통곡할 때를 준비하기 위해 웃어 보는 것이지. 서로 미워하기 위해 사랑하는 척하는 것이지. 저들은 평화를 위해 전쟁을 하고 있지만, 결코 전쟁은 끝나지 않는 것이야! 보라, 전쟁은 곳곳에서 끊임없이 일어나고 있는 것을, 저들은 입버릇처럼 평화, 평화를 부르짖지만 진정 평화가 무엇인지 모르고 있어. 왜? 저들은 평화로워 본 적이 없으니까. 핫하…….

그래서 인간은 산다는 것을 두려워하고 있지. 아니, 인간은 生 자체를 증오하고 있는 셈이야. 왜냐? 모든 것이 허무한 것이기에 모든 일, 노력은 헛된 것이기에. 그래서 그들은 죽음을 찬미하고 나 죽음의 神을 찾느니라. 핫하…….

노승 너는 인간의 괴로움과 고통과 미움과 전쟁과 죽음만을 벗해 왔기 때문에 너의 시커먼 그 머리에서 발끝까지는 온통 절망으로 찌들어 버렸구나. 그렇지만 보아라. 인간은 죽지 않고 살아있는 것이다. 아무리 삶이 고통이고 괴로움뿐이라 하지만 인간은 절망하지 않은 것이다. 저들이 걸어온 발자취를 보렴. 여기 내가 있고 저들이 있어 죽지 않고 연연히 살아오는 것이 그 증거이니 이는 저들에게 희망이 있고 보람이 있고 사람의 의욕이 있는 때문이니라. 이제 인간은 너를 찾지 않으리라!

고석 천만에, 뒷골목에 가보렴. 어둠과 한 번 친해 보렴. 저들의 생활 속 곳곳에 내가 거처하고 있으니 누가 감히 나를 없다고는 말하지 못하지. 역사는 진보하는 것이 아니라 맴돌고 있을 뿐, 진보하는 것은 사람이 아니라 기계지. 그래서 보렴, 지혜 있는 자는 항상 슬퍼하는 것을!

이때 굿거리장단이 들린다.

노승 쉬— 저기 사람이 오는군. 마침 잘됐어. 그럼 우리 내기를 해 볼까?

고석 내기라니?

노승 역사를 거슬러 올라가 보세. 가장 저들이 고통스러웠던 역사 속의 인간이 죽음을 찬미하고 절망하여 스스로 목숨을 끊는 가 아니면 내일을 위해 다시 출발하는가를 보는 거야.

고석 그럴 때라면 나도 알지, 六·二五?

노승 아, 그건 안 돼. 그 상처는 아직도 아물지 않고 있는 걸? 결론 이 날 수가 없지.

고석 六·二五를 빼고 이 민족이 당한 가장 처참한 전쟁이라면 임 진왜란이겠지. 그렇담 四백년을 거슬러 가야겠군, 어떤 방법 으로 한다?

노승 저기 올라오는 아이를 역사 속에 넣어 보는 거야.

고석 저 애를 주인공으로 하려고?

노승 아니, 그럴 수야 없지. 역사를 보게 하는 거야. 보고 느끼는 것으로 충분하니까. 저 탈을 쓰면 되네. 저 탈을 쓰면 자유롭 게 시대의 종횡을 달릴 수가 있지. 자 조용히 하세.

타령 장단에 맞춰 지게 작대기를 두드리면서 열 대여섯 된 아이 등장한다.

노승 게 있거라.

아이 아니 웬 놈이 어른 행차하시는데 게 있거라 하느냐?

노승 헛, 그놈 참, 아이 녀석이 어른 흉내를 내니……

아이	어른도 어른 행세를 해야 어른이지 거드름만 피우면 어른인가?
노승	(썩 나서며) 이놈, 내다.
아이	아이구 스님이세요? 난 또 누구시라구? 그런데 새벽같이 여긴 웬일이세요?
노승	좀 볼일이 있어 내려왔다. 그런데 무슨 좋은 일이라도 있느냐?
아이	저 장가 가게 됐어요.
노승	아니! 네가 몇 살인데 벌써 장가를 가느냐?
아이	설 쇠고 열 여덟이지요. 하지만 어디 나이가 문젠가요? 제가 장손이거든요. 할아버지가 오늘 내일 하시는데 얼른 보내라고 야단 야단이에요. 할아버지 노환 덕택에 장가를 다 가게 됐으니 이렇게 신나는 일이 있어요?
노승	그래 누구하고 가느냐?
아이	그야 여자하고 가지 누구하고 가겠어요?
노승	헛, 녀석하고 얘기하는 내가 바보다. 그런데 애야, 너 저 탈 한번 써보지 않겠느냐?
아이	(탈을 보며) 저 광대 탈 말인가요?
노승	그래 저 탈은 내가 만든 거다.
아이	(신기한 듯 이리저리 탈을 보며) 허긴 한번 이걸 쓰고 멋들어지게 춤이나 추어 봤으면 좋겠다. (만지려 한다)
노승	잠깐, 그런데 이 탈은 한번 쓰면 벗겨지지 않는다.
아이	하 참, 스님 누굴 놀리세요? 전 이래 뵈도 배울 건 배워서 알 건 다 안단 말이에요. 산중 절간에서 염불이나 하고 앉았을

	스님보다는 세상 일에 한결 밝지요. 그래서 어른 되는 거 아
	니에요? 스님은 어디 어른 돼 봤어요? 밤낮 총각이지. 헷헤!
노승	헛! 녀석 못하는 말이 없구나. 그래 네가 알면 무얼 얼마나 안
	단 말이냐?
아이	흥, 저 탈 말이에요. 누가 광대 되는 거나 좋아하는 사람 있는
	줄 아세요? 광대 돼 봤자 상여 한 번 못 타고 거적 쓰고 저승
	가기 십상이죠.
노승	그래, 그럼 넌 뭐가 되고 싶으냐?
아이	되고 싶은 거야 많지요. 허지만 어디 세상이 뜻대로 되나요?
	다 타고난 팔자소관인걸요.
노승	녀석, 어린 녀석이 벌써부터 팔자소관을 탓하니 네 전정도 가
	히 짐작이 간다. 평생 남의 집 머슴살이밖에 못할 놈이로고.
아이	쳇, 누가 머슴 같은 걸 해요? 저 벌어서 살지.
노승	그래 장가는 언제쯤 가느냐?
아이	모르겠어요. 아직 색싯감도 못 정한걸요.
노승	빨리 가고 싶지 않으냐?
아이	아이 스님도, 왜 안 그렇겠어요?
노승	오냐, 내가 널 빨리 보내 주마.
아이	아니 그럼 스님이 중신하시겠어요?
노승	그래, (탈을 들며) 이걸 써 보아라. 그러면 소원대로 되느니
	라.
아이	참말인가요?
노승	참말이고 말고, 내 언제 거짓말을 하드냐?
아이	요샌 스님 아니라 부처님이래도 믿을 수가 있어야지. 그렇지

만 손해 볼 건 없으니 속는 셈치고 한 번 써 볼까?

지게를 벗어놓고 탈을 쓰다 이상하다는 듯, 이리 기웃 저리 기웃 타령곡에 맞추어 무대를 방황한다. 탈을 벗으려 하나 벗어지지 않는다.

고석　(뛰어 나오며) 자 ― 이젠 내기의 시작이다! 너는 저 바다의 온 모래의 무게보다 더 무거운 인간의 고통을 목격하리라. 그리하여 인간이 태어난 날을 저주할지니, 차라리 모태에서 죽어 나오지 못했음을 원망하리라!

노승　살아있는 개가 죽은 사자보다 낫듯이 살아있는 자에게는 희망이 있는 것이니 저들이 장차 죽을 것임을 예비하기 때문이니라. 허나! 죽은 자는 아무 것도 알지 못하니 사랑도, 지식도, 지혜도, 일도 이미 그들에겐 속하지 않기 때문이라.
(아이에게) 자 너는 이제 나의 지혜를 물려받았으니 역사를 거슬러 갈 힘을 얻었느니라. 어서 가자, 지금 막 귀한 생명이 탄생했으니 너는 그 생명을 보호하고 받들어야 하느니라. 그리하여 모든 역경 속에서 그래도 인간의 역사가 줄기차게 뻗어가는 모습을 증거해야 하느니!

고석　(조소하듯 크게 웃는다) 핫!

빠른 타령 속에 맞추어 모두 퇴장한다.

第 二 場

어느 양반댁 뒤뜰 四十대의 중후한 마님 등장한다. 뒤따라 아기를 안은 몸종 용녀 등장한다.

용녀 마님 보시와요. 아기가 웃기 시작해요.

마님 어디? 그래 옳지 어디 웃어 보렴. 어쩌면 사내아이가 요렇게 예쁠 수 있담.

용녀 그야 마님을 닮았으니 그렇지 않겠사와요?

마님 요 반짝이는 눈을 보렴. 밤하늘의 별인들 요렇게 반짝일 수가 있을까? 요 오뚝 솟은 콧날을 봐. 아무리 산신령이 빚는대도 요런 코는 빚어내지 못할 거야. 그리고 꽃다운 입을 봐. 한번 입을 열면 구슬 같은 음성이 마구 쏟아질 것 같지? 그렇지만 넌 사내니까 계집애들처럼 말이 많으면 못쓴다. 입을 무겁게 꼭 다물고 있으려무나, 너의 아버지처럼. 선비가 말이 많으면 나라 일을 그르치기 알맞느니라. 서로 남의 얘기에는 귀를 기울일 줄 모르고 자기 입만 놀리느라고 조정은 사분오열, 동서 남북 편당을 지어 서로 헐뜯는 데만 여념이 없으니…… 다행히 너의 아버진 과묵하시기 때문에 그 혼란한 세력다툼 속에서도 초연하실 수 있단다. (용녀에게) 내가 늦게 아이를 봐서 그런지 요즘은 대감보다 아이가 더 귀중하게 여겨지니 어쩐 일이지? 이젠 대감은 없어도 이 애만 있으면 살 수 있을 것 같애.

용녀 마님도, 별 말씀 다 하시와요. 아기 귀여운 거야 세상 어미들이 매한가지요만 어디 낭군만 한가요? 그리고 마님 내외 금슬 좋기야 온 동네가 다 아는 걸요.

마님 하긴 그렇기도 하다. 내가 이 나이 되도록 아이가 없으니까 시기는 물론 대감 주변에서야 오죽 말이 많았겠니? 양자를 얻어라, 작은 집을 들여라 했지만 대감께선 남의 자식을 들여 놓아 그 속을 누가 썩이며 첩을 얻어 분란의 씨를 뿌릴 것이 무어냐고 하시면서 다 거절하시지 않겠니? 그러니 내가 어디 가만히 앉았을 수가 있어야지, 부처님께 백일기도를 드려보기로 했어. 지난해 가을부터 겨울까지 하루도 빼지 않고 부처님께 치성을 드렸지.

용녀 마님의 그 지극하신 정성이야 쉰네도 압지요.

마님 그런데 치성을 드리는 어느 날 밤이었어. 너무 고단했던지 치성을 드리다 고만 부처님 앞에서 잠이 들지 않았겠니? 그런데 그 잠시 동안에 꿈을 꿨구나.

용녀 무슨 꿈인데요?

마님 아주 거울처럼 파란 연못 속을 들여다보고 있으려니까 물 속에 물고기랑 거북이랑 잉어들이 한가롭게 놀고 있는 사이에 예쁜 사내아이가 헤엄치고 있지 않겠니? 아주 발가벗은 사내

아이였어. 꿈속에서도 어찌나 예뻤던지 나도 저런 아이가 있었으면 했단다.

용녀   그래서요?

마님   그래 물가에서 손을 뻗쳐 그 아이의 팔을 잡으려고 아무리 애를 썼지만 그 아인 잡힐 듯 말 듯하다가 물고기 틈에 휩싸여 물 속으로 들어가 버리곤 하지 않겠어? 안타까워서 발을 동동 구르는데 이번엔 그 아이가 손을 뻗어 나더러 잡아 달라지 않어? 그래 얼른 손을 내밀어 손끝을 잡았는데 갑자기 폭풍우가 치더니만 그 아인 자취를 감추고 말았구나.

용녀   어머.

마님   번쩍 눈을 떠보니 법당 안인데 밖엔 눈보라가 치지 않겠어? 어찌나 서운했던지.

용녀   그래서요?

마님   그날 밤부터 태기가 있더니만 이 아이를 낳게 됐지.

용녀   아 그럼 부처님이 마님 정성을 들어 주셔서 이 아기를 보내주신 거군요.

마님   그렇지만 그 꿈이 꺼림칙해. 그 무시무시한 폭풍우하며 아기의 손끝만 잡고 놓친 서러움이며 무슨 뜻인지 아무리 생각해도 모르겠구나.

용녀   마님, 연못 속에서 물고기와 놀고 있는 아이라면 영특하니 보통 아이가 아니란 징조며, 연못가에 폭풍우라면 곧 용이 승천한다는 것이 아니옵니까? 이 아이가 자라 귀인이 될 꿈이 아니고 무엇이옵니까?

마님   꿈보다 해몽이라고 네 말을 들으니 그럴듯하긴 하다만 어디

이 같은 난세에 귀인이 처신하기 쉽겠니? 율곡 선생 같은 분을 보렴. 아무리 그분이 동서 분당을 없애려고 애쓰셨지만 도리어 그분을 서인으로 몰아 내치는 세상이 아니냐?

용녀 그러나 마님 너무 염려 마세요. 세상 되는 거야 사내들이 알아 하겠지만, 이 아이가 자랄 때까지야 이토록 싸움질만 하겠어요? 무엇보다 아기가 건장하게 자라는 것만 부처님께 기구하는 것이 옳을 것이어요. 워낙 이 아긴 영특하게 났으니 세상에 태어난 것부터 감사해야 할 것이에요.

마님 용녀 네 말이 옳다. 똑똑한 아이는 그 아비에게 기쁨을 가져다주고 바보 자식은 어미의 짐이 된다는 말도 있지. 허지만 이 아인 총명한 아이일 건 정한 이치, 대감을 즐겁게 해줄 건 틀림없어. 그러나 세상이⋯⋯. *(불안해진다)* 대자 대비하신 부처님, 당신이 보내주신 아들을 보호하사 지혜와 용기를 잃지 않도록 보살펴 주옵소서. 또한 혼란의 세상을 평온케 하사 이 아이로 하여금 오래 오래 수를 다하도록 살펴 주시옵소서. 나무아미타불 관세음보살.

마님 *(따라서)* 나무아미타불 관세음보살.

이 때 무대 좌측 끝에 고석할미 등장, 이들을 보며 조소한다. 물론 마님과 용녀에겐 보이지도 들리지도 않는다.

고석 핫 나무아미타불이라고? 나무애비타불 나무할미타불을 불러 보려무나. 관세음보살이 아니라 너희들 관을 셀 날이 얼마 남지 않았다. *(이 때 반대쪽에 탈 쓴 아이를 데리고 노승 등장한다)*

그러고 저 아이는 제 목숨을 제 손으로 끊으리라. 핫! (사라진다)

노승 아뿔싸, 저 요망한 늙은이가 앞질렀구나. (아이에게) 이제 다 왔다. 애기를 안고 있는 처녀가 바로 네 색시 될 사람이다. 알겠느냐? 자 어서! (아이의 등을 밀고 노승 사라진다)

마님 애야, 무슨 소리가 들리지 않았느냐?

용녀 글쎄요. 쇤네 귀엔 아무 소리도 들리지 않았는데요.

마님 게 누가 있느냐?

아이 (탈 쓴 채 뛰어든다) 마님, 마님.

용녀 (놀라서) 어머나!

마님 누구냐, 넌?

아이 (탈을 벗으며) 저여요.

용녀 또 장난이야 저게.

마님 마당쇠 아니냐? 그런데 여긴 웬일이냐?

마당쇠 마님! 큰일났사와요. (말을 못하고 숨만 헐떡인다)

마님 큰일이라니? 어서 말을 해라. 답답하구나.

마당쇠 포졸들이 와요. 포도청에서 포졸들이 와요. 어서 피하세요.

마님 포졸들이? 아니 포졸들이 우리 집에 뭣하러 온단 말이냐?

마당쇠 (속이 상해서) 제가 알겠어요? 제가 심부름으로 장터에 갔다 오려니까 한 떼의 포졸들이 내닫고 있지 않겠어요? 방향이 비슷해서 쫓아가 봤지요. 포졸 중의 한 놈은 저도 아는 놈이어서 어디를 가는 길이냐고 물었더니 녀석이 눈짓을 하더니만 피하라지 않아요. 그래서 두 말 않고 뛰어오는 길이에요. 지금 거의 왔을 거여요, 마님!

마님   우리가 무슨 죄가 있다고 피하느냐?

용녀   마님 어디 죄가 있어서 잡혀가는 세상인가요? 뒤집어씌우면 모두가 죄인이 되는 세상인데.

밖에서 요란한 발자국 소리와 함께 문을 두드리는 소리 들린다. '문 열어라, 반역도당은 어서 함께 나와 칼을 받으라!' 등.

마님   (파랗게 질리며) 반역이라니? 당치도 않은 말이다.

용녀   (부들부들 떨며) 마님! 어서 피하시와요.

마님   대감은 어이 계시냐?

마당쇠 벌써 금부에 잡혀 있다 하옵니다.

마님   (몸종의 품에서 아기를 받아 뺨을 부비며) 아기야, 널 다시는 못 보게 되는구나. 얘 마당쇠야, 넌 이 아이를 안고 어서 피해라. (손가락의 반지 비녀 등을 빼서 주며) 아무 곳에나 네가 가고픈 곳에 가서 이 아이를 길러다오. 후일 대감의 무고함이 밝혀지면 다시 만날 날이 있을지 모르나, 필경은······.

마당쇠 (아이를 안으며) 마님!

용녀   (울며) 마님.

마님   자— 이러고 있을 새가 없다. 용녀야 너도 어서 마당쇠를 따라가렴, 어서!

밖에서 비명소리, 어지러운 발자국 소리 들린다. 마당쇠와 용녀 담 너머로 사라진다. 포졸 甲·乙·丙 늙은 할머니를 끌고 들어온다. 포도대장 뒤따른다.

마님   어머니!

포도대장 자! 어서 포박을 받아라.

할머니   우리가 무슨 죄가 있다고 이렇게…….

포도대장 역적의 어미가 무슨 잔소리야.

마님   역적이라니? 누가 임금을 해치고자 했단 말이냐?

포도대장 역적 정여림과 이 집 대감나리가 편지질을 한 증거를 잡았
        다. 조정에서는 정가 놈과 내왕이 있는 동인은 모조리 잡아
        들이라신다.

마님   (묶이면서) 동인이나 서인에 가담치 않는 선비는 양쪽에서 서
        로 고자질해 죽이더니, 이젠 편지 내왕한 일이 있다고 해서
        무고한 사람을 역적으로 몬단 말이냐?

포도대장 잔소리 말고 어서 가자.

할머니   애야, 말해야 소용이 없다. 어디 세상이 옳고 그른 걸 바로 볼
        줄 아는 세상이냐? 올바른 말을 하여 세도가의 비위를 거스
        르기만 해도 모조리 역적으로 모는 세상이란다.

마님   어머니.

포도대장 자 어서 끌고 가라.

마님   입이 있어도 말 못하고 눈물이 있어도 울지 못할 세상, 외로
        운 고혼만이 소릴 죽여 흐느낄 따름이구나.

        포졸들 이들을 끌고 퇴장한다.

第 三 場

길거리 포졸 혼자 등장한다.

포졸丙 차마 눈을 뜨고 볼 수가 없구나. 그렇게 무참하게 사람을 죽이는 법이 세상에 어디 있느냐? 동방군자의 나라라고? 무고한 사람을 옭아매어 심문도 없이 때려죽이는 나라가 무슨 동방군자의 나라냐? 내 삼십 평생 남을 잡아들이는 더러운 일만 해 왔다만 정말 이젠 더 못해 먹겠다. 우리 같은 졸개야 잡아들이라면 잡아들였지 별 도리가 없으렷다만, 잡아오는 사람이 도적놈이거나 정녕 반역죄를 범한 죄인이라면 차라리 떳떳이 포졸 행세를 해도 좋지. 그런데 이건 뻔히 죄가 없는 줄은 온 세상이 다 아는데 그 잘난 벼슬아치들의 모략에 걸려 잡혀오는 사람들이야 부처님도 아시지, 무슨 잘못이 있담. 그저 무조건 네 죄를 알렷다, 한 마디로 불을 지지고 난장을 치니 죄를 가릴 새도 없이 개구리 뻗듯 죽어 자빠지는군. 나라를 어지럽히는 자는 동인, 나라를 망치는 자는 서인이라 오죽하면 이런 노래가 다 유행을 할까? 난세로고…… 말세로고…… 정녕 이렇게 물고 뜯고 당파싸움만 하다가는 나라 망쳐 먹기 십상이지. 앉아서 나라 망치는 녀석들 거들어 주기보담 차라리 멀리 사람 없는 섬에나 가서 고기나 잡고 살까……. 그러나 그러나 내겐 처자식들이 있지. 지금은 그저 그런대로 심심치 않게 죄술 봐주고 뇌물을 받을 수도 있지만…… 에라 모르겠다. 우리 같은 졸개가 나라 걱정 죄 없는 사람 걱정을 해 준다고 나라가 바로 될 리도 없겠고…… 세상 돼가는 대로 되라지.

마당쇠와 용녀 등장한다.

마당쇠   어이.

포졸丙   아니, 너 마당쇠 아니냐? 너 여기서 왜 어정대니? 큰일나려고.

마당쇠   그런데 우리 대감이랑 어떻게 됐나?

포졸丙   어떻게 되긴? 말도 마라 너의 대감께서 무참하게 장하에 고혼이 되셨다.

용녀   아니 왜요? 그 분이 무슨 죄가 있어요?

포졸丙   딱하다 너도. 너희 대감은 동인이 아니냐? 지금 서인들은 동인이라면 모조리 때려잡을 궁리만 하고 있단다. 그런데 그 난신적자 정여립의 문서를 뒤졌더니 너희 대감께서 보낸 편지가 있다더구나. 내가 알기로는 새해 인사장인 모양이다만, 어디 그게 문제냐? 트집거리가 없어 못 잡는 세상인데…… 그러니 역적과 서신왕래를 한 것만으로 충분히 역적공모가 되는 거란다.

마당쇠 그래 마님은 어떻게 됐느냐?

포졸丙 마님보다 불쌍한 건 대감의 늙은 어머님이시더라. 글쎄 대명률(大明律)에도 나이 칠십이면 악형을 하지 않도록 되지 않니? 그런데 위관 녀석은 역적의 어미는 법에 해당치 않는다면서 그 무서운 압슬을 가하더구나. 늙으신 몸이 비명을 지를 새도 없이 뼈가 부서지면서 절명하고 말았다.

용녀 세상에…….

마당쇠 가족들이 무슨 죄가 있다고…….

용녀 그럼 마님도?

포졸丙 그분은 대감마님답게 조금도 비굴하지 않더구나. 국법에 사대부의 어미를 이렇게 중형하는 법이 어디 있느냐고 오열하시더니만…… 난 끔찍해서 더 보고 있을 수가 없어 나왔다.

마당쇠 (아이를 보며) 네가 커서 원수를 갚아야 한다. 나라 망치는 선비란 자식들 모조리 죽여 없애야 한다.

포졸丙 아니, 그럼 이 애가?

마당쇠 그렇다, 대감의 자식이다.

포졸丙 야 이놈아, 그럼 어서 도망을 가지 왜 예서 우물거리느냐? 너도 잡히면 온전히 살지 못한다. 일가멸족 하는 법을 모르느냐? 그러나 저러나 너하고 이렇게 얘길 하는 걸 누구에게 들켜도 큰일이다. 자, 그럼 난 간다. 어디 멀리멀리 가서 잘 살아라. (황급히 퇴장한다)

용녀 (울며) 마당쇠, 이제 어쩌면 좋으냐?

마당쇠 이 애를 길러야지. 훌륭하게 길러야 돼. 허지만 우선 우리 애인 것처럼 해야 된다. 그런데 이름을 무어라고 짓지?

용녀 마당쇠, 성이 뭐야?

마당쇠 그냥 마당쇠지 성 같은 게 어디 있어?

용녀 그럼 우리 아버지 성을 따.

마당쇠 아버지 성이 뭔데?

용녀 피(皮)야.

마당쇠 피라니?

용녀 가죽 피. 아버지가 소가죽을 만든다고 해서 피라고 지었대.

마당쇠 그런 건 아무래도 좋다. 우리가 부를 이름 말이야.

용녀 오래오래 살라고 천수(千壽)라고 해.

마당쇠 그래, 넌 문자도 아는구나. 피천수 천수 이제 넌 내 아들이다. 용년 네 어미구.

용녀 어서 가자니까!

마당쇠 가자…… 그런데 어디로 가냐? 난 아는 데라곤 아무 데도 없다.

용녀 우리 고향으로 가.

마당쇠 고향이 어딘데?

용녀 아주 먼 시골, 평양서 좀 떨어진 산 속이야.

마당쇠 그래 아무데로나 가자. 얼떨결에 너와 나완 배필이 돼버렸으니 네가 가는 곳이라면 아무 곳이든 갈 수 있을 것 같다. 가서 우리 천수를 잘 기르자. 그래서 원수를 갚게 하자. 자 어서 가자.

모두 퇴장한다.

第 四 場

산중 대낮이다. 물 흐르는 소리, 새 소리 들리는 평화스러운 오후. 노승 고깔을 덮고 바위를 베개 삼아 낮잠을 자고 있다. 갑자기 비행기의 요란한 폭음이 들린다. 노승 비행기 소리에 깜짝 놀라 일으킨다.

노승 아니 저게 무슨 소리냐? 청천벽력이라더니 구름도 한 점 없는 하늘에 벼락이라도 쳤단 말이냐? 오라 비행기 소리에 틀림없으렷다. 제기랄, 아무리 깊은 산골짜기를 찾아와도 조용히 낮잠 한 숨 잘 수 없으니. 정녕 심산유곡이란 옛말이로고…….

노승 다시 고깔을 덮고 잠을 청한다. 이번엔 요란한 총소리가 들린다. 노승 다시 놀라 일어난다.

노승 아니 이건 또 무슨 소리냐? 콩 볶는 소리가 아무리 크대도 이렇게 귀청을 때리진 못할지니 필경은 총소리겠다. 그럼 어디서 또 전쟁이라도 벌어졌단 말이냐? 전쟁 놀음을 하더라도 저 아래 마당에서나 할 것이지, 이런 산중에서 총을 쏘아대면 가련한 새들만 놀라게 할진대.

고석 할미 입으로 따다다다다 총 쏘는 소리를 내며 등장한다.

노승　넌 마당 귀신이 아니냐? 대낮에 무슨 볼일로 그렇게 호들갑을 떨며 남의 낮잠을 방해하느냐?

고석　세월 좋구나. 총소리를 듣지 못했느냐? 도처에 살육이 자행되고 있느니라.

노승　살육이라니? 전쟁이라도 터졌단 말이냐?

고석　간첩이 나타났다.

노승　간첩이라면, 원래 남모르게 은밀히 다니는 게 버릇이거늘 총을 쏘아댈 건 뭐냐?

고석　무장간첩이다. 마구 닥치는 대로 쏘아 죽이는 간첩이지. 요즘 나는 참 외롭지가 않아. 여자 남자 가릴 새 없이 어린애까지도 닥치는 대로 돌로 까 죽이고 쏴 죽이는 덕택에 아이 제사 어른 제사 젯밥 먹으러 다니기 아주 배가 터질 지경이다. 너도 알다시피 사람이란 놈들은 항상 무언가 두드려 부술 걸 찾고 다니지 않느냐?

고석　그러나 저러나 우리 내기는 어떻게 됐나?

노승　아뿔싸, 깜빡 잊고 있었구나. 어디 한번 어떻게들 살고 있나 알아볼까?

고석　지금쯤은 죽었을지도 모르지. 아마 살아 있다면 살아남은 걸 후회하고 있을걸?

노승　너무 성급하게 굴지 마라. 어디 한번 불러 보자. (큰 소리로) 마당쇠야! 마당쇠야!

마당쇠 탈을 쓴 채 타령곡에 맞추어 쫓기듯 등장한다.

마당쇠　마당쇠 대령하였소, 무슨 분부시오?

노승　내다. 고개를 들고 나를 보아라.

마당쇠　(반가워) 스님, 어인 일로 예까지 오셨소?

노승　그래 그간 잘들 있었느냐?

마당쇠　예. 그렁저렁 살아 있긴 합죠만. 어디 제 목숨 하나뿐이면야 죽어버리지 살겠습니까? 다 가족이 있고 자식이 있으니 죽지 못해 살지요.

노승　울긴 녀석, 그래 천수란 놈은 잘 자라느냐?

마당쇠　잘 자라다마다 무럭무럭 여름날 오이 자라듯 자라 이젠 장가 가서 딸년까지 하나 두었는데요?

노승　허— 벌써 그렇게 됐던가? 세월이 유수 같다더니 정녕 이를 두고 말함인저! 어디 천수 기른 얘길 소상하게 일러봐라.

마당쇠　그때 전 천수를 안고 제 여편네 고향엘 갔습죠. 대감마님이 준 패물가지로 이렇저렁 집칸이나 장만해서 여편넨 삯바느질로, 전 남의 땅을 부치면서 그런대로 살아 왔죠. 전 처음엔 천수를 가르치고 공부시켜서 큰 다음에 부모 원수를 갚게 하려고 마음먹었어요.

노승　허허…… 그래서?

마당쇠 그런데 그 원수란 게 암만 생각해도 어디 한둘이어야죠. 양반이란 놈들은 모두가 원수요. 허수아비 같은 상감 옆에 옹기종기 모여 있는 벼슬아치들이 모두가 원수인데, 천수 혼자 어찌한단 말입니까? 그러니 나라부터 모조리 뒤엎기 전에야 세상바로 될 리는 없겠고, 천수 녀석 공연히 글줄이나 가르쳤다간 또 돼먹지 않은 선비 나부랭이와 휩쓸릴 것 같아서요. 모르는 게 장땡이다 하고 일체 글은 가르치지 않고 농사꾼을 맨들었습죠.

노승 그렇지만 천수야 양반의 씬데, 글자깨나 가르쳐야 않겠느냐?

마당쇠 글쎄올시다. 그 녀석이 나는 안 가르치지만 제 어미가 배워줬는지 어깨 너머로 얻어 들었는지 논어 맹자를 외긴 합니다만 난 시치밀 딱 떼고 천수를 상놈으로 만들고 있습죠.

노승 그건 왜?

마당쇠 요즘 세상에 배운 선비라 치면 간에 붙고 쓸개에 붙고 하루에도 열댓 번씩 변하는 아부꾼 아니고야 생명을 부지하기 힘들어요. 차라리 농군으로 산다면 배는 곯지만 죽진 않고 죽지 않는 이상 목숨은 부지하니까요.

노승 하긴 그렇기도 하다. 그래 천수 장가를 갔단 말이냐?

마당쇠 예. 평양 퇴기의 딸 계영에게 장가를 갔습죠.

노승 퇴기의 딸이라면 기생이란 말이냐?

마당쇠 아니요. 딸은 기생이 아니오.

천수 에미가 그 퇴기의 집 삯바느질을 맡아 했다오. 그런데 천수 녀석이 에미 심부름으로 왕래하다 어느새 그 딸과 눈이 맞어서 죽는다 산다, 온통 세상이 저희들 것인 것처럼 난리를 부리더니.

노승 알겠다, 알겠어. 그래 여편네는 잘 있느냐?

마당쇠 어딜요? 죽었어요.

노승 죽다니? 용녀가 죽었단 말이냐?

마당쇠 병들어 죽었어요. 원래 약질이었지 않어요? 아이도 못 낳고 그저 천수만 친자식처럼 기르더니만…… 스님! 용녀는 참 좋은 여편네였어요. 좋았구 말구요. (찔끔거리며 운다) 천수만 아니었다면 저도 죽으려고 했죠…… 사는 게 사는 것 같지 않사와요.

노승 그래서 네가 이렇게 비감해 있구나…… 이젠 잊을 만도 한데 다시 장가를 들지 그러느냐?

마당쇠 아휴 말도 마쇼. 우리 같은 상놈이 한번 장가를 가기도 힘든데 두 번씩이나 가요? 실상은 먹을 양식도 걱정이고 또 며느리도 있지 않사와요. 전 괜찮아요.

노승 고생이 많구나. 허나 편히 지낼 날도 있을 것이니 꾹 참고 살아야 한다. 더욱이 넌 천수의 뒤를 잘 보살펴야 하느니라. 참 천수에게 사실을 말했느냐?

마당쇠 어딜요. 제가 친아빈 줄 알고 있습죠. 허지만 때가 오면 일러 줄랍니다.

노승 그래 알았다. 어서 물러가라.

마당쇠 스님.

노승 무슨 일이 있든 낙심 말고 꿋꿋이 살아야 하느니라.

노승 부채를 펴자 삼현이 울리며 마당쇠 쫓기듯 퇴장한다. 고석할미 등장한다.

노승　다 살아가기 마련이라. (드러누우며) 이번 내기엔 내가 이긴
　　　성싶다.

고석　흥. 너무 좋아하지 마라. 아직 끝난 건 아니야. 아마 곧 내기
　　　를 시작한 걸 후회하게 될걸? 보려무나. 시커먼 구름이 저 아
　　　래에서 뻗어오는 걸 보지 못했느냐? 폭풍우가 불고 총과 화
　　　살이 불을 뿜고, 피비린내 나는 아비규환이 천지를 진동하리
　　　니. 곧, 전쟁이 닥치리라.

무대 갑자기 어두워지며 폭풍우소리 그리고 북소리 등이 들리
기 시작한다.
그 어둠 속을 고석할미 이상한 웃음소리를 내며 팔을 벌리고 춤
추고 난무한다.

第 五 場

평양 성중의 길거리. 긴박한 북소리 속에 "전쟁이다" "왜놈이 쳐들어온다" 등 백성의 함성이 들리며 한떼의 피난민들 등장한다. 반대편에서 평양주민들 마주 등장한다.

주민甲　어서 온 피난민이오?

피난민甲　황해도 황주에서 왔수다.

주민乙　싸움은 어찌 돼가고 있소?

피난민乙　싸움이오? 이것도 싸움이라고 할 수 있소? 쫓겨가는 거지. 바람만 한번 휘 불어도 도망가는 군사를 어찌 바라고 싸움을 하겠소?

주민乙　그럼 왜병이 어디까지 쳐들어 왔단 말이오?

피난민丙　임진강을 넘어 황주를 거쳐 지금 평양성을 몰려오는 중이랍니다.

주민甲　우리 군사들 장군들은 다 무얼 하고 있습니까?

피난민甲　여보 임금이 저 먼저 도망가는 판에 장군이 무슨 소용이 있소. 기생들이나 끼고 풍류나 잡힐 줄 알았지. 어디 평시에 군사들 훈련이나 제대로 시킨 줄 아시오? 백성 앞에선 호랑이 노릇을 했지만 왜병 앞에선 쥐 노릇 하는 게 우리 장군들이요, 군사라오. 게다가 왜놈들은 이상한 병기를 갖고 있다오. 무슨 까만 부지깽이 같은 걸 쑥 내밀고 탕 소리가 나면 낙엽 떨어지듯 조선 군사들이 쓰러지는 판이니 어디 싸움이 되겠소?

주민乙 그렇지만 평양성만은 적에게 뺏기지 않을 것이니 안심하오.

피난민乙 그걸 어찌 믿겠소?

주민甲 임금은 지금 여기 평양성에 있소. 지금 대신들과 성 지킬 것을 의논중이라 하오.

피난민丙 허— 대신놈들이란 게 서로 헐뜯으며 당파 싸움만 할 줄 알았지. 어디 성 지킬 줄 아시오? 아마 더 멀리 도망갈 궁리만 하고 앉았을 거요. 내 듣기론 의주로 피난한답니다.

주민들 그럴 리 없소. 평양을 지킨다고 우리들에게 약속한 바 있으니 다시 피난하지는 않을 거요!

피난민丙 여보 임금이 언제 백성들과의 약속을 지킨 적이 있소? 서울서 도망할 때도 서울을 지킨다고 했다오.

주민들 그럼 우리 모두 임금께 가서 평양성을 고수하라 탄원합시다. 만일 다시 도망할 기색이 보이면 임금을 성밖으로 나가지 못하게 합시다.

주민들 그럽시다. 갑시다!

일부 피난민을 남겨 놓고 주민들은 퇴장해 버린다. 마당쇠가 계영과 어린 난희를 데리고 허겁지겁 등장한다.

마당쇠　천수야!

계영　여보!

마당쇠　(피난민에게) 여보, 우리 천수 못 보았소?

피난민乙　천수라니? 여보! 내가 천수가 누군지 어찌 아오?

마당쇠　우리 아들이오. 키는 이만하고 몸집은 댁만한 젊은이요. 머리
엔 수건을 두르고 짐을 졌소.

피난민丙　이런 난리 통에 서로 헤어지는 게 불찰이지 어찌 찾을 수 있
겠소? 봐요. 피난민이 어디 한두 사람뿐이오?

계영　그분은 병졸들에게 잡혀갔어요. 그인 아무 죄도 없는데 데려
갔으니 어쩌면 좋아요?

피난민丙　어디 행궁(行宮) 있는 쪽으로 나가 보시오.

계영　행궁이 어디 있어요?

마당쇠　애야 이러단 너와 나마저 헤어져 버리고 말겠다. 너는 여기에
있거라. 내가 목청껏 천수를 불러 데려오겠다.

계영　아버님!

마당쇠　염려마라. 죄 없음이 밝혀지면 돌려보내지 않겠느냐? 내 다
녀오마! (퇴장한다)

계영　(우는 난희를 달래며) 난희야! 울지 마라. 아버진 꼭 오실 거
야.

더 많은 피난민 등장한다. 멀리서 불길이 오르고 함성소리가 들
린다.

피난민甲　저건 불길이오? 벌써 왜놈들이 평양성에 들이닥친 게 아

니오?

피난민丙 도적들이 지른 불이랍니다. 창고를 습격해 재물을 약탈하는 모양이오.

피난민甲 싸움 통에 나라의 운명이 위태로운데 이제 도적까지 창궐하니 이 나라가 어찌 될지 암담하기만 하구나.

밖에서 임금이 달아난다, "대신놈들이 달아난다" 등의 함성 들린다.

피난민甲 평양성을 지킨다더니 기어코 저 먼저 달아나는 모양이구나?

피난민乙 그런데 임금이 이쪽으로 오는 게 아닌가?

천수 임금의 옷을 입은 채 뛰어 들어온다.

천수 난 임금이 아니오. 난 피난민이요.

마당쇠 (백성들과 함께 등장하며) 천수야!

백성들 천수를 둘러싼다.

계영 여보!

마당쇠 이 사람은 내 아들이오.

주민들 그럼 왜 임금의 옷을 입고 있는 거냐?

천수 나도 모르겠소. 잡혀 가서 억지로 이 옷을 입혀 내보냈다오.

주민들 그럼 임금은 지금 어디에 있느냐?

천수   모르겠소. 내 옷을 바꿔 입고 나갔다오.

주민들   변장하고 도망해 버렸구나. 우리더러 성을 지키라고 저희들
만 도망가 버렸구나. 어서 쫓아가 임금을 못 가게 해야 한다.
평양을 버리지 못하게 해야 한다. (우— 몰려 퇴장한다)

천수   여보! 아버지!

천수 계영을 부둥켜안은 채 재회의 감격을 나눈다.

마당쇠   천수야 이게 어찌 된 일이야?

천수   그놈들에게 끌려 상감 앞에 갔습니다. 내 얼굴이 임금과 흡사
하다고 하면서 저더러 임금 노릇을 하라는 거예요. 전 싫다고
거절했지만 저들은 이 옷을 입히고는 군사들에게 호위시켜
성밖으로 내몰지 않겠습니까? 사람들이 마구 돌을 던지며 쫓
아왔습니다. 전 얼떨결에 말에서 뛰어내려 무조건 이쪽으로
달려오던 길이었어요.

마당쇠   하마터면 큰일날 뻔했구나.

계영   전 다시는 당신을 못 만나는 줄 알았어요.

천수   이렇게 만나지 않았소? 우린 헤어지지 않아. 살아 있는 한 우
리 같이 있어야 돼. 누구도 우릴 떼어 놓을 순 없어.

마당쇠   고만 가자. 평양도 피난처는 못 되는구나.

천수   그래요. 딴 곳으로 갑시다, 아버지.

계영   우린 이제 어디로 가야 하나요?

천수   싸움이 없는 곳 왜놈들이 못 오는 곳으로 가야지.

마당쇠   그래 아무 산 속으로라도 가자. 양식이야 떨어지면 도토리도

있고 나무껍질도 있지 않느냐? 배를 곯는다는 건 우리 잘못이 아니다. 또 부끄러운 일도 아니다. 하물며 이런 난중에 이렇게 목숨을 보존하고 한가족이 다시 만난 것만이라도 부처님께 감사해야 하느니라. (멀리서 불길이 솟아오르고 피난민의 행렬이 지나간다) 어서 가자. 피난민이 꼬리를 물고 들이닥치는구나. 이 많은 사람들이 어떻게 피난을 견디어낼까? 걱정이다. 허나 부처님께서 보호해 주시리라. 나무 관세음보살.

불길이 솟는 혼란 속에 이들도 피난민의 대열에 섞여 묵묵히 퇴장한다. 염불곡.

第 六 場

산중의 피난민촌. 달빛이 비치는 밤이다.

무대 여기저기의 피난민의 가족들이 한 무리씩 되어 어떤 사람은 앉아 있고, 또 어떤 사람은 누워 있기도 한다. 난희는 엄마 품에 안겨 잠이 들어 있고, 천수는 계영의 옆에 앉아 구슬픈 퉁소를 불고 있다. 좀 떨어진 곳에 마당쇠 누워 있다.

남자甲 고향생각 나네.

女人甲 고향을 지척에다 두고 가질 못하니…….

남자乙 겨울이 닥치는데 싸움은 언제 끝난다는 것인가?

남자丙 명나라 원군이 온다지?

女人乙 평양성 밖에까지 왔다는데요?

남자丁 그럼 싸우지 않고 뭘 한답니까?

남자甲 화평을 한대.

남자丁 화평이라니요?

남자甲 왜놈과 명나라가 싸우지 말자는 수작을 하는 것이지 뭐여?

마당쇠 아니 왜놈들이 물러가지도 않았는데 화평을 한다니?

남자甲 그러게 말이지 이게 누구 나란데?

남자丙 임금은 뭘 하고 있는가?

女人甲 궁녀 치맛자락에 싸여 있겠지요.

남자乙 자고로 여색이 사람 망치고 나라 그르치느니.

남자甲 여보게, 그 통소 좀 그만 불 수 없는가? 어디 비감해서 견딜 수가 있나?

천수 통소 멈추고 계영을 본다.

계영 어머님이 살아계셨더라면…….

천수 아버지?

마당쇠 음?

천수 불편하지 않으세요?

마당쇠 괜찮다. 내 염려는 마라. (독백) 오히려 내가 염려하는 건 너희들이다. 이 세상이 티 없이 깨끗하기만 한 너희들을 그대로 놓아둘 것 같지 않으니 말이다.

남자乙 자 — 고만들 가 보는 게 좋을 것 같소.

남자丙 (일어난다) 그럽시다. 어서 일이나 마치고 자야지.

계영 여보, 당신도 가야 하나요?

천수 염려마오.

계영 무서워요.

천수 아버님이 같이 계실 텐데, 무서울 건 없소.

마당쇠 내가 같이 있을 것이다만, 너도 조심해야 한다.

천수 염려마세요, 아버님!

남자乙 이제 오늘만 거두면 한겨울 양식은 마련되겠어. 여름 내내 제대로 잠도 못 자면서 몰래 가꾼 우리의 곡식인데 왜놈들에게 뺏길 수가 있나?

남자甲 아무럼 우리 곡식을 한 알이라도 왜놈들이 가져갈 순 없지.

계영 하지만…… 조심하세요. 당신이 돌아올 때까지 깨어 있겠어요.

천수 내 염려 말고 푹 잠이나 자오. 당신 너무 수척해 있어. 잠을 제대로 못 잔 탓일 거요.

남자甲 자— 고만들 가 봅시다.

피난민들 중의 장정들은 호미를 허리에 차고 자루를 든 채 자기 가족들과 작별하며 하나하나 퇴장한다.

마당쇠 조심해라.

천수 염려마세요. 아버님, 여보, 다녀오리다.

계영 빨리 오세요. 달이 지기 전에.

천수 퇴장한다. 노인네들과 女人들만이 남아 있다. 한 女人(丙)이 훌쩍 울기 시작한다.

女人甲 사내들 보내놓고 방정맞게 울긴 왜 우나?

女人乙 다음 달이 해산달이라오. 집 떠나 걱정이 한두 가지겠소? 어디 사내 앞에서야 내색을 할 수 있나? 저렇게 혼자 있으면 운답니다.

女人甲	운다고 무슨 수가 생기나? 부지런히 아기 옷가지나 장만해야 지······ 이런 난시에 아이는 왜 만드노?
女人乙	하늘의 뜻이지, 사람의 뜻대로 된답니까? 하기야 사람의 목숨이 파리 목숨보다 천하게 죽어가는 판에 자식새끼라도 많아야 그 중에 살아남는 사람도 있는 법이니.
女人甲	그래 부지런히들 낳아라. 가난한 백성들에겐 재산이란 자식새끼 많은 것밖에 없으려니?
女人乙	성님. 저 남쪽 여자들이 왜놈한테 욕 많이 봤다고 하더군요.
女人甲	그야 말할 수도 없지. 전쟁 중에 죽어가는 건 사내지만 욕을 보는 건 여자들이야. 어디 성한 여자가 남아날라고? 이제 명나라 원군이 왔으니 그놈들에게 당할 여자도 많을 것이야.
女人乙	끔찍해라.
女人甲	우리 같은 늙은이야 괜찮지만, (마당쇠와 계영을 보며) 영감, 며늘아기 잘 간수해야겠소. 너무 눈에 띄게 미색이야.
마당쇠	제놈들이 이 산 속까지 올라구? (계영에게) 아가 염려마라. 아무리 처참하다 한들 너에게까지 화가 미치겠느냐? 나와 천수가 끝까지 너를 보살필 것이니라.
계영	아버님!
女人乙	(甲에게 조그만 소리로) 저 색시는 평양 명기의 딸이라오.
女人甲	어쩐지 예쁘다고 했지. 평시나 전시에나 여잔 너무 예쁘면 못쓰느니.

혼자 울고 있던 女人丙 일어나서 어디론가 가려고 한다.

女人乙 거기 어디가나? 변소에라도 가려는가? 어두우니 조심해야 되네. .

女人丙 (실성한 듯) 고향으로 갈랍니다.

女人甲 자네 정신 있나? 지금이 어느 땐 줄 알고 고향에 간다고 그러나?

女人丙 제 남편에게 가야지요!

女人乙 자네 남편일랑 곧 돌아올 것이니 아무 생각 말고 앉아 기다리게.

女人丙 애 아버지 찾아 애를 줘야지요!

女人甲 (일어나며) 왜 이러나? 애기 아버진 곧 온다니까?

女人丙 이거 놓으세요. 어서 애기 아버지 찾아 줘야지.

마당쇠 여보! 그러지 말고 앉아 기다려요. 조금 있으면 다들 돌아올 텐데.

女人丙 (배를 만지며) 이 애 아버진 못 와요. 이 애 아버진 못 온다니까요.

울기 시작한다. 불길한 예감에 모두 섬뜩해한다.

女人甲 그 무슨 방정맞은 소린가? 자 어서 이리와 앉게.

女人丙 싫어요. 전 고만 갈랍니다. 내 고향으로 돌아가렵니다.

女人乙 어디 여편네가 고향이 따로 있나? 시집가서 사내 있는 곳이 고향이지.

女人丙 하지만 이 애는, 이 애는…….

女人甲 그 아이가 어쨌단 말인가? 공연히 자꾸 울어서 뱃속에 애기

까지 울리지 말고 힘내야 하네, 자……

女人丙 이 앤, 내 애가 아니란 말이에요.

女人乙 아니, 그건 또 무슨 소린가? 자기 뱃속의 애가 자기 아이가 아니라니?

女人丙 이 애 아버진 왜놈이에요! (울기 시작한다. 모두 한 대 얻어맞은 듯 멍하니 서로의 얼굴을 본다)

女人丙 난 죽었어야 하는데…… 죽어버리려고 했는데…… 못 죽었어요. 억울해서…… 억울해서…… 왜 내가 죽어야 합니까?

女人甲 누가 자네더러 죽으라고 했나? 아무렴 살아야지. 악착같이 살아야지.

女人乙 사내도 그걸 아나?

女人丙 예, 알고 있어요. 내가 다 말했어요. 그래도 좋다는 거 어쩝니까? (배를 만지며) 이 애도 어차피 코는 납작할 거고, 엉덩이엔 퍼런 멍이 들어있을 거라면서 고향 떠나 멀리 가면 누가 알겠냐고 괜찮대요! 그렇지만 어떻게 납니까?…… 어떻게 젖을 빨린단 말입니까? 난 못하겠어요. 난 못해요.

마당쇠 아이에게야 무슨 죄가 있습니까?

女人甲 (우는 女人을 안으며) 자 이젠 그만 울고 쉬어야지. 좀 있으면 사내가 올 텐데. 우는 얼굴을 보여서 쓰는가? 자 이리와 앉아.

계영 아버님, 어두워진 것 같아요. 아직 달이 지지도 않았는데…….

마당쇠 곧 올라올 것이다. 염려 말고 잠이나 자렴. (잠시 침묵)

女人甲 무슨 소리가 들리지 않습니까?

女人乙　바람소리 아닌가요?

마당쇠　나뭇가지가 부러지는 소리 같기도 하고, 발자국 소리 같기도 한데, 이 사람들이 벌써 올라오려는가?

모두 긴장해서 숨을 죽이고 있다.

女人丙　(갑자기 일어나며 비명) 아— 저 눈! 저 새빨간 눈! 어머니!

女人甲　왜 이래? 무얼 보았길래 그러나?

女人乙　어디 사람이 놀래서 살 수가 있나?

마당쇠　내가 좀 둘러보고 와야겠군. (일어나서 퇴장하려다가) 게 누구 있소? 누구요!

무대 좌우에서 도적들 등장한다. 괴수인 듯한 자가 성큼 나선다.

대장　너무 놀라지들 마시오. 우린 당신들을 해치러 온 사람이 아니오.

마당쇠　당신들은 누구요?

대장　왜병을 만나면 유격병이요, 관군을 만나면 의병이고 재물 앞에선 도적이요. 여자 앞에선 한량이라 이제 누군지 알겠소? 핫하…….

마당쇠　우린 피난민이요, 우린 가진 것이라고는 없소.

대장　우린 군사들을 먹일 양식이 필요해. 우린 약탈하지 않겠다. 자진해서 세물을 받을 것이다. 자 있는 대로 내 보아라.

마당쇠   아무 것도 내줄 것이 없소. 더구나 당신들에게 바칠 이유도 없소. 우린 나라에 바칠 건 이미 바쳤단 말이오.

대장   노인 당신이 나라에 바친 세금이 어디에 쓰인지 아시오? 몇몇 벼슬아치를 배불리는 데 쓰였고, 붕당싸움에 쓰였소. 봐요, 관군이란 놈들이 도망가기에 바빴지 싸울 줄이나 아는가? 그래도 왜놈과 싸우는 건 우리 같은 의병들이오. 난 왜놈의 목을 이십여 급이나 베었소. 내 부하들까지 합치면 수백의 왜놈을 죽인 게 되오. 그러니 우린 당연히 세금을 걷어도 되지 않소? 우리도 먹어야 싸우니까…… (부하들에게) 얘들아, 어디 뒤져 보아라. 숨겨둔 곡식이 있을 것이다.

부하들 흩어져서 피난민들의 짐을 뒤지기 시작한다.

마당쇠   이 도적놈들 같으니!

계영   아버님, 참으세요.

대장   (계영을 보며) 당신 남편은 어디 있소? 군대에 끌려 나갔소? 아니면 죽었소? 죽었다면 부인은 임자 없는 물건이로군. (팔을 잡으려 한다)

난희   엄마.

계영   내 몸에 손대지 마라. 난 남편이 있는 몸이다.

마당쇠   이 아인 내 며느리요.

대장   그렇다면 노인 아들은 지금 어디 있소? (휘 둘러보며) 노인과 계집들만 남겨 놓고 사내들은 모두 숨어버렸단 말이냐? (계영의 턱을 올리며) 어디에 있느냐?

계영	말할 수 없다.
대장	제법 도도하구나. 좋다, 우린 달이 지기 전에 떠날 것이다. 그 때까지 네 남편이 돌아오지 않으면 너는 내가 데려갈 테니 그리 알아라!
마당쇠	무엇이라고 이 도적놈들? 절대로 안 된다. 그건! (흩어졌던 부하들이 돌아온다)
도끼	사람들이 올라옵니다.
대장	자 — 다들 꼼짝 말고 있어라! 누구든지 소리 지르는 사람이 있으면 목숨이 달아날 줄 알아라!

대장 계영에게 칼을 겨누고 경계 자세를 취한다. 부하들도 각자 여자들을 인질로 칼을 겨눈 채 대기하고 있다. 태봉은 女人丙에게 다가가 칼을 겨누자, 女人丙 놀라서 소리 지르며 뛰어 도망간다.

女人丙	안 돼요. 사람 살려요! 어머니!

태봉, 女人丙을 찌른다. 나갔던 남자들 여인의 비명에 놀라 뛰어 들어온다.

대장	꼼짝들 마라. 오라 양식을 구하러 갔었구나.

女人丙이 태봉의 손에서 서서히 땅으로 쓰러지자, 그의 남편인 듯한 한 젊은 사내 뛰어나와 쓰러진 부인을 안아 일으킨다.

젊은사내 여보, 여보! 누가 죽었어?

태봉 떠들지 말라고 미리 말했는데.

계영 (대장을 뿌리치며) 여보! (천수에게 안긴다)

젊은사내 (도적들을 둘러보며) 너희들은 뭐냐? 너희들은 무언데 불쌍한 내 아내를 죽였느냐? 왜놈에게 욕을 당한 것도 분한데 이제 너희 놈들에게 목숨을 뺏겨야 한단 말이냐? 개 같은 놈들. (대장에게) 어디 나도 죽여 보아라 어서 죽여라.

대장 우린 이유 없이 사람을 죽이진 않는다. 허나 네 계집을 죽인 건 잘못이다. 도끼!

도끼 (나서며) 예.

대장 태봉이를 베라.

도끼 예.

태봉 (대장 앞에 무릎을 꿇으며) 나으리 살려줍쇼. 소인은 명령을 행했을 뿐이요. 제발 나으리 한 번만 살려 줍쇼.

대장 (외면하며) 어서 끌고 가라니까!

도끼 애걸하는 태봉을 끌고 퇴장한다. 무대 밖에서 윽 하는 비명 들린다. 도끼 칼을 닦으며 등장한다.

대장 너희들 때문에 내 부하 한 사람이 희생되었다. 대신 너희 중에 한 사람을 데리고 가겠다. (쭉 사내를 훑어보다가 계영을 안고 있는 천수를 본다) 너!

계영 안 돼요! 당신은 안 돼요!

부하들 천수를 끌어낸다.

마당쇠   이 살인자들아 차라리 나를 데려가라.

대장   (밀어버리며) 늙은인 필요없소. 자 날이 밝기 전에 어서 떠나 자!

앞장서 나간다. 부하들 약탈한 자루를 메고 나가고 일부는 천수를 붙들고 나간다.

천수   여보, 아버지!

계영   여보, 가면 안 돼요!

마당쇠   천수야!

난희   엄마!

부하들   (발길로 차 밀어버리며) 저리 비키라니까! (천수의 등을 밀며) 어서 가자. (퇴장해 버린다)

계영   여보!

마당쇠   (쓰러진 채 상반신을 일으키며) 스님 어디 계시오? 전생에 내가 무슨 죄를 지었기에 이런 꼴을 보게 하시오? 너무하외다! 이게 스님이 나를 보낸 뜻이라면 정말 너무하외다! 이제 천수를 보내고 나더러 어찌 하란 말이오? 저들로 하여금 차라리 늙은 나를 데려가게 하던가 아니면 나를 불러 주시오, 스님. 어서 나를 불러 들이시오!

바람소리와 함께 고석할미 등장한다.

고석	아무렴 죽는 게 낫지. 여자의 뱃속에서 피를 함빡 뒤집어쓰고 나온 인간이 걱정과 고난과 고생의 홍수 속에 있다는 건 너무나 당연하단 말이야. 어차피 죽을 사람인데 태어날 때부터 죽기 시작하는 것이니까, 될 수 있는 한 빨리 죽는 게 낫지.
노승	죽다니? 천수가 죽었단 말이냐, 마당쇠가 죽었단 말이냐?
고석	죽은 것이나 다름이 없다. 그 하찮은 생명에 아직 매달려 있지만 살고 있는 걸 후회하고 있으니까…….
노승	그럼 우리 내기는 아직 끝난 것이 아니로군?
고석	어디 더 기다려 보려무나. 하늘은 가뭄과 홍수를 가져다 줄 것이요, 재앙은 재앙을 부를 것인즉, 저들에게 더한 고통을 준다는 것은 너의 잘못일지도 모른다. 어차피 저들은 고통을 감수하지 못할 것이니 더한 고통을 주어 저들을 괴롭힐 것이 무엇이냐? 이쯤에서 내기를 끝내고 너는 물러남이 좋을 듯한데? 아— 이건 내 갸륵한 자비심에서 나온 충고이니 듣고 안 듣고는 너에게 달려 있다만 그로 인하여 저들이 괴로움을 두 번이나 되씹어야 한다는 걸 잊어선 안 되느니라…….
노승	마당귀신이 자비심이라니, 당치도 않은 말이려니와 나더러 이 마당에서 물러가라니 넌 지금 무얼 착각하고 있는 듯하구나? 인간이란 요만한 고통쯤으로 절망하지 않는 것이야.
고석	흥. 그러나 사람에게서 무얼 기대하지 않는 게 좋아. 어차피 희망이란 없으니까! 그저 마지못해 살고 있을 뿐 희망이란 죽음이니까! 그래서 지혜와 지식을 늘리는 자의 마음은 항상 초상집에 있지. 왜? 안다는 것은 괴로움이요, 희망을 갖는다는 것은 곧 절망을 아는 것이니까. 할 수 없이 저들은 하늘을 찾

고 극락세계를 꿈꾸지, 왜? 저들은 인생의 모순을 알거든. 해결하는 길은 죽음뿐임을 알거든.

노승 바보의 웃음소리보다 지혜 있는 자의 비탄의 소리가 높은 법. 그것이 곧 인간에게 희망이 있다는 증거임을 네가 어찌 알 수 있겠느냐?

고석 흥, 아니 날 따라와 보렴. 우리 주인공의 죽음을 보여주지.

노승 너는 천수에게 손을 댈 수는 없느니라.

고석 물론 내가 죽이진 않는다. 스스로 죽음을 선택하게 할 뿐이야. 그것이 우리 내기의 승패가 아니냐? 난 그렇게 조급하지 않다. 서서히 죄어 들어가는 것, 그것이 내 방법이지. 아마 지금쯤 그 녀석은 자기가 태어난 날을 저주하고 있을걸세. 자 — 날 따라와 보게.

第 七 場

평양府中의 감옥 한밤중. 감옥은 두 방으로 나뉘어져 있어 한쪽은 重罪人을 넣는 곳, 한쪽은 輕犯을 넣는 곳이다. 우측 중죄인 간에는 천수 큰 칼을 목에 차고 있고, 그 옆에 죄수甲 쓰러져 신음하고 있다. 경범 간에는 선비 복색의 賢西와 죄수乙 벽에 기대고 있다.

죄수甲 (신음하며) 물…… 물 좀.

천수 여보 노인 정신 차리세요.

죄수甲 으윽…… 물.

죄수乙 쯧쯧…… 아무리 대죄를 지었다 한들 저렇게 때려죽일 건 뭐람?

현서 그래도 아직 죽진 않은 것 같소. 저만큼 난장을 맞았으면 나라면 벌써 죽었을 거야.

죄수乙 사람의 목숨이란 건 참 이상한 거라오. 차라리 죽는 게 나을 텐데 끈질기게 죽질 않거든? 저 노인 내일이면 죽겠지만 아마 이 밤을 못 넘길 거요.

현서	무슨 죄를 지었다오?
죄수乙	적병에게 부역했다는 죄목이오.
현서	허—
죄수乙	가족들을 거느리고 왜놈들의 점령지구로 피난하다 잡혔다오.
현서	왜놈에게 피난 가다니?
죄수乙	왜놈들은 저들이 점령한 지역으로 귀순해 오는 피난민에게 토지를 주어 경작케 한다오. 저들의 후방의 안전을 기하는 수단이기도 하죠. 부역이 없고 관리들의 착취가 없으니 차라리 왜놈 밑에 있는 게 살기 편하다는 백성이 많다오. 이쪽이야, 모병이다 군량미 징발이다 끊임없이 부역에다가 일부 의병장들의 행패, 거기다 명군 겁탈까지 겸했으니 어디 하루라도 무사한 날이 있겠소. 그러니 자연 민심이 반하는 것도 당연하지, 이쪽 지방은 그래도 산간이라 왜병의 피해를 덜 본 셈이라 견딜 수 있었소만. 경상, 호서 지방엔 굶어죽는 사람이 기만이라오. 이 년 내내 가뭄이 계속되고 전화에 시달리니 사람이 살 수가 있소? 내 듣기엔 생사람도 잡아먹는답니다. 길바닥엔 사람의 뼈가 산을 이루고 있다고 합니다.
현서	원 그럴 수가 있나. 차라리 굶어 죽는 게 낫지, 사람을 잡아먹다니.
죄수乙	그러기 뭐랍니까? 목숨이란 참 이상한 것이라고 안 합니까?
현서	노형은 왜 들어오셨소?
죄수乙	죄명도 없답니다.
현서	죄명이 없다니?
죄수乙	어떤 세도가의 분부라고 해서 잡혀 들어왔다오.

현서	헛. 그런 법도 있소?
죄수乙	법이 무슨 소용이요? 그걸 다스리는 사람들이 올바른 생각을 가져야지…… 보아하니 댁은 선비인 듯한데 어찌 이런 곳에 갇혀계시오?
현서	선비는 무슨 선비? 그저 술이나 퍼 마시는 걸 낙으로 삼으니 구렁창이고 진창이고 가릴 수가 있겠소? 술김에 평양 감영 대문에다 대고 오줌을 내갈기다가 잡혀왔소.
죄수乙	허― 거 듣던 중 시원한 죄목이구려.
죄수甲	(신음소리 자지러지며) 으윽…….
천수	아무래도 이 사람이 죽을 것 같군. (움직이지 못하고 고개만 돌려) 여보, 거기 아무도 없소?

옥졸 등장한다.

옥졸	시끄럽게 왜 불러?
천수	이 사람 이러단 죽을 것 같습니다.
옥졸	어차피 죽을 놈인데 내버려 두구려! 어―이. (하품을 하며 나가려 한다)
천수	그래도 어디 그럴 수가 있소. 어떻게 죽는 사람을 이대로 보고 있으란 말입니까?
옥졸	쳇, 자기도 죽을 목숨이 남 죽는데 왜 마음을 써?
천수	죽을 때 죽더라도 인정이 그럴 수 있습니까? 제발 물 한 그릇만 가져다 주구려.
옥졸	그런 심부름은 못해.

현서	여보, 내가 돈을 낼 테니 물 한 그릇 가져다 주시구려.
옥졸	정말이오?
현서	내일 아침이면 내 친구들이 돈과 음식을 장만해 올 거요. 내 후히 해 주리다.
옥졸	좋아. 그렇담 심부름을 해주지. 살기 힘든 세상에 거저가 있나? (퇴장한다)
천수	(현서에게) 누구신지 모르지만 고맙습니다. 저는 도적들에게 의병이라고 해서 끌려 나갔습니다. 그런데 이자들은 왜놈과 싸우기보다는 수비가 허약한 고을을 습격해서 재물을 약탈하는 도적의 무리였습니다. 그놈들에게 이리저리 끌려 다니다가 결국 도망해 버렸지요. 고향으로 가는 길에 관군에게 잡혔습니다. 제가 입고 있던 의복 때문에 반군으로 몰렸어요. 무어라고 변명할 새도 없더군요.
현서	그럼 가족들도 만나지 못했겠소.
천수	일 년 전에 헤어져 버린 후 어디에 어찌 살고 있는지 알 길이 없습니다. 죽지나 않았는지…… .
죄수乙	죽진 않았을 거요. 견디기만 한다면 다 살기 마련이라오.
천수	전 내일이면 죽습니다. 내일이면…… .
옥졸	(물을 갖고 등장한다) 예 있소.

천수 팔을 뻗어 물그릇을 받지만 움직일 수가 없다.

현서	이왕이면 그 칼도 좀 벗겨 주시구려.
옥졸	사형수 칼은 그냥 벗길 수가 없소.

현서	내가 후사한다고 하지 않았소?
옥졸	그럼 얼마나 내겠소?
현서	당신 녹을 얼마나 받소?
옥졸	월에 쌀 한 석, 소미 세 두, 포 다섯 필이오. 그것도 전시라고 제대로 나오지 않으니 식구 멕여 살리기 아주 빡빡하다오.
현서	그럼 내 포 다섯 필 드리리다.
옥졸	좋소. 댁은 선비니 약속을 지키겠지, 뒤에 딴말 마시오.
현서	암, 여기 증인도 있는데 내 거짓말을 할까?
옥졸	그럼 칼을 벗겨 주지.
천수	(현서에게) 참말 고맙습니다.

옥졸 옥문을 열고 천수의 칼을 벗겨준다. 천수 물그릇을 죄수甲의 입에 대준다.

천수	여보 노인 물 드시오.
죄수甲	고……맙……소, 댁은? 댁은 뉘시오?
천수	알아서 무얼 하십니까? 전 내일이면 죽을 목숨입니다…… 그렇지만 전 죽고 싶지 않습니다. 이대로 죽어버릴 순 없습니다. (창살을 잡으며)…… 그러나 내가 이제 어찌 해야 한단 말이냐? 흑—.
옥졸	다 팔자소관이야. 운이 막힌 탓이야. 혼자만 억울하게 죽는다고 생각 말게. 지금은 싸움 중이야. 얼마나 많은 사람들이 죽어가는지 아나? …… 어서 잠이자 자, 저승에 갈 꿈이나 꿔 둬…….

(열쇠를 덜그럭거리며 나가면서, 방백) 허기야 죽인다, 죽는다는 말이 얼마나 쉬운 말인지 모르겠다. 난 여기서 밥 먹듯이 죽어 나가는 죄수들을 보아왔거든? 그런데도 아무렇지가 않아. 도리어 살겠다고 발버둥치는 사람들이 우스워 보이거든? 죽는다는 건 아주 쉬운 일인데…… 허나 내가 죽는다면? 안되지, 그건 끔찍한 일이지, 그런 일이 있을 수야 없지…….

고개를 저으며 퇴장한다. 천수 창살에 기댄 채 잠든 듯 다른 죄수들도 모두 조용하다. 고석할미 슬그머니 등장한다. 뒤에 노승 따라 등장한다.

고석 암, 쉽고 간단한 일이지. 자기 차례가 돌아오길 기다릴 필요도 없는 것이지.

노승 천수는 잠들어 있구나.

고석 꿈을 꾸고 있는 거야. 꿈속에서 지금 저승에 가 있지. 그 속엔 온통 죽음, 죽음뿐이야. 미리 죽음을 맛볼 수 있다는 것도 하나의 위로가 될 걸세. (천수 가위 눌린 듯 움찔한다) 저것 봐 몸을 뒤틀고 있어. 마지막 몸부림이야…… 허나 곧 조용해질 걸?

노승 허나 죽은 건 아닐세. 그렇게 호들갑 떨며 좋아할 필요는 없어. 인간이란 죽음 앞에선 용감해질 수도 있는 거야. 쉽사리 목숨을 내던지지는 않아.

고석 곧 자기 입으로 죽음을 원하고야 말 텐데? 해가 뜨기 전에 죽음, 죽음을 부르짖고 말리라!

천수 눈을 뜨며 고개를 든다. 창살에서 희미한 새벽빛이 비추기 시작한다.

천수 날이 밝아오는구나. 그 어느 때와도 똑같은 아침이요, 똑같은 햇살이련만, 오늘은 내 죽음을 준비하는 피 비린내로 가득 차 있구나.

마당쇠 등장한다.

노승 저건 마당쇠가 아니냐?
마당쇠 천수야!
고석 비극의 시작, 죽음의 재촉이지.
천수 아버지!…… 와 주셨군요!

서로 손을 부둥켜 잡는다.

천수 계영이는? 난희는 어디 있습니까?
마당쇠 (목이 멘다) 다 잘들 있다.
천수 그럼 왜 같이 안 왔습니까? 지금 어디에 있어요?
마당쇠 지금 평양에 있다.
천수 아, 그럼 죽기 전에 만날 수 있군요. 전 아무도 만나지 못한 채 죽는가 했습니다. 그런데 왜 같이 안 왔죠? 전 날이 밝으면 죽게 됩니다.
마당쇠 아 — 이런 기막힌 소식을 너에게 전해야 한단 말이냐?

천수　　그럼…… 계영인 죽었군요!

마당쇠 말을 못하고 고개만 가로젓는다.

마당쇠　명나라 놈들에게 잡혀갔다.

천수　　아!

마당쇠　어쩔 수 없었다. 산 속에선 굶어 죽을 수밖에 없었어. 그래서 평양에 내려왔다가 명군에게 들키고 말았다. 퇴기의 딸이니 기적에 올려야 한다면서.

천수　　고만! 고만하세요. 차라리 죽었다고 하시지! 왜 나는 어머니 뱃속에서 죽어나오지 못했을까…….

고석　　(의기양양하게) 자, 저 소리를 들었느냐? 사람의 눈에서 눈물을 마르게 할 수는 없는 거야. 한순간의 기쁨이 채 가시기도 전에 저들은 슬픔을 마련하니까.

노승　　너무 서두르지 마라. 아직 아무도 죽은 사람은 없다.

포도대장 옥졸을 거느리고 등장한다.

옥졸　　(마당쇠를 밀어 버리며) 저리 비켜 서.

마당쇠　어서 날 데려가시오. 어서 죽여주시오.

포도대장　네가 피천수냐?

천수　　그렇소, 더 물을 것도 없소. 어서 죽여주시오.

옥졸　　이놈 죽고 싶어 환장했나?

포도대장　넌 오늘 죽게 된다. 그런데 네가 원하면 살 수도 있다. 살고 싶지 않느냐?

마당쇠 (무릎에 매달리며) 나으리 어찌하면 내 아들이 살 수 있습니까?

천수 핫하…… 나더러 살고 싶으냐구요? (모두에게) 들으셨죠? 저더러 살고 싶으냐고 합니다.

옥졸 이놈, 조용히 있지 못하겠느냐?

포도대장 망나니가 되겠다면 살려줄 것이니, 그리 알라. 만일 싫다면 넌 오늘을 넘기지 못할 것이다. (퇴장한다)

옥졸 (따라 나가며) 넌 그래도 운이 좋은 줄 알아라!

천수 훗흐…… 망나니…… 마구 칼춤을 추면서 사람의 목을 쳐야 하는 망나니…… 오늘은 누구를 자르지? …… 내 손으로 내 목을 치란 말인가? 난 못한다! 난 못해!

마당쇠 천수야, 그래도 살아야 한다!

천수 평생 남의 목을 자르는 일을 하면서도 살아야 합니까? 언젠가는 내 목을 자를 때까지 칼을 휘두르면서 죄 없는 모가지를 베는 일을 하면서 살아야 합니까? 전 못합니다. 망나니 소릴 들으면서까지 살고 싶지 않습니다.

고석 죽음만이 이유 없는 고통에서 해방시켜 줄 걸세. 자, 이미 선택한 죽음 더 이상 주저할 건 없어!

노승 자, 얘기를 해라. 아직 말하지 않은 게 있지 않느냐?

마당쇠 천수야, 난 너에게 한 가지 숨긴 일이 있다. 난 너의 친애비가 아니다!

천수 네? 아버지, 그게 무슨 당치도 않은 말씀입니까?

마당쇠 사실이다. 너의 아버진 승정원 도승지 이원경 대감이시다. 나는 댁의 머슴이었다. 너의 아버진 간신들의 모략 때문에 반역도당으로 몰려 장하의 고혼이 되셨다. 그뿐 아니라 너의 어머니 할머니 모두가 역적 일가로 연루되어 고문 끝에 돌아가셨단다. 그때 백일도 안 된 너를 내게 맡기시면서 마님은 이 아이를 잘 길러달라고 당부하셨다. 네가 어머니로 알고 있는 용녀는 사실은 마님의 몸종이었어.

천수 그럴 리가? 그럴 리가 없습니다!

마당쇠 사실이야. 넌 양반의 씨, 귀한 집 자손이다. 네 목숨을 헌신짝 버리듯 버릴 수는 없다.

천수 아― 너무나 엄청난 사실! 내가 감당할 수도 없는 이런 사실을 왜 지금 말씀하십니까?

마당쇠 할 수가 없었다. 말해야 무슨 소용이 있겠느냐? 천수야, 너를 이렇게 기른 나를 용서해 주겠느냐?

천수 아버님! 용서라니요? …… 아버님, 그럼 한 가지만 말씀해 주십시오. 제 원수가 누굽니까? 저의 생부를 모함해서 죽게 한 원수가 누굽니까?

마당쇠 양반들 모두다. 임금을 둘러싸고 세도를 부리는 양반놈들. 이제 너마저 그들 손에 죽어야 하느냐?

천수 (부르짖는다) 아! 망나니! 내게 칼을 다오! 난 망나니다. 난 모조리 저주받을 인간의 목숨을 내 칼로 찔러줄 것이다. 핫하…… 난 망나니다!

고석 사는 것이 이긴 게 아냐! 이제부턴 망나니의 고통이 더할 뿐인걸?

노승 아― 그러나 스스로 죽음을 택하지는 않았어!

第 八 場

평양 성중 길거리의 주막집. 무대 한쪽 주막집에는 주모 저녁시간을 위해 준비에 분망하여 있다. 한쪽 구석 술상엔 현서 곯아 떨어진 채 엎드려 있다. 선비 萬弼 황급히 등장한다.

만필 세상에 그런 끔찍한 광경은 내 처음 보았다. 아직도 가슴이 뛰는 것 같군.

주모 무얼 보았길래 그렇게 얼굴이 샛노래서 야단이세요?

만필 사람 목이 잘리는 걸 보았지.

주모 현장엘 갔었나?

만필 공연히 갔었나보오. 전쟁 통에 죽어가는 사람을 수없이 목격했지만 오늘 일이 왜 그렇게 섬짓해지는지 모르겠거든?

주모 몇 사람이나 목이 잘립디까?

만필 한 사람. 그것도 아주 준수하게 생긴 양반이었어. 그런데 끔찍했던 건 그 목을 자른 망나니의 눈에서 불꽃 같은 것이 그 시퍼런 칼날에 비치더라니까? ─ 단 한 칼에 모가지가 쌍둥 떨어지고 목 없는 몸뚱이가 앞으로 쿡 쓰러지는 거야. 그런데 그때 그 망나니 표정이 예사롭지가 않더란 말이야. 자기와는 아무런 상관도 없는 사람의 목을 자르면서 쓴웃음을 짓는 그 놈이 몸서리가 쳐지면서도 알고 싶은 건 어인 일일까? 여보 망나니도 사람이오?

주모   그 사람은 당신네들 선비보다야 더 자상한 어른이지요.

만필   무어라고? 자상하다고? 망나니가? 핫…… 그 사람을 잘 아오?

주모   우리 집 손님이에요.

만필   얘길 좀 해 주구려.

주모   술이나 드세요.

만필   (상에 앉으며) 그래 술이나 주구려. 한 사발 가득히 목이 타들어 가는 것 같군. (현서를 보며) 저건 현서가 아닌가? 초저녁부터 곯아떨어진 모양일세.

주모   (술잔과 주전자를 내놓으며) 대낮부터 마신 걸요.

만필   하기야 술이래도 마셔야지. 어찌 제정신으로야 살아갈 수 있는가? 전쟁은 오 년째로 접어들었는데 끝이 날 줄은 모르지, 설상가상 굶주림에 시달렸던 백성들의 반란은 도처에서 벌어지고 있어. 그 처참한 광경은 차마 눈을 뜨고 볼 수가 없는데, 조정은 틈 있는 대로 서로 물고 뜯기에 여념이 없어. 이순신 같은 명장조차 옥고를 치르게 하지 않는가? 내 앞날을 예측할 수 없으니 술이나 퍼마시고 취할 수밖에…… (술을 벌컥 들이키고는 잔을 소리 나게 놓는다)

현서   (얼굴을 든다) 응? 만필이 너로구나! 주모, 나 술 좀 더 주구려. 깨었으니 또 마셔야지.

주모	손님, 고만 돌아가세요. 이젠 손님 드릴 술은 남지 않았다오.
현서	망나니 줄 술은 남았겠지?
만필	망나니도 여길 오는가?
현서	암, 오다말다. 목 자른 날은 꼭 오지, 목이 마를 테니까…….
만필	망나닐 잘 아나?
현서	안, 잘 알지. 난 그 친군 감옥에서 만났네. 그런데 말일세, 자네가 알면 놀라겠지만 망나닌 원래 양반의 자식일세.
만필	그럴 리가 있나?
현서	그럴 수 있지. 엎치락뒤치락 하는 세상, 돈 있고 권세 있는 양반 행세를 하고 모함이라도 받아 일가 멸족하면 천인이 되지 않나? 그러니 망나니가 목을 자르는 일은 원수를 갚는 일일세. 그럴듯하지?
만필	듣고 보니 그럴듯도 하이.
현서	자네 망나니의 처가 누군지 아나?
만필	망나니에게도 처가 있단 말인가?
현서	물론이지. 그것도 천하일색의 미녀일세. 지금은 명나라 장군 조문용의 애첩이 됐다만.
만필	(놀라서) 뭐, 그럼 계월향이가?
현서	여편네를 뺏겼다네. 계월향인 원래 기생의 딸이었거든.
만필	아— 그렇게 된 것이군.
현서	더구나 같은 평양성 안에 살고 있으니 오죽할 텐가? 나 같으면 차라리 그 칼로 명나라 장수고 여편네고 모조리 베어 버린 후 자살해 버리고 말겠어. 도대체 무슨 미련이 있어 그런 처참한 꼬락서니를 하고 사는지 알 수가 없단 말이야.

주모	그인 혼자가 아니에요. 아비가 있고, 눈먼 딸이 있지 않아요?
만필	그렇다고 평생토록 망나니 노릇을 해야 하는 것인가?
현서	별 수 없지. 사형수니까…… 살아 있는 한 사람 목 따는 일이나 할 수밖에.
만필	나 같으면 죽어버리거나 도망해 버리겠어.
현서	그 녀석이 살아 있는 건 증오 때문이야. 그리고 그 녀석은 아직도 여편네를 못 잊고 있어. 계월향이가 살아 있는 한 죽을 수도 없는 거야.

이 때 무대 밖에서 망나니다, 개새끼 등의 욕설과 함께 망나니의 의복을 걸친 천수 표정 없는 얼굴로 등장한다. 선비들에게는 개의치 않는다는 듯 술상에 앉는다.

천수	나 술 좀.

주모 안주와 술을 내다준다. 천수 벌컥벌컥 술을 들이킨다. 만필이는 한쪽에서 약간 두려운 표정으로 천수를 주시하고 있다. 천수 술을 마시고는 한숨과 긴장을 토하는 듯한 신음소리를 내며 술잔만 바라보고 있다.

현서	여보게 망나니?
천수	망나닌 이름도 없나?
현서	그래 천수, 후련한가. 오늘 자네가 참한 죄수가 누군지 아나?
천수	내겐 상관없어.

현서   사람들이 자네를 보고 돌을 던지더군. (대답 없자) 자네가 아무리 칼을 휘두른대도 세상 사람들을 전부 죽여 없앨 수는 없는걸세.

천수   (술잔을 팽개치며) 상관하지 말라니까!

만필 천수의 무서운 서슬에 비실비실 일어난다.

만필   (돈을 치르며) 난 먼저 가 보겠네. (퇴장한다)

천수   술 더 주.

현서   그래 취해서 잊어버리는 게 낫지. 나도 술 좀 주구려.

주모   아휴 제발 고만 좀 마시라니까요.

현서   왜? 난 취하지도 않았는데?

주모   벌써 오늘 하루에도 몇 번은 취했다 깨시고 또 취하고 하시니 저러다 필경은.

천수   작작하지 그래?

현서   내 걱정 말게. 난 이미 창자에서부터 온몸이 술에 찌들어 버렸을걸? 주모 나 죽으면 항아리에다 넣고 땅에 묻어 주구려. 그럼 썩어서 술이 될 테니.

천수   (참지 못하고) 흥! 글깨나 배웠다는 녀석이 매일 술에나 곯아떨어져서 세월을 보내다니. 그렇게도 할 일이 없느냐?

현서   무얼 할까? 포도청 문간에다 대고 또 오줌이나 내갈길까? 아니면 지방의 수령자리나 하나 사서 토색질이나 하면서 세월을 보낼까? 그럴 바엔 차라리 술에 취해 있는 게 편하다네. 죽지 못할 바엔……

천수   죽긴 왜 죽어? 멀쩡한 녀석이.

현서   넌 왜 사니? 사람 목 따는 게 재미가 나서?

천수   고만 닥치지 못하겠느냐?

현서   천수 넌 이대로 언제까지 버틸 작정이냐?

천수   그럼 나더러 어쩌란 말인가?

현서   도망해 버리게.

천수   도망? 난 언젠가 임금의 옷을 입고 임금 노릇을 해본 적이 있었지. 그런데 그건 견딜 수가 없었어. 지금 난 망나니의 옷을 입고 있다. 이건 아주 내게 잘 맞는 옷이야. 난 망나니 노릇을 하는 게 아니라 망나니니까…… 핫하……. (침통하게)

현서   (실망한다) 넌 아직도 명나라 놈의 계집이 돼버린 네 여편네를 못 잊는 게지?

천수   정말, 고만 지껄이지 못하겠느냐?

현서   틀림없군. 그래 그 계집이 다시 네게 돌아올 듯싶으냐?

천수   이 자식이! (후려쳐 버린다)

주모   왜들 이러세요?

현서   (저만치 나가 떨어져서) 바보 같은 자식. 뺏긴 계집을 잊지도 못하면서 태연한 채 웃으며 남의 목이나 따는 망나니!

천수   (견디지 못해 비명) 아!

현서   (크게 웃는다) 핫하…….

고석   (등장한다) 아— 그것이, 그 비명이 네가 삶을 선택한 데 대한 보상이야. 목숨을 부지하는 한 그 신음소리는 제 목소리를 떠나지 못할걸?

노승   (다른 한쪽에 등장) 그러나 슬픔과 고통을 통해 인간의 마음은 순화될 수 있지?

고석   그래서 저 망나니의 마음은 순화되어 있다고 생각하나? 그는 매일 사람의 목을 치고 있는데.

노승   목을 자르는 일은 망나니의 의지가 아니야. 그에게 증오를 불러 넣어준 운명이지. 아니, 역사를 들추어낸 우리들의 장난 때문일 거야.

고석   아! 이건 단순한 역사가 아니야! 이건 장난이 아니야!

현서   잊어버려. 모든 걸 잊어버려. 네 증오에서 해방되기 위해 잊으란 말이다. 그럼 너는 망나니로 경멸받지 않을 것이고 슬픔과 고통에서 자유로워질 수 있지. 네겐 용기가 있어. 난 너의 그 용기가 필요하다. 나는 너를 따를 테니까…… 기꺼이 죽을 수 있지.

천수   난 죽지 않는다.

한 마디 뱉고 퇴장해 버린다. 현서 비틀거리며 술상에 엎어진다.

현서   술. 술을 줘!

노승 부채를 탁 편다. 울려나오는 염불장단에 맞춰 용트림, 활개펴기 등의 춤을 춘다. 고석할미는 못마땅한 듯 한쪽에서 노려보다가 픽— 웃으며 퇴장한다.

第 九 場

평양 감영 내. 평양 감사의 생일잔치다.

무대 중앙 상단에서 평양 감사와 명나라 장군 趙文龍이 앉아 있고, 감사 옆으로 妓生甲, 趙 장군 옆에는 계영 앉아 있다. 그 양편으로 관리 甲·乙과 趙 장군의 副官 陳이 기생 하나씩을 끼고 앉아 있다. 감사 뒤에는 아전이 대기하고 있고 적당한 곳 무대 양끝에는 官奴·使令 등이 서 있다. 한창 여흥이 벌어져 탈춤놀이가 전개되고 있는 중이다. 연지곤지 찍은 白面의 小座가 부인복에 전복을 입고 타령 장단에 맞추어 제자리에서 자라춤을 추고 있다. 붉은 가면의 쇠뚝이 등장하여 희희낙락하며 앞모습이 어떠냐 뒷모습이 어떠냐는 듯 소무의 앞뒤를 춤추며 돈다.

쇠뚝이 여보게 마누라 우리가 수삼년을 같이 살아 이제 딸자식까지 두었는데 우리 정리가 이토록 날이 가고 세월이 갈수록 두터워지는 건 어쩐 일인가? (소무 그렇다는 듯 고개를 끄덕인다) 비록 나는 상놈이요, 재물은 가진 것이 없어도 내 마음은 저기 앉았는 양반들보다 깨끗허이…… 그러니 자네도 맘 변치 말고 길이길이 같이 살아.

소무 고개를 끄덕이며 자라춤 취발이는 까치걸음을 추며 흥겹게 대무한다. 이 때 수염 난 백면의 포도부장이 칼을 차고 갓에 두루마기를 입고 난데없이 등장하여 쇠뚝이와 소무 사이로 뛰어든다. 깜짝 놀라는 쇠뚝이, 음악 멈춘다.

쇠뚝이　이놈 보게 너는 웬놈인데 남의 내외가 내근하는데 뛰어들어 분란을 일으키느냐? 네 이놈, 여기를 다시 오면 네 에미 붙을 놈이다. 어디 젊은 놈이 계집이 없어 남의 마누라까지 겁탈하려는 거냐? 어서 나가라!

포도대장, 쇠뚝이의 시슬에 몇 발자국 뒤로 물러선다. 음악 울리고 쇠뚝이와 소무 춤을 계속한다. 포도부장 다시 뛰어들어 소무의 양손을 덥석 잡고 왼다리 바른다리를 서로 걸면서 춤을 춘다. 쇠뚝이 분통이 터져 이리 뛰고 저리 뛰고 하다가,

쇠뚝이　이놈아, 네가 왜놈을 닮았구나? 오랑캐를 닮았구나. 칼을 찼으면 도적이나 잡을 것이지 남의 마누라를 넘볼 건 무어냐?

평양 감사 및 관리들 서로 귓속말을 하며 웅성대고 **명나라** 장군은 잘 알아듣지 못하여 좋아하기만 한다. 계영은 안절부절 자리를 피하고 싶어한다. 포도부장 담을 뛰어넘어 나가는 시늉을 한다. 쇠뚝이 빠른 타령 장단에 까치걸음으로 이리저리 포도부장

을 찾는다. 그러나 걸음이 제자리에서 맴돌 뿐 앞으로 나가지 않는다.

쇠뚝이　마누라를 집에 두었으니 걸음이 뒤로 걸리는구나.

그 사이 포도부장 다시 담을 넘어 들어와 소무와 춤을 춘다. 이번에는 갓을 제껴 쓰고 두루마기 자락을 제비 날개처럼 뒤로 제치고 소매를 걷어부치며 손뼉을 쳐서 장단을 청해 빠른 장단에 소무와 어울려 춤춘다. 쇠뚝이 이 꼴을 보고 이리 뛰고 저리 뛰며 소무를 뺏으려 한다. 세 가면 한창 어울려 춤춘다. 쇠뚝이 드디어 포도부장의 가운데 눌려 기진한다.

쇠뚝이　고만 두어라. 약한 백성이야. 집 뺏기고 땅 뺏기고 마누라마저 뺏겨야 하는 세상 (소무에게) 오냐 새서방 얻어 자손창성하고 부귀공명 하여라. (비영 슬그머니 퇴장해 버린다) 그러나 이때까지 살던 정리를 생각해서 마지막으로 손목이나 한번 잡아 보자.

소무 손을 내밀지 않는다. 그 대신 포도부장이 슬쩍 내미는 손목을 소무의 손인 줄 알고 쇠뚝이 덥석 잡고 낙루한다. 모두들 웃는다. 쇠뚝이 손을 쓰다듬다가 바라보니 포도부장의 손이다.

쇠뚝이　이 천하의 죽일 놈, 이 무슨 앙갚을 할 짓이냐? (소무의 손목을 끌어다 잡고) 그러면 그렇지 여보게 마지막일세. 이젠 죽어서 저승에서나 만나세. (낙루하다 침을 탁 뱉고) 쳐라!

울려 나오는 타령곡에 맞춰 춤추듯 쇠뚝이 퇴장한다. 소무와 포
도부장은 흥이 나서 어울려 춤을 춘다. 포도부장은 劍舞를 춘
다. 검무가 끝나며 모두 퇴장한다. 박수 소리에 광대들 탈 쓴 채
다시 나와 인사한다.

조장군 아주 재미있소. 조선 탈춤 이렇게 재미있는 줄 미처 몰랐소.
감사   즐겁게 보셨다니 (광대들에게) 어디 탈을 벗어 보아라. (소무
      탈을 벗으니 남자다) 허— 사내 녀석이 몸 놀리는 게 꼭 계집
      같구나. (조 장군은 놀라서 고개를 끄덕인다. 쇠뚝이 탈을 벗는
      다) 너는 어디 사느냐?
쇠뚝이 황해도 해주서 피난 왔소이다.
감사   그래 그 사설은 네가 만든 거냐?
쇠뚝이 구전되어 내려오는 것도 있고, 또 (포도부장을 가리키며) 좀
      고치기도 했습니다.
감사   (포도부장에게) 탈을 벗어 보아라. (포도부장 탈을 벗는다. 천수
      다. 관노, 사령, 아전들 놀란다) 너는 누구냐?
아전   저자는 우리 감영에 있는 망나니올시다.
감사   무어라고? 망나니?
천수   그러하오.

아전 감사의 귀에다 대고 뭐라고 속삭인다.

감사	(느닷없이 웃으며) 핫하…… 이놈 네가 망나니 주제에 요망하게 춤은 웬 춤이며 게다가 무엄한 사설로서 양반을 욕보인 죄 큰 줄 모르느냐? (옆에 않은 조 장군에게 귓속말로 무어라고 한다)
조장군	(놀라며) 아니, 저 사람이? 핫하…… (옆에 계영이가 없자) 계월향이? 어디 갔소? 계월향? (그 사이 천수 퇴장해 버린다) 조선 기생이 절색인 건 내 인즉 내 나라에서도 들어 알지만, 계월향이만한 미인은 처음 보았소…… 핫하…… 사또 내 잠깐 볼일 보고 오리다. (비틀거리며 일어나면서 안으로 향한다) 계월향이? 색시! (퇴장한다)
감사	핫하…… 장군이 아주 계월향에게 홀딱 반한 모양이군.
관리甲	전쟁이 끝나면 명나라로 데려간다고 하오.
감사	허— 조선 미인이 하나 줄겠군…… 그런데 망나니가 어찌 저런 미인을 취했노? 아니 망나닌 어디 갔느냐?
아전	글쎄, 그 녀석이 방금 있었사온데.
감사	고얀 녀석 누가 가라고 했단 말이냐?
아전	곧 붙잡아 대령하겠소이다. 그 망할 녀석이 어느 앞이라고 무엄하게…… 얘들아.
관노·사령들	예이.
아전	망나니를 곧 묶어 들여라.
감사	아니다. 잡아 들일 것까지는 없다. 오늘 내 생일 날에 사람을 취조해서 쓰느냐? 후일 불러다 벌해도 늦지 않을 것이다. (떨고 있는 광대들에게) 얘 너희들에겐 오늘 밤 평양 명기를 하나씩 안겨줄 터이니 그리 알고 물러들 가거라.

광대들	황공하오이다. (절하며 퇴장한다)
기생甲	나으리, 그럼 망나니에게도 오늘밤 기생을 보내야 하지 않겠 어요?
감사	왜? 네가 가고프냐?
기생甲	어머 싫어요. 생각만 해도 끔찍하여이다. (감사에게 안기며) 전 나으리와 정을 나누려 하나이다. (깔깔거리며 웃는다)
감사	아무렴. 내가 너야 보내겠느냐? 천심이 넌?
기생乙	저도 싫어요. 한밤중에 모가지 없는 귀신이라도 나오면 어찌 하오리까?
관리乙	같이 춤이나 추렴. (웃음소리)
기생丙	차라리 계월향이를 보내심이 좋을 듯하여이다.
감사	아니, 이년이 미쳤느냐? 계월향이로 말할 것 같으면 조 장군 의 애첩이거늘 전신이 기녀였다 한들 당한 소리냐?
기생丙	허지만 계월향이는 망나니를 아직도 못 잊는다 하오. 밤마다 울고 지낸다고 합니다.
기생丁	망나니도 밤마다 구슬픈 퉁소를 불어 옛정을 그린다 하옵니 다. 망나니의 퉁소소리를 들으면 울지 않는 백성이 없다고 하 오.
감사	듣기 싫다! 너희들은 망나니와 하룻밤도 지내기 싫다면서 어 찌 망나니를 그토록 두둔하느냐?
기생甲	부부의 첫정이란 그리 쉽게 잊혀지는 게 아니옵니다, 사또.
감사	헛허…… 네가 알긴 뭘 아느냐? 아니 장군은 어디 가시려오?
陳부장	(일어나려 하며) 우리 조 장군이 아직 안 오시니 이상해서 그 럽니다.

감사　핫하…… 조 장군은 지금쯤 계월향이를 품에 안고 도원경을
　　　헤매고 있을 거요. 염려마시고 앉어 술이나 더 듭시다. 자 무
　　　엇들 하느냐?

아전　예.

밖에다 대고 손짓한다. 풍악소리 들리며 기생들의 춤이 시작된
다. 陳 부장, 감사의 만류로 일단 앉았다가 춤에 모두 정신이 팔
린 사이에 퇴장한다. 한참 기생들의 춤과 노래가 고조에 이르렀
는데, 陳 부장, 명나라 군졸과 함께 칼을 빼들고 등장한다.

감사　아니 이게 무슨 짓이오?

陳　　(소리소리 지른다) 어서 철문하시오. 아무도 나가지 못하게 하
　　　오. (온통 아수라장이 된다)

감사　무슨 일이라도 생겼단 말이오?

陳　　장군이 피살됐소!

감사　무엇이라고?

빠른 장단에 우왕좌왕하는 동안 무대 어두워진다.

第 十 場

어느 골목 담장 밑. 한밤중 어디선지 처량한 퉁소소리가 들린다.
고셕할미가 담장 위에 두 손으로 턱을 고인 채 앉아 퉁소소리에
귀를 기울이고 있다.

고셕 음은 사람의 마음에서 생기는 것. 마음이 슬프면 음도 애(哀)
하고 마음이 온화하면 음도 화(和)해지는 것인데, 어찌 음이
비단 사람에게만 즐거운 것이랴? 춤과 노래란 원래 우리 귀
신을 위하여 시작된 것. 귀신과 죽은 영혼을 달래기 위해 저
들은 음악을 익혀왔던 것이니라. 헌데 인간들은 저희들만이
음을 안다고 생각하거든? 그렇지만 저 망나니의 퉁소소리를
이해하는 건 나뿐일걸? 사람들이란 음을 귀끝으로 손끝으로
발장단으로만 알고 있을 뿐, 그러고 보니 나도 꽤 정서적이로
군! 인간의 음악 소리엔 마음이 동해서 이렇게 뛰어 나오지
않고 못 배기니까. 그렇지만 지금은 마음을 굳게 먹어야지.
그 건방진 늙은이와 내기중이니까…… 인간이 하찮은 연대의
식과 내일의 기대 때문에 살고 있는 건 사실이지만 그것이 모

두 헛된 것이요. 죽음만이 인간을 구원해 주는 자유의 길이라는 걸 증명해 줘야 하거든…… 아 저기 죽음의 그림자, 이미 죽음과 벗한 여인이 우리 내기의 승부를 재촉하기 위해 이쪽으로 오고 있군. 쉬—.

머리를 풀어헤친 계영 쫓기듯 등장한다. 손에는 피 묻은 칼을 들었다.

계영   저 소리 귀에 익은 저 퉁소소리. 나는 어쩌다 여기에 와 있을까? 나를 즐거이 보시던 그이의 눈은 나를 외면하고 계신데, 기꺼이 안아 주시던 그이의 팔은 나를 밀어버릴 텐데…… 그런데 무엇이 나를 여기까지 오게 했을까? 이젠 이 칼을 내 가슴에 꽂는 일만 남았는데, 내 혼은 나의 죽음을 재촉하고 있는데. (칼 가슴에 댄다)

고석   자 빨리 해치워! 무얼 주저하는 거야?

계영   (무대 밖을 보며) 누가 오고 있어!

얼른 담 밑 어둠 속에 몸을 숨긴다. 천수 혼자 등장한다.

천수   매일 밤 잠들지 못하는 밤이면 나는 언제 아침이 올 것인가. 언제 이 밤을 보낼 수 있을까? 엎치락뒤치락 고만 잠을 밝히고 만다. 그러다 새벽이 오면 또 이 날을 어찌 보내야 하는가 어찌 견딜까 두려움에 밤이 오기를 재촉하고 말지, 무엇이 나를 잠 못 들게 하는가? 나의 아침은 칼을 가는 일로 시작하여

목을 베는 일로 끝나고 있다. 내겐 산다는 것 그것이 곧 저주 요, 고통이다. 그런데도 내 목숨을 지탱하게 하는 그 힘은 무 엇일까? 무엇이 나를 지금까지 살아 있게 할까? 내가 삶을 선 택한 것은 오로지 인간에 대한 증오 때문이었다. 나는 저주할 운명 속에 태어나 증오를 위하여 살아왔다. 그런데 이제 와서 증오 속에 산다는 것이 얼마나 괴로운 일인가를 느끼고 있어. 적어도 난 내 목숨처럼 사랑했던 계영이마저 미워해야 하니 까…… 그런데 미워할 수가 없다…… 아……미워할 수 없는 사람들이 이 세상에 살고 있다는 것은 정말 견딜 수가 없구나. 그러나…… 이제 와서 어떻게 한단 말이냐? 이미 옛날은 가버 린 것. 온통 피로 범벅이 된 상처만 남아 있는데…… 생각을 하지 말자. 잠들지 못하는 밤이여! 어서 가버려라! 그러나, 아 침이 오면 내게 무슨 위로가 있는가? 그렇지 칼을 갈아야지. 생명을 재촉하는 무딘 칼을 다시 갈아야지…… (퇴장한다)

계영 (나오며) 하마터면 그이의 품에 뛰어들어 안길 뻔했어. 그렇 지만 이제 무슨 소용이 있어? 이미 죽을 목숨. 그분에게까지 화를 미칠 수는 없는 것. 그분이 나를 미워하지 않는다는 것 으로 난 이제 기꺼이 죽을 수 있어. (칼을 가슴에 댄다)

고석 자— 무얼 주저하는 거야. 어서 찔러요. 잠시의 고통이면 끝 나는 일, 기나긴 인생의 고통에 비하면 죽을 때의 아픔이란 순간적인 것이지, 어서!

계영 그렇지만 내가 지금 죽는다면 내 혼은 어디로 갈까? 내가 오 늘 찔러버린 그 무지한 장군의 혼 옆으로 가지 않을까? 아 — 그건 안 될 말, 죽어서까지 내 혼을 더럽힐 수는 없는 것. 그분의 칼에 목을 내밀자! 그분의 손에 죽어버리자. 아 — 그분이 망나니란 건 얼마나 다행인 일이냐. 어서 가서 나를 찾아 혈안이 되어 있을 포졸들에게 내 몸을 내맡기자. (퇴장한다)

고석 제기랄 목숨하나 내던지는 데 꽤 까다롭군. 지금까지 멍청이 기다린 내가 웃음꺼리가 되다니…… 그 오만한 노승이 없길 천만다행.

노승 등장한다.

노승 핫— 내 눈은 모든 것을 보았고 내 귀는 모든 것을 들어 아노라. 이제 너도 내가 아는 것만큼 생명의 귀한 뜻을 알겠느냐?

고석 참말 구역질이 난다. 절망과 증오 속에 생명을 부지하면서도 생명의 귀한 뜻이라? 하나같이 어디 들춰 보려무나. 하나는 죽음 속에 태어나 증오를 익히며 목을 치는 망나니가 되었지? 그의 딸은 눈이 멀어 앞으로 닥칠 슬픔을 준비하고 있는데, 생명의 귀한 뜻이라? 정말 메스껍다. 엑. 엑. (토한다)

노승 허— 구역질을 하는 것을 보니 더 견디지 못하겠는 모양이구나. 어디 그만 물러가겠느냐?

고석 천만의 말씀. 최후의 고통을 쥐어 짤 때까지, 그리하여 더 견디지 못해 제 손으로 제 목을 자를 때까지 몰아쳐 봐야지.

노승 어디 하늘 끝까지 땅 끝까지 몰아쳐 보렴. 저들의 고통은 죽음을 이겨낼 것이니…….

염불곡에 맞춰 춤추며 퇴장한다.

第 十一 場

大同江가 行刑場. 백성甲, 乙 등장한다.

백성甲 오늘도 행형이 있는 모양일세, 오늘은 또 누구의 목을 치는 가?

백성乙 관가가 수렁수렁한 걸 보니 어느 높은 분이 죽는가 봅니다.

백성甲 또 무슨 대역죄라도 범한 사람이 있단 말인가? 세상이 하 어 수선하니 임금 하나를 둘러싸고 서로 죽이고 죽고 하는 사람 도 많거니, 전쟁도 이제 끝나는가 싶었는데 다시 적이 쳐들어 오니 죽는 사람은 또 늘어날 테고 이대로 가다간 정녕 살아남 은 사람이 몇이나 될지 궁금하이.

백성乙 아니 가시려구요? 구경 안 하시겠소?

백성甲 사람 목 치는 것 무엇이 보기 좋다고 구경을 하겠소? 언제부 터 사람 죽는 것이 구경거리가 됐는지 알 수 없는 일이야.

퇴장한다. 백성들 여럿 수군대며 등장하기 시작한다. '누구랍니 까?' '글쎄' 등등 서로 주고받는다. 현서 심각한 표정으로 등장한다.

백성乙 아니, 서방님 어쩐 일이시오? 행장엘 다 오시다니.

현서 김 서방이요? 그저 구경 나왔소.

백성乙 서방님은 눈뜨고 못 보실 거요. 엔간한 담력 없이는 그 처참한 꼴을 견디시기 어렵지요.

현서 내 어디 사람 죽는 걸 한두 번 보았나?

백성乙 참말이요?

현서 전쟁 통에 죽은 사람이 기만이나 되지 않소!

백성乙 허지만 망나니가 목 치는 꼴은 끔찍하다오. 더구나 망나닌 서방님과도 가까운 사이 아니요?

현서 그게 무슨 상관이요?

백성乙 그러시니 말이에요. 차마 어찌 망나니가 목 치는 꼴을 보시겠소.

현서 내 염려는 마오. 그런데 오늘 죽는 죄수가 누구요?

백성乙 저도 모르겠어요. 죄인 명도 밝히지 않고 참형이 있다는 관보만 보았으니까요. 보아하니 지체가 높은 분 같애요.

현서 그건 어찌 아오?

백성乙 아침부터 관가가 수렁수렁하니 심상치 않았어요.

현서 근자에 참형에 처할 만한 대죄는 없는 줄로 아는데? 명나라 조 장군의 괴이한 변사와 관련된 것일까? 어이한 연고인지 관가의 경비가 엄중하다 했는데…… 어차피 이렇게 나온 김에 끝을 봐야겠다.

"길 쳐라, 사또 행차시다" 하는 호령이 들린다.

현서   사또가 형장엘 나온다니? 기필코 큰일이 벌어진 모양이구나.

술렁대는 구경꾼들을 관노가 비키며 군졸들에게 호위된 평양 감사 등장한다. 관노가 걸상을 들고 와 무대 후면 높은 곳에 놓으면 감사 의자에 앉는다. 뒤따라 포도대장과 군사에게 호위된 계영 용수를 쓴 채 끌려 등장한다. 죄수가 여자인 것을 안 백성들은 놀란 표정으로 수군대기 시작한다.

현서   저건 여자가 아니냐?

계영 용수를 쓴 채 형장에 무릎을 꿇어앉는다. 몰려드는 구경꾼들 군졸들이 창으로 몰아 정돈한다. 고석과 노승 등장한다.

고석   우리 내기의 종말, 헛된 역사의 반복, 부질없는 생에 종지부를 찍고 스스로 생명을 내던지는 마지막 마당을 준비하고 있구나.

감사   어서 형을 집행하라.

포도대장 예.

계영의 앞에 가서 용수를 벗기고 집행 문서를 펼쳐든다.

포도대장 고개를 들라.

계영 흘어져 내린 머리를 제끼며 머리를 든다.

구경꾼들 저건 계월향이가 아니냐?

구경꾼들 망나니의 여편네라구?

구경꾼들 조 장군의 애첩 말이지?

현서 (놀라며) 계월향이? 아니 이게 어찌된 일이냐? 계월향이가 무슨 죄를 지었길래…… 그렇다면 (군사에게) 여보 계월향이가 무슨 죄를 지었소?

군사 내가 아오? 사람을 죽였겠지.

현서 사람이라니? 조 장군 말이오?

군사 여보 너무 꼬치꼬치 알려고 하지 마오. 누구를 죽였는지는 비밀이오. 조 장군이야 병사하지 않았소?

현서 그럼 오늘은 누가 목을 자른다오?

군사 그야 망나니지, 누구겠소.

현서 그런데 왜 망나닌 보이지 않는 거요?

군사 내가 아오? 칼을 갈고 있겠지.

현서 망나닌 오늘 목을 자르는 죄수가 누군지 알고 있소?

군사 하— 이 양반 그런 걸 내가 어찌 아오? 어서 구경이나 하시오.

포도대장 (두루마리를 말며) 계월향, 너는 인명을 해한 죄로 대명률 형률에 의해 참하노라…… 마지막으로 할 말이 없느냐?

계영 이미 죽기로 작정한 몸, 무슨 할 말이 더 있겠느냐? 허나 사또께 여쭈어라. 죄는 내 한 몸에 있는 것, 나로 인하여 무고한 사람들이 욕되지 않게 현명한 처사를 하십사고.

감사   허— 저런 당돌한 년 같으니. 죽는 마당에 내게 훈시를 하는
         거냐? 애들아 무얼 하고 있는 거냐? 어서 집행하라!

         포도대장 손짓을 한다. 군사 하나 퇴장한다. 장단에 맞추어 망
         나니 칼춤을 추며 등장한다. 구경꾼들 모두 긴장해 있다. 계영
         은 머리를 숙이고 있다.

현서   (한 발자국 나서며) 천수야! 안 된다! 안 돼!

         군사들에게 제지당해 밀려난다. 천수는 듣지 못한 듯 춤을 추며
         계영이 앞으로 간다. 잠시 주춤한다.

포도대장 어서 지체 말고 집행하라!

         천수 다시 춤을 추기 시작한다. 한참 죄수의 주위를 돌다가 눈
         에서 이상한 광채를 발하며 칼을 내려친다. 악 하는 구경꾼들의
         비명, 실신해 버리는 현서, 입가에 자조의 미소를 지으며 손으
         로 칼을 닦는 천수. 이 때 느닷없이 감사의 너털웃음이 들린다.
         천수 의아한 표정으로 감사를 돌아본다.

감사   핫하…… 이놈 망난아, 똑똑히 보아라. 네가 참한 죄수가 누
         구인지 아느냐? 핫하…….

         천수 칼을 쥔 채 쓰러진 계영의 몸 옆에 굴러있는 머리를 본다.

칼을 땅에 놓은 채 두 손으로 머리를 받쳐 드는 천수.

천수   계영이! 여보! 아 ─!

하늘을 우러러 부르짖는 처절한 절규와 함께 칼을 집어 든다.

고석   자 이젠 네 차례다, 어서!

천수 동물과 같은 신음소리를 내며 곧장 감사에게 덤벼든다.

감사   아니, 저놈이 미쳤느냐?

군사들 천수를 에워싼다. 천수는 칼을 휘두르며 저들과 싸운다. 구경꾼들 웅성대기 시작한다.

포도대장   사또, 민심이 소란하오. 자리를 피하시오.

사또 황급히 퇴장한다. 천수 창에 찔리면서도 있는 힘을 다해 싸운다. 웅성대며 점점 달려드는 백성들, 현서 군사 한 사람의 창을 뺏어 들고 합세한다. 저놈들을 죽여라 사또를 잡아라 하는 백성들의 부르짖음과 함께 돌을 던지는 백성들에 쫓겨 군졸들 달아나고 만다. 그 뒤를 쫓는 백성들, 현서 쓰러진 천수에게 달려간다.

현서   천수, 날세, 나야. 나도 싸웠네. 넌 이겼어! 넌 이겼단 말이야!

난희 뛰어 들어온다. 그 뒤를 마당쇠 따라 등장한다.

난희   아버지, (쓰러진 천수를 본다) 아버지!
마당쇠   천수야! 이게 웬일이냐?
천수   (간신히) 난희야, 저기 네 어머니가……

난희 주모가 감싸고 있는 어머니의 시체 곁으로 간다.

난희   엄마!

밖에서 환호소리 들리며 일반의 백성들 등장한다.

백성   전쟁이 끝났다! 왜놈들이 물러갔다 하오! 전쟁이 끝이 났소!

그에 따라 함성.

고석   하— 여긴 내가 있을 자리가 못 되는구나. (도망가듯 슬그머니 사라져 버린다)
마당쇠   천수야, 전쟁이 끝났단다.
천수   아버지 난희를 부탁합니다. (죽는다)
마당쇠   (아들의 눈을 감기며) 천수야! 너는 내 몸에서 난 자식이 아니었다 한들 나는 너를 내 몸보다 더 아끼고 사랑했느니라. 그러나 이제 어찌하여 이 늙은 몸이 홀로 남아 젊은 너의 눈을 감겨 주어야 한단 말이냐? 이제 너는 가버렸다만 나는 너를 보내지 아니하였느니라. 나는 네 속에 살아 있고, 너도 내 속에 살아 있지 않으냐?

장중한 달고질 노래 — 장례 행렬 때 노래 — 에 맞추어 망나니와 계영의 시체를 들고 서서히 퇴장한다. 무대엔 노승 혼자 남게 된다.

노승   이렇게 해서 모든 것은 다시 시작되었느니라. 그렇게 저들은 살아왔고, 넘어져서 밟히면서도 다시 일어날 줄 알고 있으니 누군가가 견디지 못하여 쓰러지면 그 뒤에 살아남은 사람들이 다시 그 뜻을 이어받아 왔음을 내가 보았노라. 결코 생명은 헛된 것이 아닐지니, 이는 하늘이 저들을 버리지 않으심이라.

탈 쓴 마당쇠 뛰어들어 스님 앞에 엎드린다.

마당쇠   스님 이제 제 할 일은 끝이 났습니까? 저는 스님의 분부대로 천수가 태어난 때부터 죽는 날까지 옆에서 보살피며 있어 왔습니다. 그런데 이젠 천수도 계영이도 가 버렸습니다. 이제 살아남은 난희를 위해 제 목숨을 또 연장하란 말씀이옵니까? 스님 저를 불러주시오. 저는 제가 있던 곳으로 돌아가고 싶습니다. 그곳이 저승이라 한들 이보다 더한 고통이라 한들 나의 곳이면 족합니다. 저들을 옆에서 보고 느낌은 내 스스로가 당함보다 더 괴로운 일임을 스님은 아시오? 스님 나를 불러 주십시오!

노승 (마당쇠를 일으키며) 마당쇠야, 이제 끝이 났느니라. 난희는 스스로 살아갈 힘과 새 세상을 맞이할 것이니 네가 염려 안 해도 되느니라. 그리고 나를 용서하겠느냐?

마당쇠 스님!

노승 자 그럼 어서 우리가 있던 곳으로 돌아가자!

장중한 음악소리와 함께 幕이 서서히 내리며 멀리 농악소리 들린다.

노비문서

등장인물 ──────────

노승(우정대사)
취바리
이자헌(충주성 목사)
지영(자헌의 딸)
향아(지영의 시비)
강쇠(노예군 우두머리)
돌무치(노예군 우두머리)
부사
관관
고수(16살의 군졸)
노예(1, 2, 3, 4, 기타 노비들)
군졸(1, 2, 3, 4, 기타)
이방
코러스

제1부 1장

성루.

무대 비었다.
어둠 속에서 한 줄기 빛이 무대 가운데 높은 곳을 비추면 노승
좌정하고 있는 것이 보인다. 횃불을 든 코러스 서서히 무대 양
쪽으로 등장한다.

코러스1 쉿! 조용히, 누가 있어.

코러스 노승, 길을 닦는 노승.

코러스1 허무한 일, 부질없는 일.

노승 뜻이 곧 길이니 나 그 방향 알지 못하나, 가는 곳은 하나, 그
지름길을 구하노라.

코러스1 인생은 수레바퀴, 고삐 없는 수레바퀴, 그 자국 깊이 패이나,
눈 나리고, 바람 불고, 비 오는 밤 그 자취 사라지나니 굴러가
는 수레바퀴, 그 간 곳 알지 못하도다.

노승 그러나 구르네, 굴러가네. 그 가는 곳 아무도 모른다 하나 향

하는 바 내일, 내일임을 나는 알도다.

코러스 어제란 오늘의 기억, 내일이란 오늘의 꿈. 그러므로 오늘로 하여금 과거를 기억으로, 미래를 바램으로 살지어다.

노승 이제 때가 왔도다 나는 가노라. 내 갈 길을 알지 못하나 내일의 꿈을 향해 내 길을 떠나노라.

코러스 (비장하게) 길은 있으되 어디에나 없는 것이오, 뜻은 있으되 그 뜻이 남지 못하리로다. 남지 못하리로다.

서서히 코러스, 노승 사라지며 압도하는 듯한 북소리 들리기 시작한다. 리드미컬한 북소리에 맞춰 회초리 소리가 들리면서 긴 밧줄, 돌을 어깨에 맨 노예들 신음에 가까운 소리(唱)를 내며 등장한다. 감시하는 군졸 1, 2, 3의 회초리 소리 요란하다.

합창 어이 어이 어이여하.

선소리 어느 때나 해가 지나.

회초리 소리에 아! 하는 합창의 신음.

합창 어이 어이 어이여하.

선소리 어느 때나 눈을 감나. (회초리 소리) 아! (신음)

합창 어이 어이 어이여하.

선소리 눈 감으면 어매 생각. (회초리 소리) 아! (신음)

합창 어이 어이 어이여하.

선소리 어찌하여 나를 낳나. (회초리 소리) 아! (신음)

합창   어이 어이 어이여하.

선소리 어이하여 울며 사나. (회초리 소리) 아! (신음)

군졸1   자, 꾸물거리지 말고.

군졸2   뭘 하는 거지?

리듬에 맞춰 나는 회초리와 아! 하는 신음소리. 그때 신음소리를 길게 지르며 노인1 천천히 쓰러진다. 노예들의 어이 어이 어이여하 하는 합창이 길게 뻗치며 자지러진다.

군졸1   (회초리로 갈기며) 어서 일어나지 못해?

노예1   차라리 날 죽여 주시오.

군졸1   어서 일어나! 이 성은 오늘밤 안에 쌓아야 해. 오랑캐놈들이 쳐들어오면 어찌되는 줄 알기나 해? 자 이래도 못 일어나겠느냐?

회초리로 갈긴다. 신음.

강쇠   (벌떡 몸을 솟구치며) 여보! 일은 시켜도 먹여가며 시켜야 할 것 아니요? 저 노인은 아침부터 굶은 병자요!

군졸1   뭐가 어째? 이놈 건방지게 말대꾸야? 한번 혼이 나고 싶으냐? 어서 제자리로 들어가지 못해?

강쇠   저 노인은 쉬게 내버려 두시오. 내가 그 몫의 일을 더 하면 될 것 아니오?

군졸1   아니 이 자식이! (회초리로 갈긴다)

강쇠   아!

군졸1   (노인에게 향하며) 자 일어나지 못해? (다시 회초리를 날리는데 강쇠 그 회초리를 맞아 잡는다)

돌무치 강쇠 형님! 참으시오.

군졸1   아니 이 자식이? (회초리를 잡아채는 동시에 강쇠의 등에 회초리를 날린다. 아! 비명을 지르며 무릎을 꿇는 강쇠. 이때 돌무치 뛰어나가 다시 날아오는 회초리를 자기 몸으로 막는다)

군졸2   아니 이 자식들이 혼구멍이 나야 알 모양인가? 비키지 못하겠어? (회초리를 돌무치에게 날린다)

강쇠   (돌무치에게) 넌 비켜 돌무치!

돌무치 형님!

강쇠   그래, 어디 쳐봐라. 얼마나 치면 내가 죽는가 보자.

군졸1   나한테 대들어? 어디 맛 좀 보겠느냐? (회초리를 다시 날린다. 꼿꼿이 선 채 맞으며 몸을 비틀었다 다시 일어나는 강쇠)

강쇠   그래 겨우 네 솜씨가 그뿐이냐?

군졸1   아니 이놈이? 저놈을 엎어놓아라. (군졸들 창끝을 대며 강쇠를 에워싼다)

돌무치 형님! (군졸의 창대에 찔려 뒤로 쓰러지는 돌무치)

강쇠   그래 우리 종놈은 물건이다. 죽이는 것도 너희 마음이요 살리는 것도 네 멋대로다. 어디 얼마나 사람의 목숨이 끈질긴가 해봐라! 어디 찔러라. (그러자 군졸 하나가 창대로 강쇠의 뒷목덜미를 후려친다. 쓰러지는 강쇠, 그를 끌어다 성벽에 엎어놓는다)

군졸1   (노예들에게) 너희들 잘 봐둬! 상전에게 반항하면 어떻게 되는

가 본때를 보여줄 것이다. (군졸 두 명은 돌무치를 감시하고 있고 군졸1은 회초리를 어른다)

군졸1 어디 내 솜씨를 봐라. 이래봬도 죄수 열 명은 때려 죽인 전력이 있느니라. (고수에게) 북을 쳐라!

고수 북을 한 번 치자 나는 회초리 소리. 노예들의 비탄의 신음 소리. 이때 이자헌 목사, 부사, 판관, 딸 지영, 시비 향아 등장한다.

이자헌 이 무슨 소란이냐?

군졸1 이놈들이 난을 일으키려 하옵니다.

이자헌 무엇이라고? 난을?

군졸1 예, 오늘밤 안으로 성을 개수하라는 명을 받자와 독려 중이온데 노비 중에 불만을 토로하고 명을 거역하는 자가 생겨 지금 징벌하는 중이옵니다.

이자헌 저 잔가?

군졸1 네, 저 자가 노예들을 선동하고 있사옵니다.

이자헌 부사 어떻게 생각하오?

군졸 일벌백계하는 의미로 효수하심이 당연한 줄 아옵니다.

판관 마땅히 타 노비에 경계하는 뜻으로 목을 매달아 성루에 효시하여야 합니다.

이자헌 내일이면 오랑캐의 말발굽이 성하에 닿을 지경이니 일을 게을리 할 수는 없는 것. 저놈의 목을 높이 매달아 차후로 명을 거역함이 없도록 하라.

군졸들　예.

기진한 강쇠를 일으킨다. 강쇠 뿌리치며 이자헌을 노려본다.

강쇠　내 목 하나 달아난다 해서 오랑캐가 물러갈 줄 아느냐? 게다가 이런 쓸개빠진 군졸 오천 명으로, 충주성을 개축한다고 충주 백성이 살아날 수 있단 말이냐?

이자헌　무엇이?

군졸들　이놈이? (후려친다)

지영　(나서며) 아버님.

이자헌　뭐냐?

지영　저 노예의 말에 일리가 있사옵니다. 사람 하나 죽이는 거야 어렵지 않사오나 튼튼한 일꾼을 하나 더 구하긴 어려운 줄 압니다. 징계하는 의미로 혼을 내주되 목숨만은 구하심이 성을 보수하는 일에도 도움이 될 줄 압니다.

이자헌, 딸을 보다가 생각을 고쳐먹는다.

이자헌　(군졸에게) 내 딸의 뜻이 그러하니 저놈을 되게 쳐서 다시는 명을 거역하지 못하도록 하라.

군졸들　예! (강쇠를 다시 엎어놓는다)

이자헌　부사, 판관, 개문의 개축공사를 보러 갑시다.

부사·판관　예!

이자헌　(딸에게) 너도 오려느냐?

지영 전 예 있겠습니다.

　　　　강쇠를 본다. 이자헌, 부사와 판관에게 고개를 끄덕인다.
　　　　부사, 판관 먼저 퇴장한다.

이자헌 (딸에게) 무엇이 볼 게 있다고?
지영 (군졸에게) 자! 어서 쳐라!

　　　　군졸1, 신나게 강쇠를 회초리로 때리기 시작한다. 무릎을 꿇었
　　　　다가 다시 일어나는 강쇠, 뚫어져라 보는 지영. 아씨 곁에서 공
　　　　포에 질려 몸둘 바를 모르는 향아.

이자헌 지영아.
지영 (태연히 노예를 보며) 사람이 아픔에 견디는 힘도 대단하옵니
　　　　다. 아버님. (계속되는 회초리)
이자헌 (딸을 보기 민망하다) 그만해 두어라!
군졸1 (회초리를 거두며) 예!

　　　　강쇠 드디어 스르르 미끄러지듯 쓰러진다. 지영 다가간다. 강쇠
　　　　등허리의 매자국을 손가락으로 만져본다.

지영 (군졸에게) 이래도 죽지 않느냐?
군졸1 죽지 않사옵니다. 이 자들은 매로 다스려진 몸이라 웬만큼 맞
　　　　지 않고선 죽지 않습니다.

지영 　　매로 다스려?

군졸1 　예.

지영 　　왜? 왜 매로 다스리지?

군졸1 　그러지 않으면 말을 듣지 않습니다.

지영 　　(강쇠에게 말하듯) 왜 말로썬 듣지 않니?

강쇠 윽 ―! 하고 말을 못 다하는 신음을 내지른다. 지영 놀라
몸을 일으킨다. 이때 무대 좌측에서 노승과 취바리 등장한다.

군졸2 　누구냐?

노승 　　(문득 서며) 누구라니?

군졸2 　여긴 아무나 드나드는 곳이 아니다. 물러가라.

취바리 　스님, 꼴이 으스스한데 돌아갑시다.

노승 　　나 지나가는 떠돌이 승이야. 길 가는데 못 갈 일 있나?

이자헌 　댁은 뉘시오? 혹시?

노승 　　(삿갓을 들며) 어 ― 이자헌 대감. 나요!

이자헌 　(놀라며) 우정대사!

지영 　　스님!

노승 　　아니, 이게 누군가?

이자헌 　대사 오랜만이오. 내 딸 지영이 모르시겠소?

노승 　　아니, 벌써 이렇게?

지영 　　스님, 그간 안녕하셨사온지.

노승 　　헛허…… 세월이 유수 같다더니…… 지영이가.

이자헌 　어인 일이오? 이 충주성에 다 오시고…… 대사를 뵈온 지 6

년이 넘은 것 같은데…….

노승   그리 될 거요. 반갑소, 대감.

이자헌   자 — 어서 안으로 듭시다. 그렇지 않아도 우린 대사의 말을 곧잘 한다오.

노승   자제분은?

이자헌   전쟁터에서 죽었소. 여기 딸 하나 남았지요.

노승   오 — 쯔쯔…… 그렇게 됐군요.

이자헌   대사가 오시니 자못 든든하오. 오늘 내일 사이에 몽고군이 닥칠 듯한데 수비가 마땅치 않소.

노승   노고가 많으시오. (노예들을 보며) 그런데 저 사람은 뭐요?

이자헌   성내의 노비들이오.

노승   오 — 너무 혹사당하는 것 같군.

이자헌   저들을 잘 대우할 만큼 사정은 여의치 않고 성의 개수는 빨리 서둘러야 하고 어려움이 많소이다. (군졸들에게) 저들에게 먹을 것을 주되 성의 보수는 오늘밤 안으로 끝맺도록 하라.

군졸들   예!

노예들 강쇠를 일으킨다.

노승   (강쇠에게) 너 이름이 뭐냐?

강쇠   종놈이 무슨 이름이 있겠소?

노승   남들이 널 뭐라 부르더냐?

강쇠   강쇠라 합디다.

노승   강쇠?

지영   강쇠?

이자헌   대사 어서 안으로 듭시다. 우리 지난 얘기나 하며 닥쳐올 싸움에 대한 대책을 세워봅시다. 지금 우리 충주성에는 인근 수령들이 다 모여있는 셈이오.

노승   그럽시다. 내가 때맞춰 잘 들른 것 같군. 취발아, 수작 고만하고 들어가자.

향아 곁에 기웃하고 섰던 취발, 얼른 노승을 따른다. 지영 따라 나가려다 다시 한번 강쇠를 본다.

지영   누구집 종이냐?

강쇠 증오로 타는 듯한 눈초리로 지영을 본다.

군졸1   관노이옵니다.

지영   대단하구나.

힐끗 보며 퇴장한다. 향아 따른다. 강쇠 굴욕에 신음한다.

제1부 2장

동헌.

이자헌을 중심으로 노승, 부사 판관, 기타 수령 둘러서 있다.

이자헌　대사 말씀해 보오.

노승　지금껏 들어온 바 제장들의 의견도 옳은 점이 있소만 오천여의 군졸로는 이번에 오는 몽고군을 대적하긴 어려울 것 같소. 저들은 이미 한수 이북의 땅을 파죽지세로 점령한 바 있으니…….

이자헌　그렇소. 우리 충주성만이 한수 이북에 남은 유일한 성이요. 허나 지금 우리 형편으론 더 이상 징병이 어렵습니다. 인근 고을의 군사도 거의 도망을 가버렸고 겨우 수령들과 몇몇 비장들만이 여기 모인 셈이오. 그렇다고 우리 충주성을 적에게 뺏기는 날이면, 호서지방은 적들의 말발굽 아래 도륙당하고 마오.

부사　그렇습니다. 충주성은 지켜야 합니다.

노승	성내의 관민이 모두 죽기로 작정하고 싸움에 나선다면 막아 낼 수도 있을 듯한데…….
판관	모두들 몽고군 말만 들어도 무서워 도망하려 하고 있습니다. 이미 일부 부호들, 사대부 집안에서는 은밀히 가재도구를 정리하여 성을 빠져나가고 있습니다.
이자헌	쓸개빠진 작자들 같으니…… 어찌 그들을 성 밖에 내보내오?
부사	성 출입에 제한을 했사오나 저들은 수성하는 군사들을 매수하여 야밤에 도주하는 듯합니다.
이자헌	뭐라고?
판관	이미 상당수의 군사들이 도주했습니다, 대감.
이자헌	(낙심) 그러니 군사의 사기가 땅에 떨어질 수밖에. 이런 군사로 어떻게 막강한 오랑캐를 물리친단 말이오?
노승	사정이 그렇다면 방법은 하나밖에 없겠군요.
이자헌	방법이라면?
노승	노비군을 조직합시다.
이자선	현재 군노 5백은 되나 모두 잡역에 처해 있을 뿐 싸움에는 쓸모가 없습니다. 대사.
노승	2만이나 되는 노비들을 모아 별동대를 조직한다면 큰 힘이 되지 않겠소?
이자헌	노비군의 별동대? 허…… 글쎄 그게 힘이 될까요? 모두 오합지졸로서 싸움이 벌어지기 전에 흩어져 버릴 텐데…….
노승	그러나 지금의 형편으로 더 군사를 모으기도 힘들다니…… 다른 방편이 없지 않습니까? 2만이면 관군의 네 배가 넘는 숫자입니다.

부사	대사님이 저들 노비의 근성을 몰라서 하시는 말씀 같습니다. 배불리 먹이면 게을러지고 감시하지 않으면 도망쳐 버리고…… 그 많은 노예군을 감시할 군사가 더 필요하단 결론이 나옵니다.
판관	더구나 저들 손에 병기가 쥐어진다면…… 아마도 큰 후환을 남기게 될 것입니다.
이자헌	나도 동감이오. 아까 대사도 저들을 보셨겠지만 저들의 반발도 만만치 않소. 그 손에 칼이 쥐어졌을 때, 칼 끝이 안으로 향하지 않는다고 누가 보장하겠소?
노승	그러나 싸움은 한 번뿐, 한 번 기회를 놓치면 다시 이기긴 어렵소. 대감 우리 모든 걸 잃기 전에 한번 모험을 해봅시다.
이자헌	저 자들이 싸움에 나설 것 같소? 강제로 회초리를 날려 내보낸 싸움에 승리란 어려울 것이오.
노승	저들을 설득해야 합니다. 저들도 고려사람, 나라가 위급한 마당에 저들인들 무심할 리가 없을 것이오.
이자헌	새삼스럽게 애국심을 불러일으키잔 말이오?
노승	아니오, 저들에게 조건을 내세우는 것이오.
이자헌	조건이라면?
노승	방량하는 것이오.
이자헌	(놀라) 방량이라니? 노비를 놔준단 말이오?
노승	그렇소, 천적에서 풀어주어 자유민을 만드는 것이오.
부사	노비를 방량한다니? 있을 수도 없는 일입니다, 대감.
판관	그건 불가한 일이오. 고려 개국 이래 그런 전례도 없거니와 노비를 방량한다 해 보십시오. 노비를 소유하고 있는 부호들

이 들고 일어나기 십상이오. 더구나 관이 소유하고 있는 관노들을 풀어놓으면 일은 누가 다 합니까?

노승 판관, 지금은 싸움에 이기느냐? 모두 죽느냐? 하는 어려운 문제에 직면하고 있는 마당이오. 이 싸움에 패하면 충주성은 고사하고 남아있을 사람이 없을 텐데, 도망하기에 바쁜 부호들 불평을 두려워해야겠소?

부사 노비들을 일시 징발하는 건 좋으나 방량한다는 처사는 지나친 일인 것 같습니다.

노승 부사, 저들이 무엇 때문에? 누구를 위해서 싸우길 기대하겠소? 자기를 혹사한 주인을 위해 죽어달라고 말할 수 있소?

부사 나라와 왕을 위해서 싸워야 합니다.

노승 나라와 왕이라고? 나라가 누구의 것이오? 나라는 왕의 것이 아니라 백성의 것이오. 왕이 지금 하고 있는 것이 무엇이오? 섬에 피난하여 궁녀의 치맛자락에 둘러싸여 있소. 그런 왕을 위해 싸워 달라고 빌겠소?

부사 (화가 났다) 대감, 스님의 말씀이 지나친 것 같습니다.

이자헌 대사 고정하십시오.

노승 언성을 높여 미안하오. 그러나 노예들로 하여금 자신을 위해 싸우도록 하는 외엔 다른 방법이 없기에 이르는 말이오. 자신의 자유를 위해 싸운다면 저들은 기꺼이 목숨을 내던지려 할 것이오.

이자헌 자유를 위해서?

노승 그렇소. 자유요!

이자헌 자유…… 심히 어려운 뜻이오.

노승	어려움을 걸지 않고 싸움에 이기기는 어렵소. 대감, 결단을 내리시오.
이자헌	판관은 어떻게 생각하오?
판관	후일이 걱정이 되지 않는 바는 아니나 지금 처한 위기를 막기 위해서 그렇게라도 해야 한다면 딴 도리는 없겠습니다. 중요한 건 싸움에 나서 주는 것이니까요.
이자헌	나도 그렇게 생각하오. 부사의 의견은 어떻소?
부사	(할 수 없다) 여러분의 의견이 그러시다면 저도 좇는 수밖에 없지요. 허나 후일을 위한 대비가 있어야 할 줄 압니다.
이자헌	후일은 후일, 우선 급한 일부터 처리해 갑시다. 그럼 대사께서 저들 노예를 설득해 주시겠소?
노승	그럽시다. 해 보지요.
이자헌	고맙소, 대사. 그럼 오늘밤 안으로 저들을 만나 주시오.
노승	그래야지요. 한시가 급하니…….
이자헌	자, 그럼 다들 헤어집시다.

제1부 3장

한밤중 노예 숙소와 바깥 멀리서 은은한 북소리. 밖에 졸고 있
는 감시 군졸 하나. 엎드려 있는 강쇠. 그 옆에 돌무치, 기타 지
친 듯 쓰러져 있는 노예들. 노예2 강쇠의 등을 만지려 한다.

강쇠 (뱉어내듯) 내버려 둬!

노예2 이러다가 상처가 덧나면 어쩔라고 고집부리나?

강쇠 난 죽지 않는다!

노예2 무슨 소리야? 아까도 그 아씨 아니면 지금쯤 목이 성루에 매
달려 있을 몸인데, 아씨 덕택에 이만하기가 다행이지…….

강쇠 닥치고 있지 못하겠어? (몸을 일으키려다) 아! (신음한다)

노예2 참, 그 사람 고집은.

돌무치 형님, 후일을 위해 몸을 돌보시유. 원수 갚을 날이 있을 테니!
반드시 내 손으로 몇 놈이건 처치해 버리겠소. 그리고 도망해
버리면…….

강쇠 도망!

돌무치 지금 성내는 오랑캐를 맞아 술렁대고 있소. 그 틈을 타 도망
하긴 쉬울 것이오. 오늘 축성 때 독려했던 군졸쯤 죽이긴 떡
먹기요.

강쇠 그깟 군졸을 죽이면 그만이냐?

돌무치 형님! 그러면?

강쇠　그 손, 짐승이나 만지듯 손가락 끝으로 내 등을 찔러보던 그 나긋나긋한 손. 평생 일을 해보지 않은 그 손가락이 나를 때리던 매보다 더 아팠다.

돌무치　형님, 그러나 그 여자 때문에 형님은 살아 있게 된 겁니다.

강쇠　(화를 낸다) 그게 싫단 말이야! 왜 말을 안 듣느냐구? 아! 빌어먹을. (신음을 지르며 땅을 내리친다)

바깥.

지영, 향아를 데리고 등장한다. 머리에 남바위를 썼다.

향아　(무섭다는 듯) 아씨, 이 밤에 어디로 자꾸 가시옵니까? 무섭지도 않아요? 쇤네는 뒤에서 뭐가 쫓아오는 듯싶어 몸이 오싹오싹 하옵니다.

지영　무섭긴 뭐가 무서우냐? 호들갑 떨지 말고 어서 오기나 해라.

향아　저 북소리 하며 게다가 두견새는 왜 저리 구슬피 울어 남의 간장을 태우지?

지영　북소리야 아직 성이 무사하다는 소리 아니냐?

향아　쇤네 귀엔 꼭 귀신 쫓아오는 발자국 소리처럼 들립니다. 어휴 저 빌어먹을 새소리.

지영　두견새가 무슨 죄가 있다고 네 간장이 탄다고 앙탈이냐?

향아　아씨, 때 아닌 밤중에 아무도 몰래 나오심은 필경 아씨가 춘정을 못 이겨 님을 찾아 나온 줄 알았사온데 이렇게 엉뚱한 곳에 끌고 오니…… 쇤네 실망이 크옵니다.

지영　그만두어라. 또 그 소리냐?

향아	아씨 시집갈 나이도 지났사온데…… 어휴 전쟁이 원수지. 쓸 만한 사내는 모두 전쟁터에서 죽고 어데서 쭉정이들만 남아서.
지영	시끄럽다니까 그런다.
향아	천지 만물간에 짝이 없는 게 없사옵니다, 아씨.
지영	그만두라니까.
향아	예 —

지영, 졸고 있는 감시군졸4를 쳐서 깨운다.

군졸2	어이구, 누구야? 이것들.
향아	이것들이라니 너 누구보고 하는 소리냐?
군졸4	너보고 하는 소리다. 원 배라먹을 것들 예가 어딘 줄 알고.
지영	(남바위를 벗으며) 예가 강쇠가 하는 노복이 거처하는 곳이냐?
군졸4	(지영을 알아보고) 예 — 하온데?
지영	상처가 어떤가 보러 왔다. 안내하여라.
군졸4	예? 아, 예. (문을 연다. 들어서며) 이놈들 일어서라. 아씨의 거동이시다. (수런거린다)
지영	그냥 누워들 있어라.
향아	어휴, 냄새!

강쇠 힐끗 지영을 본다. 모욕을 당하는 느낌에 고개를 돌린다.

지영   (가까이 보며) 상처가 심하냐?

돌무치   (비꼬듯 외면하며) 고맙다는 인사를 받으러 오셨나?

지영   (향아에게) 그것 이리 내라.

향아 코를 싸쥔 채 조그만 단지를 내민다.

지영   이걸 바르면 상처가 한결 빨리 아물 것이다.

강쇠   (외면한 채) 돌무치, 내 평생 병문안 받아보긴 처음이다. 헛허……. (웃는다)

지영, 말 없이 단지를 열어 손가락에 약을 쩌어 등허리에 바른다. 갑작스럽게 몸이 비틀리듯 신음하며 놀라 지영을 보는 강쇠의 시선.

지영   가만 있어라!

향아   (놀라서) 아씨!

모두 놀란 채 지영을 본다. 지영 태연히 약을 바른다. 강쇠 갑자기 저항할 수 없는 어떤 힘에 고개를 돌린 채 엎드려 있을 뿐이다.

지영   (남자를 의식하나 강하게) 몸이 건장하구나. 이만한 몸이면 곧 상처가 회복될 것이다. (일어난다. 강쇠 고개를 들어 지영을 올려다본다. 처음 여자를 느낀다)

지영   (돌아서며 태연히) 가자!

       향아를 데리고 나간다. 감시군졸 뒤따른다. 잠시 충격의 침묵이
       흐른다.

돌무치 (키들키들 웃으며) 어떻게 된 거야? 충주성 목사 대감의 딸이
       손수 약을 종의 상처에 발라줘? 형님 그 약 때문에 더 혼이
       나는 것 아니유? 상처에 독을 바르면 온 전신이 퉁퉁 부어 죽
       는답니다. 그 계집이 혹시.

강쇠   (벌떡 상반신을 일으키며) 그 입 다물지 못하겠느냐?

       그 서슬에 전부 침묵한다. 노예들 다시 자리잡고 눕는다.

강쇠   (다시 엎드리며) 아버지! (기도하듯)

       수런거리며, 노승 군졸에 안내되어 들어온다.

노승   (군졸 감시병에게) 나가 있어라!

돌무치 허 ─ 오늘따라 웬 손님일까?

강쇠   염불을 하러 오셨다면 잘못 오셨으니 딴 데 가보시라고 하게.
       여긴 아무도 죽은 사람이 없어.

노승   중이야 올 곳, 못 올 곳이 따로 없지. 거처하는 데가 집이요,
       걸어가는 곳이 내 길이니까……

돌무치 우린 부처님에게 볼 일이 없는데, 어서 돈 많은 대부댁 안방

이나 기웃하시는 게 제격이지.

노승　여기 좀 누울까? (털썩 앉는다)

돌무치　(노예들을 둘러보며) 아 — 이 스님에게 누가 잠자리 마련해
　　　　주겠나?

노예2　(비꼬듯) 중의 몸에선 노린내가 난다는데? (웃음소리)

노승　노린내가 고린내보다 낫지, 얘기 좀 할까?

돌무치　여보게들, 이제부터 설법하시려나 본데 귓구멍 막고 들어들
　　　　보게. 혹시 빈자리라도 있으면 누가 극락세계에 갈지 알아?
　　　　(웃음소리, 그리고 일부러 코 고는 소리)

돌무치　스님 시작하시오, 자면서 들을 테니까……. (드러눕는다. 코
　　　　고는 소리내며)

노승　헛허…… 그 동네 인심 사납다. 얘기 한마디 못하겠구나.

강쇠　왜 오셨소?

노승　자네들 목숨이 경각에 달려 있지.

돌무치　뭐라고?

모두 수런거리며 일어난다.

노승　몽고군이 각일각 이 충주성을 향해 쳐오는 길이야.

강쇠　그건 다 아는 얘기요.

노승　이 성이 다 함락되면 아마 자네들도 무사하지 않을걸?

모두 전쟁의 공포가 엄습한다.

노승   살 길이 있네.

돌무치   살 길이라면?

노승   이 성을 뺏기지 않고 지키면 된다.

돌무치   그야 하나마나한 얘기.

노승   자네들이 나서서 같이 싸운다면.

강쇠   관군의 방패막이가 되란 말이오?

노승   노비들만의 별동대를 조직해 싸운다면 되겠나?

강쇠   누구를 위해서? 무엇을 위해서.

노승   자신을 위해서지.

강쇠   우린 살아도 살아 있는 목숨이 아니오, 우린 종이오, 물건이
오, 상전의 재산이오.

노승   싸움에 이기면 방량해 주겠다면?

강쇠   방량?

돌무치   뭐라고요?

노승   천적에서 빼주겠어!

노예2   여보게들 면천이 된다네.

두런두런 놀란 소리, 느닷없이 웃음을 터뜨리는 강쇠.

노승   왜 믿어지지 않는가?

강쇠   스님 참으로 그럴듯한 미끼요. 이 성이 스님의 것이 아닌 이
상 그 약속을 어떻게 믿겠소?

노승   노비문서를 자네들 앞에서 태워버린다면 믿을까?

강쇠   누구의 문서를? 싸움에 나설 노비들의 문서를 말이오, 헛

허…… 그럴듯한 얘기로군, 돌무치 그렇지 않은가? 우리가 싸워 죽은 다음에 양민으로 해준다, 핫하…….

노승 죽기로 싸우는 자에겐 죽음이 쉽게 오진 않아. 죽는다는 게 그렇게 어려운 일이 아닌 것처럼 그리 쉽지도 않을걸세.

돌무치 만일 싸움에 나선다면 병기는 주시는 거유?

노승 아무렴, 무기 없이 싸울 수 있는가?

돌무치 (강쇠에게) 형님, 무기를 준답니다!

강쇠 싸운다? 그래 싸우고 싶다! 상대가 누구이든 힘을 다해 싸우고 싶다.

돌무치 무기가 내 손에 쥐어진다면!

노승 상대는 오랑캐, 우리 땅을 짓밟고 있어! 우리가 잘살든 못살든 누구에게 원한이 있든 외적은 쳐 물리쳐야 해. 상전이든 종이든 우린 한핏줄이거든?

강쇠 그렇다면…… 내일 이 성을 개수하다 죽은 관군, 성민, 노비를 장사지내는 날이오. 충주성 내 관사 노비 전원이 오시에 집합할 것이니 그 앞에서 노비문서를 태우시오. 충주성 내 노비 전원의 문서를, 죽는 자는 죽더라도 살아 남은 자가 있을 터이니.

노승 약속하지. 내 이미 이자헌 목사의 내락을 받은 몸, 하늘을 두고 약속하겠네.

강쇠 아마 노비문서만 태운다면 모두 스님에게 호응, 죽기로 적과 싸울 것이오.

노승 자 — 이젠 싸움에 이긴 것이나 다름없어, 자네들은 자네들이 얻은 양민의 신분을 위해 싸울 테니까…….

강쇠　　양민? 그 말 뜻을 잊은 지가 얼만가? 철들자부터 묶인 몸.

노승　　이젠 묶인 몸이 아닐세, 모두가.

돌무치　형님, 내가 채찍질을 맞으며 돌을 나르던 손에 무기가 쥐어진
　　　　　답니다.

노승　　그 무기는 상전을 위해서가 아니라 자신을 위해서야!

노예들　우리가 풀린다네, 양민이 된다네!

제1부 4장

거리 대낮.

멀리서 함성과 불길.

코러스 등장.

코러스 자유! 자유!

코러스1 그러나 그 길은 험한 것, 부르짖는 목소리는 목쉬고 발길은 부르트고 내려치는 칼날은 예리하나니 아무도 오래 자유를 간직할 수 없었노라.

코러스 보라, 이제 불길은 오르도다. 저들은 자유의 몸이니라.

코러스1 그러나 죽음이 앞선 것 아무도 그 앞날을 예측하지 못하리로다.

코러스 (합창) 자유는 행동 속에 있는 것. 그 깃발은 드높고 불길은 뜨겁고 그 향하는 바는 영원하도다.

이 때 취바리 힘없이 등장한다.

코러스1 저 자는 취바리, 노승의 제자 아닌가? 웬일로 기운 하나 없이 바람맞은 병인처럼 비슬거리나? 장단을 쳐 놀래주자, 쳐라!

장단이 들리자 취바리, 마치 인형이 춤추듯 양손을 번쩍번쩍 치켜 올리며 춤을 춘다.

코러스 그게 무슨 춤이 그러냐?

취바리 억지춤이다.

코러스1 억지춤이라니?

취바리 춤출 기분은 아닌데 장단을 내립다 치니 버릇은 있어 춤을 추는데 신이 안 나니 이렇게밖에 추겠느냐?

코러스1 기분이 어떤데 엄살이냐?

취바리 세상을 잘못 타고났는지 인덕이 없어 그런지 가는 족족 구박이요 오는 족족 멸시라, 요즘에는 우리 스님조차 말대꾸도 안 해.

코러스1 네가 또 무슨 주책없는 짓을 한 게지?

취바리 우리 스님이 미쳤다.

코러스1 미치다니?

취바리 세상 구경을 나섰으면 곱게 주는 밥이나 받아먹고 염불이나 읊어주고 지나칠 일이지 여기 가서 삐치고 저기 가서 들썩거리고 마치 성주나 된 듯이 굴더니만 이젠 성내의 종놈들, 관노, 사노, 시비, 깍정이, 시렁뱅이, 한량들 모두 모아놓고 전쟁놀음에 나섰는데 제가 대장이란다. 이 아닌 미친 노릇이냐?

코러스1　네가 무식해서 스님의 뜻을 몰라 그렇다. 스님이 어디 공연히 세상사에 참여하실까?

취바리　참, 너도 딱하다. 지금 저 불길이 뭔지 아니? 노비문서를 태우고 있다.

코러스1　허 — 노비문서를?

취바리　그래서 때 아니게 종놈들이 좋아서 날뛰고, 덩달아 스님까지 헛춤을 추고 나 원 개떡같이 무슨 지랄인지.

코러스1　쉬 — 조용히.

　　취바리 얼른 구석으로 몸을 숨긴다. 코러스 퇴장하며 지영과 향아, 여염집 처녀 같은 차림으로 나온다.

향아　원 충주성 내에 사내가 그리 많은 줄 처음 알았네, 비록 노예들이라도 잘생긴 사람도 많더라만 어쩌다 난 님은 커녕 넘겨다 보는 나비조차 없으니.

　　취바리, 여기 있다는 손시늉을 한다.

지영　넌 아주 엉큼한 생각을 하는구나.

향아　아씨, 어찌 그게 엉큼한 생각이어요? 짝을 찾는 건 자연의 이치랍니다.

지영　또 시작이로구나. 어서 가자.

향아　아씨, 그러나 집안에만 있다 이렇게 나오니 정말 시원하옵니다.

지영	좀더 나돌아다니고 싶은 모양이구나.
향아	어휴, 남자로 태어났으면 실컷 다니고 놀련만, 아씬 남자로 태어났으면 장부였을 것이옵니다. 밤에도 무섭다 않고 다니시니…… 참 그 강쇠가 하는 종, 목소리도 우렁찹니다.
지영	오늘부터 종이 아니다. 아까 노비문서를 태우지 않았느냐? 너도 원한다면 방량시켜 주겠다.
향아	아씨, 전 아씨 곁을 떠나지 않겠사옵니다.
지영	어서 들어가자. 아버님께서 아시면 걱정하시겠다.
향아	예.

따라 들어가려는데 취바리 뒤에서 읊듯 말한다.

취바리	그 걷는 자태가 마치 양지 마당의 씨암탉 걸음이요, 백모래밭에 금자라 걸음이구나.

향아, 지영 멈추어서 본다.

향아	어머, 저게 또 놀려?
취바리	누가 너보고 그렇다니? 네 아씨가 그렇단 말이지.
지영	향아, 대꾸 말고 어서 가자.
향아	(토라져서) 너 한번 혼날 줄 알아? 우리 아씰 놀렸으니? (들어가려 한다)
취바리	향아.
향아	저게 남의 이름을 막 불러?

취바리 네가 화를 내니 더 예쁘구나. 달빛에 비친 네 얼굴이 노리끼리한 게 비 맞은 호박꽃 그대로 왔다로다.

지영 (저만큼 가서 돌아보며) 향아.

향아 예. (아씨를 따라간다)

취바리 (살짝 따라가며) 도처 츈풍이로고, 취바리 있으니 향아 없을소냐?

앞서가던 **지영** 멈추며 뒷걸음질한다. 군졸1, 2 킬킬 웃으며 지영을 잡으려 하며 등장한다. 지영, 향아, 취바리 뒤로 물러선다.

지영 이게 무슨 짓이냐?

군졸2 (마구 빙빙 돌며) 허허…… 이것 봐, 이젠 종놈들이 호령하는 세상이라네.

향아 (악을 쓴다) 너희들 이 아씨가 누군 줄 아느냐?

군졸1 핫하…… 그런 것 알아 뭘 해? 오랑캐가 쳐들어오면 밥이 될 텐데, 어때 오랑캐보다 내가 낫지?

지영의 손을 잡는다.

지영 (뿌리치며 뺨을 후려친다) 비키지 못하겠느냐?

군졸1 이년이? (칼을 뽑는다)

향아 아씨! (이때 강쇠, 돌무치, 칼을 든 채 등장. 이를 본다)

군졸1 어때 혼 좀 나고 싶어?

칼끝을 지영의 목에 겨눈다.

강쇠　　그 칼 치우지 못하겠느냐?

얼른 돌아서 보는 군졸들, 몸을 비키는 지영, 향아.

군졸1　이건 또 뭐야? 오라? 네놈들이 바로 해방된 오합지졸 같은 별
　　　동대로구나!
군졸2　허허…… 덤비겠다는 거지?

서로 칼을 어른다.

취바리　(신나서) 좋다. 붙어라 붙어!
돌무치　잘됐다. 네 놈의 회초리의 맛을 돌려줘야지, 덤벼라.

각각 어울려 싸운다. 뒤로 몰리는 군졸들, 드디어 뒤꽁무니를
뺀다. "핫하……" 통쾌하게 소리지르며 쫓아가다 돌아오는 돌
무치.

돌무치　역시 도망가기에 바쁜 병졸들이로군, 쓸개빠진 놈들.

지영과 강쇠 시선이 마주친다.

지영　　구해주어 고맙다.

강쇠	내가 받았던 것을 돌려줄 뿐이오!
향아	(재촉하며) 아씨, 어서 가요.
지영	그래. (사이 강쇠에게) 싸워 이기길 빌겠다…… 몸 조심하오!
	(나가버린다)

향아, 쥐바리 뒤따른다. 충격을 받은 듯 강쇠 돌처럼 서 있다.

돌무치	형님, (대답 없다) 형님!
강쇠	(그제서) 아! ……돌무치.
돌무치	왜 그러우? 정신을 잃은 사람 같소. 형님한테 "하오" 합디다.
	헛허…… 여자에게 혼을 빼앗긴 모양이구려.
강쇠	아니, 아무것도 아냐.
돌무치	(의미 있게) 그 여자를 손 안에 넣을 날이 있을지도 모르우,
	형님.
강쇠	쓸데없는 소리! 어서 가자!

강쇠, 상념을 털어버리듯 퇴장한다.

제1부 5장

성루 한밤중.

군데군데 노예들 창을 든 채 긴장해 서 있다. 고수 성루에서 북을 앞에 놓은 채 끄떡끄떡 졸고 있다. 쥐죽은 듯 조용하다. 코러스 양쪽에 벌려선다.

코러스 조용함, 정적, 큰 덩어리를 안은 어두움. 쉬 — 조용히, 보이지 않는 곳에, 다가오는 발자국 소리.

코러스1 아무도 살아 남지 않을 전쟁.

코러스 그러나 누군가 살아 있을 싸움, 커다란 두 힘이 부딪치기 위한 조용함. 폭풍 전야의 어두움.

코러스 병사여, 자유의 병사여, 깨어 있어라, 준비하여라, 자유는 항상 행동하는 자에게 있나니, 그를 지키는 자만이 자유를 향유할 권리가 있나니라!

까닥까닥 졸던 고수, 북채를 떨어뜨려 따르륵 소리가 난다. 벌떡 몸을 일으킨다.

노예군2 애, 넌 왜 도망가지 않았니?

고수 도망은 왜요?

노예군2 무섭지 않으냐?

고수 무섭긴요 난, 싸움터에서 나서 싸움터에서 자란 걸요.

노예군2 부모님도 안 계셔?

고수 싸우다 돌아가셨어요. 어머닌 몰라요. 아버진 싸움터에서 북을 치다 돌아가셨어요. 난 아버지를 따라 다녔어요. 북치는 법도 배우고…… 이게 우리 아버지가 치시던 북이에요.

노예군1 (성 밖을 버려다보다가) 저놈들이 어째 요동을 않을까?

노예군2 저러다 한바탕 떠들기 시작하면 들이닥치겠지.

노예군1 싸움이 끝나면 뭘 하지?

노예군2 살아 남으면?

노예군1 암, 살아야지…… 난 고향에나 가봐야겠어. 모두 뿔뿔이 헤어져 버렸지만 그래도 고향은 고향이니까…… 살 방도가 나서겠지.

노예군2 이렇게 하루아침에 천민의 신세를 벗어 보니 허전하이.

노예군1 성벽 위에 걸린 달도 어제 보던 달이 아니로고, 오늘은 저 달이 나를 위해 비추는 듯하이.

노예군2 이 하늘도 내 하늘, 이 땅도 내 땅, 모두가 내 것이라는 기분이지, 이때까지야 몸조차 내 것이었나?

노예군1 자 — 어서 날이나 밝아라! 어서 오너라 죽든 살든 한바탕 후련하게 결판이나 내보자!

밖에서 "누구냐?" 하는 수하소리, 모두 경계태세, "대장이시다" 하는 대답. 강쇠, 돌무치 등장한다.

강쇠 여긴 아무 일 없느냐?

노예군2 이상 없습니다.

강쇠 준비는?

노예군2 다 됐습니다. 끓인 쇳물과, 돌멩이, 화살, 모두 제자리에 갖추어져 있습니다.

강쇠 힘껏 싸워야 한다. 이 싸움에 이기고 짐은 모두 너희들의 어깨에 달려 있는 것이다. 우린 이겨야 한다!

노예군 아무렴요. 이겨야지요. 이깁니다.

강쇠 둘러보다 고수를 본다.

강쇠 고수, 넌 몇 살이냐?

고수 열여섯입니다.

강쇠 북을 칠 줄 아느냐?

고수 네, 대장님. (따라락 북을 쳐본다)

강쇠 (대견한 듯) 됐다. 이따 싸움이 벌어지면 힘껏 쳐다오.

고수 네!

노예군1 대장, 이자헌 대감과 대사께서 오십니다.

이자헌, 노승과 함께 등장. 감격한 듯 주위를 본다.

노승   강쇠, 북문은 어떤가?

강쇠   완벽하오. 사기가 충천해 있소. 모두 죽기로 싸울 각오가 돼
       있습니다.

돌무치 결코 물러설 별동대는 없을 것입니다.

노승   장하오!

이자헌 대사, 정녕 몸둘 곳을 모르겠소. 성내의 남녀노소 백성들은
       모두 싸움 준비에 나섰는데 정작 싸워야 할 관군은 모두 달아
       나 버렸으니…….

노승   대감, 여기 우리 훌륭한 군사들이 있지 않소? 이들은 저들 오
       랑캐의 군졸과는 다르오. 저들 오랑캐가 아무리 수가 많다 한
       들 저들은 명령에 의해 움직이는 군졸. 우리 군사들은 자유를
       지키기 위해 죽음을 두려워 않는 병사들이오. 결코 우리 병사
       들을 당해내지 못할 것이오.

노예군2 (성 밖을 보다가) 불빛이 움직입니다.

       모두 성벽에 가 아래를 내려다본다. 불빛이 환해오며 호적소리
       꽹과리소리 들려오기 시작한다.

이자헌 곧 공격이 시작될 것이오. 성을 포위하려는 것 같소.

노승   자 — 모두 준비하라.

강쇠   모두 제자리에.

돌무치 형님!

강쇠   돌무치, 서문을 부탁한다.

돌무치 퇴장한다.

노승　자, 대감 남문을 독려하러 갑시다.

이자헌　그럽시다. 힘껏 싸워주오.

노승　강쇠!

강쇠　스님, 염려 마십시오. 오랑캐놈 한 놈도 성안에 발을 들여놓지 못하게 하겠소.

노승과 이자헌 퇴장한다. 점점 날이 밝아오며 호적소리 커지기 시작한다.

강쇠　(고수에게) 준비의 신호를 올려라.

고수 둥둥 서서히 북을 친다. 저쪽에서도 그의 신호에 맞춰 북소리 들리기 시작한다. 강쇠 성루에 오른다. 칼을 빼든다.

강쇠　자, 이제부터 싸움이다. 무서워하지 마라. 우리는 어제까지 이미 죽었던 것이나 다름없던 목숨. 어제의 설움을 생각해 봐라. 죽는다는 건 우리가 맞았던 때보다 아프지 않다. 무섭다는 건 우리가 당했던 굴욕보다 심하지 않다. 우리는 이김으로써 다시 태어난다. 힘껏 싸우자. (함성 가까이 온다) 자, 싸움이다. 준비! (칼을 내리며) 공격! 별동대 화살을 날려라!

고수 북을 힘차게 친다. 코러스 쉿 ― 하는 화살의 비음을 낸다.

함성.

강쇠　돌을 내려라! (코러스 쿵쿵 하는 소리 낸다. 코러스의 몸은 소리에 따라 점점 크게 움직인다)

강쇠　성벽을 기어오르는 불덩이를 향해 뜨거운 쇳물을 내려 부어라. 한 놈도 살아 돌아가게 해선 안 된다.

취바리 뛰어 들어온다. 몸을 움츠리고 피하고 있다.

취바리　아 ― 이거 우리 스님은 어디 갔느냐? 중놈이 돼서 뒤끝은 한량없이 무르겠다. 줄행랑을 쳤구나.

강쇠　무엇들 하느냐? 어서 화살을 날려! (쉬 ― 소리)

강쇠　동포의 피로 물들었던 고려의 들판을 오랑캐의 피로 물들게 하라!

취바리　저놈은 아주 제 목숨이 서너 개는 되는 줄 아는구나?

이 때 북을 치던 고수 화살에 맞은 듯 "아이구" 소리치며 굴러 떨어져 취바리 발 밑에 쓰러진다.

취바리　아이구머니! 날 살려라! (털썩 주저앉는다)

노예군　대장님 위험합니다. 몸을 낮추십시오.

북소리 멈추자 오랑캐의 함성 더 커지며 노예군들 몸을 움츠린다.

강쇠 북을 쳐라! (돌아본다) 제자리를 지켜! 도망하는 꼴을 보이지
마라! (절박하게) 북을 쳐라! 누가 북을 쳐라, 북을! (노예군들
성 밑에 바짝 붙어 나서려 하지 않는다. 오랑캐들 성 너머로 기어
오는 듯 강쇠 칼로 찔러 떨어뜨리며 분전한다. 오랑캐의 비명)

강쇠 (돌아서며) 일어서! 별동대! 죽음으로 싸우기로 맹세하지 않았
느냐? 누가 북을 쳐라!

취바리 둘러본다. 얼른 고수의 손에서 북채를 빼든다.

취바리 좋다! 내가 치지! 천하장사 취바리가 저 따위 오랑캐쯤 무서
워할 줄 아느냐? (북 있는 곳으로 뛰어 올라간다. 곳곳이 선 채
북을 두드리기 시작한다. 노예군들 마지못한 힘에 끌린 듯 일어
나 싸운다)

강쇠 자, 돌을 굴려! 쇳물을 부어! 화살을 날려라!

연기와 불꽃, 함성, 코러스의 고조되는 비음소리와 움직임, 점
점 음악과 함께 맞춰지는 북소리.

강쇠 보아라! 적이 물러간다! 한 놈도 살아서 돌아가지 못하게 하
라! 별동대 앞으로!

취바리 힘차게 북을 두드린다. 음악의 반주는 점점 타령으로 바
뀐다.

취바리 (악을 쓰듯 타령조로) 간다, 간다, 물러간다. 오랑캐놈 도망간
      다. 취바리가 무서워서 똥줄 빠지게 달아난다! 좋다!

      격렬한 북소리, 승리의 함성.
      북소리, 함성 속에 1부 막 내린다.

제2부 1장

농악소리. 막 열리면 코러스 양쪽으로 도열해 섰다. 타령으로 노래를 부른다.

코러스1 관군 모두 달아났네.

합창　　벼슬아치 도망가네.

코러스1 노비군들 거동 보소—

합창　　이리저리 잘도 뛰네.

코러스1 화살이 날으면 방패로 막고.

합창　　불이 날으면 물로 막고.

코러스1 기어오르면 쇳물 붓네.

합창　　어라 어허야 데헤야 에헤.

코러스1 (대사로) 여보게 얼마 동안이나 싸웠나?

합창　　(대사) 두 달 하고도 열흘 동안이었다네—

코러스1 밀고 밀리고 시체가 많네.

합창　　함성소리 진동하네.

코러스1 오랑캐 비명 자지러져.

합창   잘도 잘도 도망간다.

코러스1 들과 산은 온통 핏빛.

합창   오랑캐의 뿌린 핏세.

코러스1 피를 씻자. 피를 씻어라.

합창   어라 어허야 데에야 에헤.

이 때 노승 지나간다.

노승   여보게들, 이겼어, 이겼네, 내 뭐라든가? 난 지름길로 가네.

코러스 (예시하듯 톤을 바꾼다) 그러나 길은 있으되 어디에나 없는 것
       이, 뜻은 있으되 그 뜻이 남지 못하리로다.

노승 퇴장하면서 장면은 장터 놀이판이 된다. 음악에 맞춰 노비
들 춤추며 등장한다. 노비 중 한 사람 팔딱팔딱 살판 ─ 재주넘
기를 한다. 춤이 멈추면 흩어지고 탈을 쓴 광대(취바리) 우르
르…… 장단에 맞춰 뛰어나온다.

취바리 야, 놀이를 한대니까 오뉴월 똥파리 모이듯 많이도 모였구나.

모두 껄껄 웃으며 저놈 보라는 듯 손짓한다.

취바리 내가 이래뵈도 이렇게 제자들을 좍 ─ 거느리고 있어. (구경꾼
       을 가리키며) 이게 다 내 제자들이야. 저놈 보게 웃어? 내가
       사장(師丈)질할 가치가 있나 없나 죽 읽어보랴? 뭐, 어예 됐

나 싶으면 첫째 우리집 서당문(書堂門)을 떡 열고 보면 거기 뭐 있는가 하면 산호책상, 유리필통, 괴목경상(槐木輕床), 수마네연적, 만폭벼루, 무심필, 필통 안에 떡 꽂아 놓고 황목이 팔십 권, 준수대전이 팔십 권, 시전서전, 주역이며 논어 맹자 예기 춘추 사월춘사 전운옥편, 게다가 옛날 대학, 소학, 공자왈, 맹자왈 할 것 없이 동몽선습(童蒙先習)까지 꽉 채워 놨으니 놀랐지? 또 내가 갈치다 갈치다 칠 게 없으면 어떤 걸 가르치느냐 하면 요새 흔히 하는 화투 도리짓고땡, 나이롱 뽕도 가르치고 장기 도박도 가르치고 혹간 심심하면 소리도 한 고장(長短) 씩 가르치고 춤도 한 고장 가르치고 그래도 가르치다 가르치다 가르칠 게 없으면 욕도 한마디 가르친다. 욕을 한마디 씩 해도 똑 점잖은 욕만 가르친다. 어 ― 니기미 똥물이나 먹을 것들, 잘 먹고 잘 살아라. (구경꾼 웃는다) 어? 웃어? 내 느이들한테 가르친 노래 있지? 그거 따라해라. 안 하면 ×깐다. 쳐라!

구경꾼 웃으며 장단에 맞춰 몸을 움직이기 시작한다.

취바리 (선창한다) 알금삼삼 고운 처녀 문명당 고개를 넘나드네.
남자들 (후창) 오며가며 빛만 뵈고 대장부 간장 다 녹인다.
취바리 (선창) 초롱초롱 청사초롱 님의 야방에 불을 밝혀라.
여인들 (후창) 님도 눕고 나도 눕고 초롱의 불을 누가 끄나.
취바리 (선창) 알송달송 이부자리 비단파사 끈을 찾네.
남자들 (후창) 인제야 줄까 저제나 줄까 닭이 울어도 주질 않네.

취바리 (다른 곡조로) 얼굴이 못났으니 처녀보기 난감, 집안에 돈 없으니 장가가기 난감, 이래 난감 저래 난감 아무래도 난감.

모두들 웃으며 한바탕 춤을 춘다.

취바리 (선창) (좀 빠르게) 유리영창 반만 열고 명주 짜는 처녀야.
구경꾼 (합창) 명주 짜기도 좋다마는 고개만 살금 들어보소.
취바리 (선창) 영창 쌍창 미닫이는 누구 보고 열어났나.
여인들 (합창) 청춘에 과부가 너를 보고 열었다네.
여인들 (합창) 신 사주소 신 사주소 총각낭군 신 사주소 신 사주면 나만 알고 손을 살짝 너를 주마.

남자들 환성 지르며 껑충껑충 뛴다.

취바리 (선창) 모시야 적삼 안섶 안에 함박꽃 같은 저 젖 봐라.
여인들 많이 보면 병 날리고 좁쌀만큼 보고 가소.
취바리 그 꽃 한 쌍 달라 하니.

여인들 "이놈" 소리 지른다.

남자들 호령소리 벼락 같네.

한참 웃으며 춤추는데 와르르 들이닥친 군졸2, 3, 기타.

군졸	해산하라, 놀이를 금하라신다!

어수선해진다.

군졸2	어서 헤어지지 못하겠느냐? (창끝으로 몬다)
취바리	(탈 벗고 나서며) 아니, 여보십쇼, 오늘 해방된 노비들이 승전의 기쁨으로 한바탕 노는 마당에 왜 이러셔? 여긴 싸움터가 아니라 놀이터인즉 어찌 백성의 즐거움을 막나?
군졸2	응, 네가 바로 이런 잡회를 하여 고을의 기강을 흐리게 하고 양반을 욕보이는 광대로구나, 가자! (취바리를 끈다)
취바리	아니 이런 법이 있나? 내 평생 풍류잡히고 놀아왔다만 논다고 잡아가는 경운 처음일세 그려.
군졸2	잔소리 말고 따라와. 어서 헤어져라!

군중들 막아선 길을 창대로 밀어젖히며 쫓는다.

군졸3	할 말 있음 관가로 오라구. (거들먹거리며 가버린다. 헤어졌던 구경꾼들 웅성거리며 모여든다)

강쇠, 돌무치 칼을 차고 등장한다.

강쇠	무슨 일이냐?
노예	(구경꾼 중) 관군이 놀이를 금하게 했소.
돌무치	뭐라고?

노예 놀이를 하던 광대도 잡혀갔소. 양반을 욕보인다고 놀이를 금한다는 거요.

돌무치 뭐가 어째? 이번 싸움에 목숨을 바치고 죽어간 건 우리들이야. 그런데 이제 나타나서 명령해? 개새끼들. (칼을 뽑아든다)

강쇠 돌무치, 참아.

돌무치 참다니요? 형님, 싸울 때는 도망가기 바빴던 놈들이 지금 우리에게 이럴 수 있소? 한 칼에 처치해 버립시다.

강쇠 돌무치, 흥분하지 마라. 그러단 일을 그르친다. 내 대감을 만나 연유를 알아볼 테니까 동요하지 말고 있어라.

돌무치 알아보긴 뭘 알아본다고 그러시유? 놈들 수작이 뻔한 걸. 우리가 싸움에 이긴 공을 시기해서 보복하는 게 분명하오. 여러분 어떻게 생각하오?

노비들 그렇소!

강쇠 다들 들거라. 우린 벼슬을 얻으려고 싸운 건 아니다. 우린 천민에서 벗어나 양민이 된 것만으로 만족해야 한다. 공연히 관군과 싸움으로써 얻을 수 있는 건 없다.

돌무치 싸움은 저놈들이 걸어온 거요, 형님.

강쇠 일부 관군들의 짓인지도 모르니 내가 들어가 알아보겠다. 모두 헤어지도록. (퇴장한다)

돌무치 (노예들에게) 여러분, 잠깐 내 말 듣고 가시오. 우린 불운하여 힘 없고 재산 없이 남의 종으로 팔려 다녔소. 그러나 이젠 양민이오. 누가 다시 천민이 되길 바라는 사람 있소?

노비들 없소! 우린 양민이오!

돌무치 왕후 장상에 씨가 따로 있소?

노비들   없소!

돌무치   우린 왜 피를 흘리고 싸웠소? 다시 종이 되기 위해서요?

노비들   아니오!

돌무치   그렇소 힘이오! 아직 싸움은 끝나지 않았소. 그러니 각자 소지한 병기를 반납하지 말고 숨기시오, 반드시 때가 올 것이오. 내 말 알겠소? 그리고 이 일은 은밀히 하시오. 자 ― 다들 헤어집시다.

모두 퇴장한다.

제2부 2장

동헌.

이자헌, 부사, 판관, 군졸 회의중이다.

이자헌 말하오!

부사 이대로 방관해 둘 수는 없다고 생각합니다. 지금 성내의 노비들은 자기가 이 성의 주인인 양 방약, 무뢰 행각이 자심할 뿐더러 사사노비들은 옛 주인에게 돌아가기를 거절, 무리를 지어 성내를 배회하며 규율을 문란케 하고 관노들은 관아의 명령을 거역하기 일쑤요.

판관 더구나 몽고병이 물러간 이후 노비들은 주야를 가리지 않고 음주가무에 탐할 뿐 아니라 양반을 욕보이고 풍속을 해치는 잡희를 즐기고 있어 아녀자들의 성내 출입마저 곤란한 지경에 이르고 있습니다. 이대로 방치하다간 기강이 문란해져 수습할 길이 막연한 줄 아뢰오.

이자헌 허나 우리에겐 저들을 단속할 만한 군사가 없소. 더구나 아직 저들에게 배부한 병기도 회수하지 않았소.

부사 먼저 싸움에 이긴 공을 치하하는 뜻에서 저들 우두머리 몇 명에게 관직을 주어 안심케 한 연후 병기를 회수하고 기회를 보아 하나하나 잡아들임이 옳을 것 같습니다.

이자헌 잡아들이다니? 저들은 이미 방량된 양민이오. 뚜렷한 죄가 없는 한 어찌 마구 잡아들인단 말이오?

부사 대감, 진정 노비들을 방량하려 하십니까?

이자헌 이미 저들의 신분을 규정한 노비문서를 태우지 않았소?

부사 다시 만드는 수도 있습니다.

이자헌 다시 만들다니?

부사 저들로 하여금 신고시키게 하는 방법이 있지요.

판관 아니 부사는 저들이 제 발로 걸어와 천적 만드는 일에 거들기를 바라시오?

부사 아니지요. 백성 전부에게 호구조사를 실시하되 신고하는 노비에게는 자자손손 면천이 된다 하면 필시 모두 응할 것이오, 그러면 후일 충분히 노비문서가 될 수 있소이다.

판관 오— 아주 좋은 생각입니다.

이자헌 묵묵부답 생각만 한다.

부사 대감.

이자헌 우리가 이 어려운 싸움에 이긴 것도 모두 저들 노비군들 때문이오.

부사 그야 저들의 공을 모르는 바 아닙니다. 그러나 그건 전시에 있었던 일이오. 지금은 사정이 다르지 않습니까.

판관 관에 양곡을 대고 있는 토호들의 불만을 어떻게 무마하시겠습니까? 저들은 현재 공공연히 대감께 불평을 하고 있습니다. 만일 지방 토호들까지 합세하여 조세 바치기를 거부하면 문제는 더 커집니다.

이자헌 판관은 노비를 방량해서 충주성을 구하게 한 내 처사가 부당하다고 생각하오?

판관 대감, 지금 당, 부당을 논할 때가 아니옵니다. 정치는 현실을 중시해야 합니다.

이자헌 그런 건 나도 아오!

판관 현실에 대처하여 임기응변의 조처를 취하심이 현명한 줄 아옵니다.

이자헌 저들을 잡아들이는 게 그렇게도 급하오?

판관 한시를 지체할 수 없는 줄 압니다.

부사 노비들이 조직적으로 세력을 규합하기 전에 저들을 옛 신분으로 돌려놓아야 합니다. 벌써부터 저들의 움직임이 심상치 않다 합니다.

판관 제가 오늘 낮에 문란한 놀이를 하는 자들을 단속한 바 있습니다. 그러나 대드는 자는 없었습니다. 저들이 무엇을 해야 할지 알기 전에 헤쳐 놓아야 합니다.

이자헌 우정대사는 어디 있소?

판관 대사도 원래는 귀족의 자제, 사대부 출신입니다. 그가 비록 몽고병의 침입을 맞아 노비 방면의 수단을 썼으나 그것은 어디까지나 싸움에 이기기 위한 것, 아마 반대치 않을 것입니다.

이자헌   난 그 사람 됨됨을 잘 아오.

부사   그렇다면 대사에겐 이 일을 모르게 해야겠군요?

이자헌   그가 성내에 있는 한 어찌 모르고 있겠소?

부사   방법이 없진 않습니다.

이자헌   방법이라니?

부사   대사로 하여금 입을 다물게 하는 방법 말입니다. 제게 맡기신 다면.

이자헌   맡기다니? 무슨 뜻이오? (화를 낸다) 대사는 내 오랜 친구요. 아무도 손댈 수 없소! 대사의 공 없이 우리가 지금 이 자리에 서 있을 성싶소?

부사   허나! 만일 대사가 끝내 반대하고 나서면 필경 노비들도 들고 일어날 것인즉.

이자헌   듣기 싫소! 부사, 판관은 싸움 중에 어디 있었소? 관군들은 다 뭘하고 있었소? 싸움을 이기게 한 건 대사와 별동대요. 난 저들의 공을 나라에 상신해 벼슬을 주려 하오. 다신 내 앞에 서 대사와 노비문서 얘긴 꺼내지도 마오! (이자헌 퇴장한다. 판관, 부사 서로 얼굴을 본다)

부사   어떻게 하면 좋소?

판관   아무래도 대감 하는 대로 맡겨 두었다간 우리는 절단나고 말 겠습니다.

부사   내 생각도 그러하오.

판관   어떡하면 좋겠습니까?

부사   우선 대사부터 해치웁시다. 필경 대사도 노비들 편일 테니…….

판관　대감은?

부사　차차 기회를 두고 봐서 적당한 시기에. (목을 자르는 시늉을 한다)

판관　아마 관군들도 우릴 밀어줄 겁니다.

부사　지휘는 나한테 맡겨두시오.

판관　알았습니다.

　　　부사, 판관 퇴장한다. 강쇠, 이방에 인도되어 들어온다.

이방　대감께서 방금 계셨는데 없구만, 좀 기다리게, 무슨 일인가, 강쇠?

강쇠　이방이 알 일이 아니야.

이방　헛, 세월이 좋아졌어. 관노가 충주목 이방한테 하대하게 됐으니.

강쇠　뭐라고?

이방　아닐세, 성내지 말아. 하여간 사람은 오래 살고 볼 일이야. (이방 아니꼬운 듯 낄낄 웃으며 퇴장. 강쇠 혼자 노기를 부르며 주위를 본다. 지영 등장한다. 강쇠 굳어진다)

지영　어인 일이냐?

강쇠　대감을 뵈러 왔습니다.

지영　무슨 일로?

강쇠　여쭙고 싶은 게 있어서…….

지영　나한테 말하면 안 되느냐?

강쇠 사사로운 일이 아닙니다.

지영 내가 아버님께 전해 드리겠다.

강쇠 다시 오겠습니다. (가려 한다)

지영 가지 마라!

강쇠 멈칫 선다. 그러나 묵살하고 가려 한다.

지영 내 말 들리지 않느냐? (강쇠 후딱 돌아선다)

나를 성나게 하지 마라! 이리 가까이 오너라. (강쇠 온다) 고개를 들어라. 왜, 내가 미우냐?

강쇠 아닙니다.

지영 여기서 격식을 차리지 마라. 난 그런 게 딱 질색이다. 법이나 계율이나 모두 사람이 만든 것 사람이 깨뜨릴 수도 있는 게 아니냐?

강쇠 허나 신분이 다릅니다.

지영 도대체 신분이란 뭐냐? 사람이 날 때부터 귀천이 따로 있느냐?

강쇠 그렇습니다.

지영 그러나 발가벗은 아이들은 아무 것도 모르는 것, 내 보기엔 누구나 똑같이 귀엽고 예쁘더라. 태어나긴 모두 같은 모습으로 태어나지 않느냐?

강쇠 하오나 낳은 부모에 따라 아이의 신분이 결정됩니다.

지영 또 그 부모의 신분은?

강쇠 또 그 부모의 신분에 따라서.

지영   그 부모의 신분은? …… 결국 거슬러 올라가면 똑같은 사람이다. 그렇게 생각지 않느냐?

강쇠   그렇습니다.

지영   그래서?

강쇠   예?

지영   계속해라. 얘기를.

강쇠   무슨 얘깁니까?

지영   그대에 관한 얘기, 이 안에는 내 시비를 빼놓곤 얘기할 사람이 없다. 우정대사는 설법이나 하시려 들고…… 모두 날 어려워만 할 뿐.

강쇠   얘기 상대를 잘못 고르셨습니다.

지영   그대는 혼자 있을 때 무얼 하지?

강쇠   잠을 잡니다.

지영   나는 생각을 한다. 그 생각이 마음의 고요를 흔들어 놓을 때 사람은 어떻게 해야 하느냐?

강쇠   소인에겐 어려운 말은 하지 마십시오. 소인은 무식한 놈입니다.

지영   글을 읽을 줄 모른단 말이냐?

강쇠   읽을 줄도 쓸 줄도 모릅니다.

지영   왜 배우지 않았느냐?

강쇠   (욱해서) 종에게 글을 가르치는 상전을 만나지 못했습니다.

지영   배우고 싶지 않느냐?

강쇠   글을 배우는 자는 놀고 먹기 위해 배웁니다. 나는 내 몸으로 일밖에 할 줄 모릅니다. 글 같은 게 무슨 소용이 있습니까?

지영	일하는 게 즐거우냐?
강쇠	놀리시옵니까? 땀 흘리고 일하지 않는 자는 그 고통을 모릅니다.
지영	나는 생각하면서 인생의 더 깊은 고통을 안다.
강쇠	소인에겐 그런 말이 통하지 않습니다.
지영	배움이 없이는 그대들은 다시 남의 종이 되고 말 것이다.
강쇠	(벌떡 일어난다) 무엇이? 우린 다시 그렇게 되지 않을 것이오. 우리에겐 칼이 있습니다.
지영	그 칼보다 더 무서운 무기가 있다면 어떻게 대항하겠느냐?
강쇠	싸울 것입니다. 끝까지…….
지영	호호…… (놀리듯 웃어대며) 그대들은 그대들의 칼로 붓을 이길 수 있다고 생각하느냐?
강쇠	붓?
지영	그렇다. 지식! 칼의 힘보다 지식의 힘이 몇 배나 큰 것이다. 그대들의 칼에 지식이 없다면 그것은 폭력이요, 그대들의 폭력에서 벗어나기 위해 다시 그 폭력을 사는 게 된다.
강쇠	(부르짖듯) 난 아무것도 모르오! 내게 어려운 걸 강요하지 마십시오!
지영	(사이. 진지하게) 그대 내게서 글을 배우지 않겠느냐?

강쇠. 얼어맞은 것 같다. 지영을 본다. 지영 머리를 잡으며 비틀한다.

| 지영 | 어지럽다. 나를 좀 잡아다오. (강쇠 얼른 한 손을 잡아 부축해 |

앉힌다) 서 있지 마라, 더 어지럽다.

강쇠 한쪽 무릎 꿇고 앉는다.

지영 그대 신분에선 지아비와 지어미가 어떻게 만나느냐?

강쇠 소나 돼지처럼 상전이 정하는 대로 짝을 맞아 삽니다.

지영 역시 그대들도 자유롭게 서로 좋아서 만날 수는 없단 말이구나.

강쇠 그러나 그럴 수도 있습니다.

지영 때로 너희들이 부러울 때가 있다. 지켜야 할 예절도 가려야 할 신분도, 서로의 마음 속에 벽도 없을 게 아니냐?

강쇠 그러나 가난이 있습니다.

지영 그것조차 난 부럽게 느껴진다. 아무 것도 가진 게 없다는 것, 얼마나 아름다우냐?

강쇠 (벌떡 일어나며) 배고픔을 알지 못하는 당신들에게나 아름답겠죠!

강쇠 또 노했느냐? 우린 결코 말다툼만 하고 있구나. 그대와 나는 서로 미워하고 있느냐? (대답없다) 서로 사랑하느냐?

강쇠 나는 사랑을 알지 못하오!

지영 지어미를 사랑하지 않느냐?

강쇠 죽었소!

지영 오―! 안됐구나. 고려의 여성은 부끄러운 교태로 사랑을 위장하지 않는 법이다. 그대들의 사랑은 어떤 모습을 하고 있느냐?

강쇠	간지러운 말로써 사랑을 농락하지는 않습니다.
지영	그러면?
강쇠	몸과 몸으로 부딪칩니다.
지영	어떻게? …… 어떻게?

빤히 올려다보는 지영을 강쇠 말없이 안아버린다. 그러다 스스
로의 행동에 놀라 떨어지는 강쇠. 이자헌 등장, 이 꼴을 본다.

이자헌	뭣들 하고 있는 거냐? 강쇠, 강쇠, 감히 네놈이 내 딸을?
지영	아버님, 저 사람에겐 잘못이 없사옵니다.
이자헌	(강쇠에게) 어서 내 앞에서 물러가지 못하겠느냐? 감히 노예의 몸으로…… 다시 내 앞에 나타나면 죽을 줄 알아라.

강쇠 뒷걸음질로 나가버린다.

지영	아버님!
이자헌	넌 내일 당장 강화(江華)로 가라.
지영	거긴 싫습니다. 전.
이자헌	사대부의 딸로서 부끄러움도 모르는 년! 네 에미의 피가 네 몸 속에 흘러 너마저 애비를 배신하는구나.
지영	아버님, 그런 말씀을…….
이자헌	듣기 싫다. 육로가 트이는 대로 강화로 가!
지영	(예 하며 물러난다) 가겠습니다. 아버님.
이자헌	세상에 이럴 수가…… 전쟁에 나간 사이 제 에미가 나를 속이

더니 이제 내 딸이 종놈과…… 에미의 악마가 딸 속에서 되살
아나는구나! (노승 등장한다)

노승 대감! 어떻게 된 일이오? 장터에서 놀이를 금하게 하셨다니?
싸움이 끝난 후 돼가는 일을 알 수가 없구려!

이자헌 대사! 잘 오셨소. 나도 할 얘기가 있소. 하늘이 백성을 낼 때
비록 양천(良賤)의 구별은 없으나 윗사람이 아랫사람을 시켜
야 하므로 마땅히 존비(尊卑)가 있음이 당연하지 않을까요?
군자와 소인이 서로 달라 각각 일가를 형성하고 노예를 두어
상하의 분별을 정해온 것이 우리의 천여 년 내려온 생활이오!
그렇지 않소?

노승 사람이 모여 사는 사회에 귀천이 이루어짐을 소승이 모르는
건 아니오. 그러나 대감, 처음 우리 선조의 노비는 일종의 형
벌로서 기한이 지나면 다시 평민으로 돌아가는 것이 이치였
소. 그런데 지금 보오, 우리 고려는 한번 종이 되면 좀처럼 면
천하기 어려워 자자손손 종신토록 우마와 같이 재산처럼 팔
고, 팔리는 천하고금에 없는 제도가 되어 버리지 않았소? 그
래서 노예의 숫자는 늘어가고 결국 양반과 적대하는 양분된
세상이 되어버렸소. 부당한 일이라고 생각하오.

이자헌 허나 노비를 해방시키기 위해선 나라의 풍속부터 고쳐야 하
겠소. 하루아침에 바꾸니 혼란하여 법만 어그러져 갈 뿐이오.
(노기) 노예의 신분으로서 양반 사대부의 아녀자를 넘보지 않
나…… (자제하며) 정말 충주성은 옛과 같지 않소이다, 대사.

노승 어서 규율을 세우시오. 옳고 그름을 분별하여 옳은 자에게는
상을 주고 그른 자는 벌하되 신분의 고하를 가리지 말고 공평

히 행하면 저들은 대감을 따를 것이오.

이자헌 그러나 아직 우리에겐 저들을 다스릴 만한 군사가 없소.

노승 힘으로 저들을 다스려선 안 되오. 인과 덕으로 다스려야 하오.

이자헌 대사, 다스리는 근본은 힘이오, 아무리 덕과 인을 부르짖는다 한들 인덕이나 의로움이 세상을 바꾸지는 못하오.

노승 그러나 의롭지 못한 힘은 언젠가는 또 다른 힘에 의해 멸망하고 마오. 백성은 지극히 약한 존재이나 힘으로 눌러선 안 되오. 백성은 지극히 어리석으나 꾀로써 속여도 안 되오. 백성의 마음을 얻지 못하면 백성은 언젠가 대감을 버릴 것이오. 자고로 다스리는 자는 신의와 약속을 지킬 줄 알아야 한다고 했소.

이자헌 그러나 국가 대사나 한 고을의 다스림에는 충성이 요구될 뿐이오. 어차피 누군가는 다스림을 받는 것이 치세의 근본일진대 다스리는 자나 다스림을 받는 백성이나 똑같이 자유를 누린다는 건 용납할 수가 없는 거요.

노승 대감. 설마 저들 노비들을 배신하려 하시는 건 아니시겠지?

이자헌 배신? 대사, 나는 일개 성의 목사로서 국록을 먹고 있는 몸, 내 마음대로 나라의 제도를 고칠 수는 없지 않소. 비록 나라를 구하기 위해 일시적으로 저들을 방량했으나 현실이 그를 용납치 않는 걸 어떻게 하오? 나도 이렇게 하고 싶지는 않소. 그러나 난 내가 현 여건에서 할 수 있는 최선의 방법을 택할 수밖에 없소. 나는 위로는 왕으로부터 양반 사대부 그리고 내 가족까지 생각해야 하오. 이럴 때 내가 할 수 있는 일은 가까이는 위협받고 있는 내 권좌, 그리고 내 가족의 안녕, 더 나아가서 나와 같은 신분의 양반 사대부의 안정, 그리고 왕과 왕의 나라를 보호하는 것이 내 임무가 아니겠소? 그 다음에 백성을 따르오.

노승   백성은 곧 나라의 근본인 동시에 왕의 하늘이오!

이자헌   나도 백성이오! 양반 사대부들도 이 나라의 백성이오!

노승   그래서 노예제도를 다시 부활하시겠소?

이자헌   그렇소! 그래야겠소!

노승   내 대감은 신의가 있는 분으로 존경해 왔소. 믿음이 적은 세상이라 한들 내 대감에 대한 믿음은 깊었소. 내 오래도록 신속하게 염불하기에 일생을 보냈은즉, 남은 여생, 내 뜻을 펴보고자 예까지 내려왔거늘, 인간에 대한 사랑과 믿음 또한 깊었거늘 이제 대감께서 내 뜻과 믿음을 무참히 짓밟아 버리는구려.

이자헌   대사, 나는 깊은 학식도 없소. 난 평생 국록을 먹고 있는 관리요. 내가 관심을 기울이는 건 인간의 애정, 믿음 따위가 아니라 질서요! 사람은 저마다 사는 방법이 다르고 욕심도 다르오. 이들을 합해 놓았을 때 어떻게 상하좌우의 질서를 잡아놓는가가 내가 하는 일이오.

노승   질서? 잔인한 왕도를 말하시는 거요? 왕의 자리에 오르기 위해 형제조차도 서슴없이 죽여버리는 그런 질서를 위하는 것이오?

이자헌   내게 옳고 그름을 따르지 마오! 난 성인군자도 아니오. 난 하나의 인간이오!

노승 이제 대감과는 더 할 얘기가 없는 듯싶구려. (돌아선다)

이자헌 대사, 어디로 가시는 거요? 난 대사를 가지 못하게 막을 수도 있소!

노승 (돌아보며) 나를 죽이시겠소?

이자헌 (사정하듯) 대사 어찌 그런 말을 해서 나를 괴롭히오? 내가 대사를 죽이다니! 대사, 우린 서로 돕는 좋은 친구가 아니오? 난 이 세상 누구보다도 대사를 존경하고 있소. 대사! 나를 도와주시오!

노승 잘 있소! (나가버린다)

이자헌 (큰소리로 부르짖는다) 대사, 대사는 누구 편이오? 내게 칼을 들이대시겠소? …… 부사! 부사를 불러라! (부사 등장)

부사 부르셨습니까?

이자헌 (한참 보다가 생각을 떨치려는 듯) 아, 아니오! 부르지 않았소. 물러가오! (부사 "예" 하고 나가려고 한다)

이자헌 (다시 부른다) 부사!

부사 예!

그들의 눈이 서로 마주친다. 이자헌 말을 못한다. 외면한다. 부사 알았다는 듯 퇴장한다.

제2부 3장

노승이 임시로 거처하는 암자, 가운데 불상, 그 앞에 향이 보인다. 노승 들어오고 지영 뒤따른다. 몇 발자국 뒤로 강쇠 묵묵히 들어와 선다.

노승 도대체 지금 무슨 소리를 하고 있는 거냐? 나는 아무리 들어도 알아들을 수가 없다.

지영 대사님 다시 말씀드리겠습니다. 소녀가 이제 지아비를 정하려 하옵니다.

노승 아니, 지영아. 너 정신이 있느냐? (그러다 강쇠를 보고 돌아서며) 난 못한다. 못해!

지영 대사님 어찌하여 못한다 하십니까? 소녀 나이 열아홉이옵고 지아비 될 강쇠 또한.

노승 그게 아니다. 혼례란 일생에 단 한 번뿐인 인륜대사로 양가 부모가 정해서…….

지영 대사님, 소녀 혼례절차를 모르는 바 아니옵니다. 그러나 부모가 정해준 지아비하고만 혼례를 올려야 한다면 부모가 없는 자는 어찌하며, 풍습대로 아내를 돈으로 사 서가(婿家)에 기거하고 아내를 맞이해야 한다면 짚신을 삼으며 사는 사내는 어떻게 맞이하옵니까? 소녀 듣기로는 백성들은 스스로 짝을 정해 산다 하더이다. 왜 소녀는 그리하면 아니되옵니까?

노승   지영아. 네겐 아버님이 계시고 또 너는 가문이 있는 양가집 규수로서…….

지영   강쇠 같은 상인(常人)을 맞으면 안 된단 말씀이옵니까?

노승   오— 답답하구나.

지영   대사님. 대사께선 저에게 사람의 신분에 높고 낮음이 없으며 그 혼에 깊고 얕음이 없다 가르쳤사옵니다.

노승   그러니 나더러 어떻게 하란 말이냐? 중매라도 서달란 말이냐?

지영   중매가 아니옵니다. 저희는 이미 몸과 뜻을 같이 하도록 서약했사옵니다.

노승   (한심해서) 나무아미타불.

지영   단지 저희들의 서약은 저희 둘뿐만의 약속으로서 각자 노끈 한쪽씩만을 잡고 있는 셈이어서 그를 붙잡아 매지 못했사옵니다. 대사님이 이 노끈을 잡아 매 주시옵소서.

노승   맙소사, 나더러 너희들의 철없는 혼례를 주재하고 증거하란 말이냐?

지영   바로 그러하옵니다. 대사님.

노승   (롱명스럽게) 너도 그러냐?

강쇠   같은 마음이옵니다.

노승   (혼잣말 비슷이) 제기랄, 어쩌다 이렇게 돼버렸느냐? 허구 많은 사람 중에 하필.

지영   대사님, 세상에 사람은 많사오나 한 남자와 한 여자가 만나긴 어렵습니다. 불가(佛家)의 인연인 줄 아옵니다. 연을 끊지 마옵소서.

노승   사람의 앞길은 모르는 것이다. 너희들은 같이 살 수 있다고 생각하느냐?

지영   사람의 앞길은 모르는 것입니다. 대사님.

노승   할 수 없다. 내가 이래서 되는 것인지 모르지만, 하여간 맺어진 인연을 끊는 일이야 할 수 있느냐? 그러나 먼저 다짐할 게 있다.

지영   무엇입니까, 대사님?

노승   (강쇠에게) 강쇠 너는 이 충주성을 떠나야 한다.

지영   이미 떠날 준비가 되었습니다.

노승   지영이도 같이?

지영   아버님이 저를 강화로 보내시려 합니다. 저는 강화에 가 임금이나 무관의 노리개 노릇보다 차라리 범부(凡夫)의 아내가 되고 싶습니다.

노승   너희들 뜻이 그렇다면 좋다. 그러나 나는 떠돌이중으로 불가의 혼례를 절차대로 따라 행할 줄은 모른다. 더구나 여긴 없는 게 너무 많아!

지영 작은 보따리를 끌러 술잔 두 개와 호리병, 그리고 엽전을 내놓는다.

지영　여기 부처님께 시주할 엽전이 있사옵니다.

노승　이건 합환주(合歡酒)로구나. 우선 조상 사당에 신고해야겠지만 없으니, 먼저 부처님께 분양하고 시주하여라. (강쇠에게) 꾸어다 논 보릿자루마냥 서 있지 말고 여기 와서 따라해라.

　　　지영, 강쇠 서로 보며 부처님께 분양하고 엽전을 놓고 엎드린다. 노승 목탁을 두드리며 중얼거린다.

노승　자 그만 일어서고, 내 몇 마디 더 다짐해 둘 게 있다.

　　　지영, 강쇠 노승을 본다.

노승　강쇠, 너는 이 여인이 죽으라 하면 죽을 수 있느냐?

강쇠　있습니다.

노승　지영아, 너는 강쇠를 지아비로 삼아 어떤 수모가 네게 오고 네 가문에서 비난받는다 해도 견뎌낼 수 있느냐?

지영　견뎌낼 수 있습니다.

노승　그러나 네게 올 것이 네가 상상하는 이상으로 클지 모른다.

지영　알고 있습니다.

노승　할 수 없다. 일어나 서로 맞절을 해라.

　　　강쇠, 지영 서로 보며 절한다.

노승　(호리병을 들며) 이게 합환주겠다? 자, 잔을 서로 부어줘라.

서로 술을 붓는다. 서로 눈을 보며 마신다.

노승 　속이 타는데 나도 마셔야겠다. (노승도 병째 들이마신다) 커—
　　　이왕이면 안주도 좀 싸오지 그랬느냐? (지영, 강쇠 서로 손을
　　　잡고 일어난다) 자, 됐다. 이러면 되는 건지 모르겠다만 차후
　　　로 너희들은 부부다.

강쇠 　감사합니다. 스님!

노승 　자— 이젠 어서 떠날 준비를 해라.

지영 　대사님, 오늘 저희들에게 이 암자를 쓰게 해주시겠습니까?

노승 　뭐라고? 이 어려운 일 시키고 또 날 내쫓아?

강쇠 　죄송합니다, 대사님.

지영 　대사님!

노승 　알았다, 알았어. 내가 자리를 비켜주마. 나도 빨리 여길 떠날
　　　수록 좋겠지. (나가며) 맙소사, 내가 무슨 짓을 하고 가는 거
　　　냐? 나무아미타불, 관세음보살.

둘이 남는다. 서로 부둥켜 안는다.

제2부 4장

길거리. 노승 걸어 나온다.

노승　(고개를 저으며) 부질없는 일! 허무한 일! 이대로 떠나야겠다. 내가 저들에게 알리면 또다시 피비린내가 날 터인즉, 어서 가야지.

서서히 걷는다. 이때 취바리 잔뜩 몸을 움츠린 채 비틀거리며 등장한다. 노승 슬쩍 비켜선다.

노승　아니, 저놈이 비틀거리는 꼴을 보니 어디서 한잔 잔뜩 걸친 모양이구나.

취바리　(노승을 모른 척) 뭐가 어째? 남은 지금 즉사하게 얻어맞아 사지가 욱신거려 비실거리는데 술을 마셨다니? (펄떡 주저앉으며) 아이고 이렇게 억울할 데가 있나? 이 스님인지 고주망탠지 하는 중놈, 내 이렇게 곤경을 당하는데 코빼기 하나도 안 비쳐? 어디 두고 보자.

노승 이놈, 내다!

취바리 아니, 이게 누구죠? 스님 너무 그러지 마십죠. 남은 죽을 지경인데 이렇게 여유작작하시니 세상 참 불공평하네.

노승 맞다니? 누구한테 맞았느냐?

취바리 엊그제 포도청에 가서 즉사하게 맞고 지금 풀려온 길입니다.

노승 호— 그래서 네가 며칠 보이지 않았구나? 난 또 네가 어디 과부라도 꿰차고 도망간 줄 알았다.

취바리 어휴, 그랬음 오죽이나 좋게.

노승 그래, 무슨 일로 매를 맞았느냐?

취바리 내 그간 장터에서 탈놀음에 가무를 좀 했다기로써 그게 무슨 죄가 됩니까? 퇴폐풍조라 합니다.

노승 또 잡희를 했구나. 네놈은 어디가나 그 광대 버릇을 고치지 못해서 늘 말썽이야.

취바리 스님, 놀이가 무슨 죄요? 세상에 풍류 없이 무슨 재미로 사요? 그래 놀이터에서 상소리 좀 했기로써니 그렇게 치는 놈들이 어디 있습니까?

노승 어떻게 했기에 이리 엄살이냐?

취바리 말도 마십죠. 잡아다 불문곡직 꿇어앉히고, 치고, 차고, 패고, 밟고, 업어메치고, 뒤집어던지고, 꼰아추스리고, 걷어팽개치고, 까집고, 비틀고, 조이고, (노랫가락 조가 된다) 직신작신 조지고, 지지고, 노들강변 버들같이 휘휘낭창 꾸부려뜨리고, 이리 바짝 저리 죄고, 위로 틀고 아래로 따닥 찜질, 매질, 불질, 무두질에 담금질.

노승 (놀라서) 아니, 그럴 수가 있나?

취바리 내 말 듣소. 그렇게 할 줄 알았더니 다 빼고 곤장 몇 대 때리고 보냅디다.

노승 예끼 이놈! (단장으로 취바리의 이마를 때린다) 사람 놀라게 하지 마라.

취바리 (맞으니 더 억울한 듯) 허, 이젠 스님까지 날 패시는구려. 이놈도 치고 저놈도 치고 내가 뭐 동네 북인가? 좋다. 마음대로들 쳐라, 쳐! (장단을 냅다 치는 소리 들린다) 아니, 남 죽겠다는데 웬 난데없는 장단이야?

노승 아, 이놈아. 네가 치라니까 장단을 치라는 줄 아는 게지.

취바리 어이구 맙소사!

노승 자, 그만 노닥거리고 가자.

취바리 아니 가다니? 스님 어디를 가시려는 거유?

노승 나야 바람부는 대로 물결치는 대로 떠나가는 인생 아니냐?

취바리 얼씨구 유행가 가락으로 나오는구나? 기껏 일 벌여놓고는 밑도 안 씻고 슬그머니 뒤꽁무니치기다, 그 말씀인갑죠?

노승 이놈, 그건 무슨 소리냐?

취바리 스님, 내가 아무것도 모르는 줄 아십니까? 내 귀띔으로 들은 바에 의하면 노비를 다시 잡아들인다는 소문이 돌고 있습니다! 참말이유?

노승 나도 모르는 일이다만 공연히 함부로 입을 놀리지 마라, 큰일난다.

취바리 예, 알아모십죠. 보고도 못 본 척, 알아도 모른 척, 두루뭉수리 적당히 슬쩍 피해가라 그 말씀인갑죠? 예! 스님의 가르침

깊이 명심하겠소이다.

노승　애, 이놈 내 언제 그런 것 가르쳤느냐?

취바리　그럼 이게 무슨 경우요? 방량시켜줘 목숨 걸고 싸워 성을 지켰더니 다시 잡아들여? 아무리 나같이 무식한 놈이라도 옳고 그른 거 분별할 줄 압죠.

노승　그러나 이 일로 해서 또 난리라도 나면 애꿎은 목숨만 날아가고 또 피를 흘리게 되지 않느냐?

취바리　양반들의 세상엔 의리도 없소? 부랑배들도 약속은 지킵니다.

노승　허허…… 네가 세상에 나서 처음 말 같은 말을 하나 보다.

취바리　쳇─ 스님 말씀은 항상 말끝이 나무아미타불입죠만 이 취바리 말은 항상 맹꽁이 말씀이오. 새겨 들으시유. 맹자, 공자 말씀이란 뜻이오.

이때 노예3, 이하 몇 노비들 오른쪽 손바닥을 까맣게 칠한 채 높이 쳐들고 까딱까딱 웃으며 장단에 맞춰 등장한다.

취바리　허 저건 웬 실성한 놈들이야. (앞으로 나서며) 여봐라?

노예3　누가 나더러 여봐라 아니꼽게 불러쌌느냐?

취바리　허, 저놈이 간덩이가 부어두 단단히 부었구나.

노예3　길 비켜라. 난 이젠 남의 집 꼴뚜기는 아니다.

취바리　그럼 네가 뭐냐?

노예3　옛날엔 천민으로 주인의 매질 아래 늑골이 빠지게 일해 왔다만 오늘부턴 공경대부(公卿大夫)도 할 수 있는 양민이다. 난 마음대로 뭐든지 할 수 있고 어디든지 갈 수 있다. 그러니 나더러 여봐라, 저봐라, 바쁜 사람 길 막지 마라.

취바리   허허 저놈이 방량이 되더니 세상이 아주 제 것인 줄 아는 모양이구나. 그런데 그 손은 뭐냐? 돼지 똥물이라도 축였느냐?

노예3   신고하고 오는 길이다.

취바리   신고라니?

노예3   오늘 관아에서 방을 내붙이기를 방량된 노비들은 모두 관에 신고하되 신고한 노비는 자자손손 면천이 된다기에 내 가서 두 손바닥에 먹물을 묻혀 백지에다 꾹 찍어 신고하고 오는 길이다. 그러니 길 막지 말고 저리 비켜라! (손바닥을 자랑스럽게 든 채 간들거리며 퇴장해 버린다)

취바리   손바닥에 먹물을 묻혀 백지에 찍는다. 스님, 그게 뭐요?

노승   (탄식하듯) 노비문서로다!

취바리   노비문서!

노승   (결심) 가자, 저들에게 이르자! 더 이상 속게 내버려 둘 수가 없구나.

취바리   갑시다 스님.

무대 양쪽에서 부사가 이끄는 군졸들 서서히 둘러싸기 시작한다. 부사, 노승의 가는 길을 막으며 나선다.

부사   우정대사 안녕하시오? 대사께서 예 계신 줄 모르고 찾아다녔습니다.

노승   나를? 무슨 일로?

부사   대감께서 부르십니다. 설법이 듣고 싶다시며.

노승	내 지금 갈 길이 바쁘오. 후일 찾아뵙겠다고 일러주시오.
부사	대사, 지금 어디로 가시는지? 가시는 길을 안내해 드리고 싶습니다.
노승	나 혼자라도 갈 수 있으니 어서 길을 터 주시겠소?
부사	대사 지금 길에 다니기 위험하여 그렇습니다. 어디로 가시는 길입니까?
노승	난 내가 갈 곳을 일일이 밝히고 다닌 적이 없소. 또 내가 어디를 가는지 부사가 알 바가 아니오.
부사	알겠습니다. 다녀오십시오. (부사 비킨다. 그러나 군졸들은 노승과 취바리를 둘러싼 채다)
노승	비켜라!
취바리	스님!

군졸들의 칼에 쓰러지는 두 사람.

노승	네놈이 감히? …… 이럴 수가? (부사의 옷깃을 잡고 흔들며 고꾸라진다)
부사	(조소하듯 옷을 털어버리며) 나무아미타불! (군졸들에게) 자, 어서 가자!

군졸들 시체를 끌고 퇴장한다. 반대쪽에서 칼을 찬 돌무치와 강쇠 등장한다.

강쇠	돌무치, 칼을 버려라, 아무도 우리를 해치려는 자는 없다. 왜

또 피를 흘리려느냐?

돌무치 방량된 노비에게 다시 신고를 시키는 뜻은?

강쇠 호구조사를 한다지 않는가?

돌무치 그걸 믿고 있수 형님? 손바닥에 먹물을 묻혀 백지에다 찍는데? 난 어렸을 때 내 아버님이 상전의 사랑방 댓돌에서 발바닥에 먹을 묻혀 백지에 찍는 걸 봤소. 난 어려서 멋모르고 나도 해보고 싶었지만 알고 보니 아버지가 종으로 팔리는 문서였다오. 그때 아버지의 눈에서 굵은 눈물방울이 맺히는 걸 난 보았소. 그것이 내 마음 속에 한으로 맺혔는데, 그런데 이제 내 손바닥을 찍어? 못하오!

강쇠 그렇다면?

돌무치 오늘밤 쳐들어갑니다. 준비는 다 돼 있소. 우리가 싸워서 지킨 성이오. 이 충주성의 주인은 우리란 말이오. 성내의 관군의 수는 우리 별동대보다 적소. 지금이 기회요. 더 우물쭈물하다 우리는 또 팔리는 신세가 되우.

강쇠 우린 이제 양민이야.

돌무치 우리 신분도 힘이 없으면 언제 종으로 될지 모르는 거요, 형님. 힘! 이 칼이 나를 지켜주는 방패요.

강쇠 돌무치, 세상은 칼만이 지배하는 게 아니다.

돌무치 형님, 여자를 가까이 하시더니 마음이 변하셨구려? 그럼 어서 떠나시우. 내 일 방해하지 말고 아무도 형님의 명령을 들을 사람이 없을 거요. 가서 치맛자락에 싸여 계시우.

강쇠 돌무치 다시 한번 말한다. 아무도 우릴 배신하지 않았다.

돌무치 배신할 때까지 기다릴 수야 없지 않수?

강쇠	그럼, 넌 네 욕심 때문에 칼을 빼드는 것이냐?
돌무치	그렇소, 난 이대로 물러나긴 싫소. 내가 왕이 되지 말란 법이 있소?
강쇠	돌무치!
돌무치	(칼을 겨누며) 어서 가시오. 형님은 이제 우리한텐 필요없소. 방해하면, 방해하면 가만두지 않겠소. 내 칼은 이미 맛본 칼이오. 상대를 가리지 않는다구.

(지영 급히 등장한다)

강쇠	어인 일이오? 여긴?
지영	어서 피하시오. 어서.
강쇠	피하다니 왜?
지영	노비들을 잡아들이고 있소.
돌무치	뭐라구?
지영	신고 안한 노비는 잡는다 하오!
강쇠	그렇다면 노비문서가? (지영 고개를 끄덕인다)
돌무치	내가 뭐랬어? 싸움이다!
강쇠	돌무치, 내게도 칼을 다오.
지영	어쩌시렵니까?
강쇠	당신 아버지 이자헌 목사와 싸울 것이오.
지영	안 됩니다. 위험합니다. 이길 수 없습니다.
돌무치	뭐라고? 우린 이겨! 이 칼이 눈에 보여? 이때가 오길 기다려 갈고 갈았던 칼이야!
지영	(강쇠에게) 밖에 말을 준비했습니다. 피할 길이 있소.
강쇠	나더러 어디로 가잔 말이오?

지영　소녀와 멀리 가기로 하지 않았습니까?

돌무치　강쇠 형님!

강쇠　난 저들을 내버릴 수가 없소. 저들은 내 형제들이오.

지영　소녀를 버리시렵니까?

강쇠　지영!

돌무치　형님 이러고 있을 때가 아니오, 어서 갑시다.

노예군들 무장한 채 황급히 등장.

노예군　큰일났습니다.

돌무치　뭐냐?

노예군　관군이 이 지역을 포위하고 있습니다.

돌무치　뭐라구? (지영을 본다) 네가 관군을 끌고 왔구나!

지영　아니오!

강쇠　돌무치?

돌무치　(칼을 겨눈 채) 아직 피할 길이 있다고 했지? 관군과 밀통해서 강쇠만 구해 달아날 셈이었구나.

강쇠　(막아서며) 안 된다!

노예군　어서 명령을 내리십시오. 대장, 이러고 있을 때가 아닙니다.

돌무치　(부하에게) 저 계집을 인질로 해라. 이자헌 목사의 딸이다.

강쇠　돌무치! (노예들 강쇠의 팔을 뒤로 잡는다)

지영　강쇠! (소리지른다)

강쇠　돌무치! 부탁이다. 그 여자를 다치게 하지 마라. 제발! 돌무치!

돌무치 그 자도 묶어 끌고 오너라.

부하들, 강쇠를 끌고 퇴장한다.

제2부 5장

성루. 이자헌 칼을 잡은 채 싸움이 벌어지고 있는 성하를 내려다보고 섰다. 북소리와 함성 들린다. 옆에 부사 서 있다.

이자헌 (내려오면서) 더 보고 싶지 않구나. 내 평생 전쟁터에서 세월을 보냈으나 이번 싸움은 같은 편의 뒷덜미를 치는 기분이 드오.

부사 하오나 저들은 이미 우리가 예측했던 대로 반란을 계획하고 있었습니다. 저들이 다량의 무기를 은닉하고 있었던 게 그 증거입니다. 아마 관군이 미리 포위하지 않았던들 사태는 심각해졌을 겁니다.

이자헌 그러나 우리도 저들 모르게 노비문서를 만들고 있었소. 그게 필요한 것이라 한들 저들을 저렇게 몰아넣고 살육하는 타당성은 되지 못하오. 그런데 왜 저놈들은 항복을 안 하지?

부사 반란군은 악착같이 덤벼들고 있습니다. 항복한다고 해도 살려두어선 안 됩니다.

이자헌 모두 죽인단 말이오?

부사	후일의 화근을 남기지 않기 위해선 죽여야 합니다.
이자헌	부사의 몸 속에도 피가 흐르고 있소?
부사	대감!
이자헌	갑자기 누가 옳으며 누가 그른가를 판단하기 어려워져서 그러오.
부사	승리하는 자, 왕에 충성하는 자가 옳은 것입니다, 대감.
이자헌	그럴까? 그렇다면 힘을 가진 자가 항상 옳다는 말이오?
부사	그렇습니다.
이자헌	그러면 선악의 구별은 누가 하는 거요? 저들이 어제 몽고병을 물리쳤던 힘은 정의의 힘이라고 했소. 그런데 오늘 내게 반기를 드는 힘은 불의란 말이오?
부사	그렇습니다.
이자헌	그러나 그것은 같은 힘이오.
부사	어제의 힘은 충성이요, 오늘의 힘은 반역입니다.
이자헌	충성이란 건 도대체 뭐요? 왕이 신하와 백성을 묶어 놓는 구실이 아니오?
부사	대감, 말씀이 지나치십니다.
이자헌	부사, 내 말을 들으시오. 저들은 살기 위해 싸우는 사람들이오. 피땀 흘려 일한 대가를 정당히 얻기 위해 싸우는 사람들이오. 회초리에 매를 맞지 않고 사슬에 묶이지 않기 위해 싸우는 사람들이오.
부사	대감, 반란군을 두둔하십니까?
이자헌	하도 알 수가 없어 그러오. 어제 몽고군과의 싸움에선 도망가기에 바빴던 관군들이 같은 동포인 노비군과의 싸움에선 저

토록 사기가 충천하고 잔인하니 말이오.

부사 몽고군은 대군이었고 관군은 소수였습니다.

이자헌 그러나 저 오합지졸 같은 노비들이 몽고군을 쳐 물리치지 않았소? 왠지 아오? 노비들은 자신의 생존을 위해 싸웠기 때문이오. 노비에서 해방되는 감격과 면천된 기쁨 때문에. 그런데 우리는 그것을 충성이라는 이름, 질서라는 이름으로 쇠사슬로 묶으려 하오!

부사 대감, 고정하십시오. 말씀이 지나치십니다.

이자헌 모두 내게 불만인 모양이구려. 나도 잘 아오. 그대들이 나를 못마땅하게 생각하는 것도. 언젠가는 나를 치우려 들겠지?

부사 대감!

이자헌 그만둡시다. 섭섭하게 생각 마오. 대사만이 내 마음을 아오. 비록 내 관군의 직책 때문에 대사와 다투었으나 그는 나를 이해하오. 대사가 옆에 있었음 좋겠소. 그를 불러주시겠소.

부사 대감! 대사는…….

이자헌 어디에 모셔두었소. 이젠 나오시게 해도 될 거요.

부사 대사는…… 돌아가셨습니다.

이자헌 뭐라고? 대사가 죽다니? 무슨 소리요? 누가 죽였소?

부사 지난 밤 대감의 분부대로…….

이자헌 내 분부라고? 무슨 소리요? 난 대사를 죽이라고 한 적이 없소! 막으라고 했을 뿐이오.

부사 막으시라는 뜻은?

이자헌 (소리 지른다) 듣기 싫소! …… 대사가 죽다니! …… 내가 대사를 죽이다니, 오— 어찌 내 입에서 그런 말이 나왔단 말이냐?

이때 향아 황급히 들어온다.

부사　뭐냐?

향아　대감마님. 지영 아씨가…….

이자헌　아씨가 어쨌단 말이냐?

향아　아씨가 별채에 없사옵니다. 아무 데도 없습니다.

이자헌　어딜 갔단 말이냐?

향아　알 길이 없습니다. 구종별배를 다 시켜 찾아보았으나 행적이
　　　묘연합니다. 혹시…….

이자헌　혹시라니?

향아　별동대 대장 강쇠가!

이자헌　강쇠가?

향아　자주 만나신다 하옵기에…….

이자헌　내 그렇게 일렀거늘…… 알았다. 물러가 있거라! (향아 물러간
　　　다) 부사, 반란군을 지휘하는 괴수가 누구요?

부사　돌무치입니다.

이자헌　강쇠는?

부사　보이지 않습니다.

이자헌　반란에 가담하지 않았단 말이오?

부사　알 길이 없습니다. 잡기 전에는…….

이자헌　그럼, 강쇠 이 자가? 도망을?

부사　지영 아씨는 평소에 노비들과 잘 어울린다는 소문입니다.

이자헌　그게 어쨌단 말이오?

부사　그저 말씀드릴 뿐입니다.

소란해지며 군졸들, 강쇠를 잡아 끌고 들어온다.

부사   무어냐? 강쇠?

군졸   이 자가 대감을 뵈야 한다고 소란을 부려 잡아왔습니다.

이자헌   강쇠?

강쇠   대감, 싸움을 멈춰주시오.

부사   내다 베어버려라!

이자헌   가만두어라. 그놈은 내가 죽이겠다. 왜? 왜 왔느냐?

강쇠   지금 대감의 딸 지영이 저들에게 사로잡혀 있습니다.

이자헌   뭐라고, 지영이가? 지영이가 왜?

강쇠   대감 저들의 포위를 풀어주십시오. 그렇지 않으면 지영의 목
      숨이 위험합니다. 한시가 급합니다. 대감!

이자헌   그뿐이냐?

강쇠   저들을 성 밖으로 도주하게 하시면 되옵니다.

이자헌   부사, 싸움을 멈추게 하오.

부사   안 됩니다, 대감.

이자헌   내 딸이 적에게 잡혀 있다 하오.

부사   하오나 저들 반란군을 도망가게 할 수는 없습니다.

이자헌   (노기를 띠운다) 부사! 명령이오. 싸움을 멈추고 포위를 풀라
      하시오.

      부사 대답없이 군졸들과 나가 버린다.

이자헌   왜? 왜 지영이 노비들에게 잡혔느냐? 강쇠, 너 때문이지? 네

가 그 애를 꼬여냈지?

강쇠 대감, 지영은 대감의 배신을 알려주려 왔던 거요.

이자헌 (칼을 겨누며) 뭐라고, 배신? 내게 칼을 들이댄 놈들이 나더러 배신이라고?

강쇠 속임수로 다스리는 관리의 얼굴은 그렇게도 뻔뻔하오?

이자헌 닥치지 못하겠느냐?

호위 군졸, 강쇠를 후려쳐 쓰러뜨린다.

강쇠 내 입 하나를 닥칠 수 있다 하더라도 수천 수만의 노비들의 입을 막을 수는 없을 것이오! (북소리 더 크게 들린다)

이자헌 저 북소리를 멈추게 해라. 왜 싸움을 멈추지 않느냐? (성루로 뛰어올라가 본다. 군졸들 지영의 시체를 들고 들어온다)

군졸 반란군이 내던진 시체이옵니다.

강쇠 (달려가며) 지영!

이자헌 (울부짖듯) 오—! 내 딸. (강쇠에게) 그 애 몸에서 손을 떼지 못하겠느냐?

군졸들, 강쇠를 떼어낸다.

강쇠 지영은 어제까지는 대감의 딸이었으나 오늘은 내 아내요.

이자헌 (지영을 보며) 네가 왜 이렇게 됐느냐? 누가 널 이렇게 했느냐? 어제까지 초롱초롱하던 네 눈. 네 어미를 너무나 닮아서 섬짓하던 네 얼굴이 왜 이렇게 파리해졌느냐? 말을 해라.

강쇠 말하지 않을 것이오. 그 여자는 이미 아버지를 떠난 몸이오.
      그 여자는 지금 내게 말을 하고 있소. 그 몸 속에 나를 간직하
      고 있다고. 지영! 그대를 죽인 그 힘으로 나도 죽임을 당할 것
      이오! 자— 어서 내 목을 쳐라! 난 더 이상 세상에 살고 싶지
      않다!

이자헌 그래 죽여주마. 바로 네놈 때문이다. 내 딸을 죽이게 한 건 바
      로 네놈이다.

강쇠 대감, 잘못 아셨소. 내 아내를 죽이게 한 건 바로 그 아비의
      배신 때문이오. 노비문서가 지영을 죽인 것이오.

이자헌 노비문서?

강쇠 그렇소. 노비문서가 지영을 죽이고 사람들의 희망과 양심을
      죽이고 만 것이오. 노비문서가 피를 흘리게 했소.

이자헌 도대체 그 종이 조각이 무어란 말이냐? (미친 듯 호령한다) 노
      비문서를 태워버려라! 부사! 부사를 불러라!

      부사, 판관, 기타 장수들 등장한다.

이자헌 부사, 노비문서를 태워버리시오. (아무도 움직이지 않는다) 내
      말 들리지 않소! 명령이오! 노비문서를 태우시오!

      부사 이하 칼을 든 채 조용히 이자헌에게 다가간다.

부사 대감! (찌른다)

이자헌 부사? ……아 ……!

이자헌 길게 비명을 지르며 쓰러진다. 강쇠 껄껄거리며 웃기 시작한다. 미친 것 같다.

부사 그놈을 하옥하되 심문한 후 반란군과 같이 처형하라. 그리고 충주성 목사 이자헌은 반란군을 진압하다 장렬한 최후를 마쳤다고 나라에 장계를 올려라. 이자헌 목사와 그의 딸 지영의 장례식은 반란군의 처형이 끝난 후 성대히 거행하라.

강쇠의 미친 듯한 웃음소리 속에 코러스 등장.

코러스 길은 있으되 어디에나 없는 것이오. 그 뜻은 있으나 그 뜻이 남지 못하리로다. 남지 못하리로다.

강렬한 북소리와 함께 막.

너도 먹고 물러나라

등장인물 ───────────

박판수 (40세) ─ 장님, 사설광대

毛調利(모조리)네 (30세) ─ 許可林(허
가림)의 처

朴판수―이때는 사설광대―혼자 풍채 좋은 걸음새로 지팡이를 집고 긴 담뱃대를 흔들며 기세 좋게 놀음판에 등장한다. 헛기침 하며 좌중을 둘러보고.

사설광대 청계천이 흘러나가는 왕십리 살꽂이 다리 근처 어느 오밀조 밀한 골목 동네에 朴판수라는 장님이 있는데 이 자가 굿과 安 宅에 능할 뿐더러 잡소리와 짓꾼에도 능난해 동네 아낙은 물 론이려니와 멀리는 국회의원 마나님네는 고사하고 모모하는 장관까지 들락날락거리는 판인데 요즘은 어쩐 일인지 손님이 뜸해. 여하간 오랜 판수질로 땅날갈이나 장만하고 제법 큰소 리치고 사는 터이나 한 가지 나이 사십이 들도록 날총각이라. 아무리 장님이긴 하나 어찌 쓸쓸한 마음 떠날 때가 있으리오. 알대로 다 아는 朴판수의 터만 남은 두 눈은 언제나 군기침을 따라 검벅이는 것이렷다. 어느 날 花朝月夕에 春困을 못 이겨 꿈 절반, 生 절반 끌득이고 앉았노라니.

朴판수, 장님의 모습을 짓는다. 눈을 감았다 떴다 희번덕거리고 손으로 바닥을 더듬어 재털이를 찾아 담뱃대를 턴다.

朴판수 아― 날씨도 얏사이 따뜻하다. 이 무슨 소리냐? 후후훅, 벅 궁, 꼬꼬약, 꺽, 푸드득, 솟적다, 떵그럭, 비비즉, 부러귀갑족, 으흥, 접동이는 산새소리요, 휘휘, 우루렁, 출렁풍풍, 뒤질러 좍르르, 컬컬 흐르는 소린 물 흐르는 소리라. 내 비록 장안 골 목 봉당에 앉았으나 기차 소리, 자동차 소리, 개 짖는 소리,

장사치 고함소리, 제 계집 주어패는 소리, 온갖 악쓰는 소리를 새소리쯤으로나 알고, 청계천 꾸정물 흐르는 소리, 수세식 변소물 흐르는 소리, 벌통만한 요강에 좔좔 오줌누는 소리를 산간 폭포수로나 알면 족하려니 아무리 산새소리 물소리가 좋다하나 옥반에 담은 구슬 같은 계집의 말소리만 못하구나. 휴— (한숨쉰다. 망연히 앉았다가 깜박 고개를 떨어뜨린다) 아뿔싸 이게 무슨 징조냐? 까치가 오줌을 누는 꿈을 꾸었으니 소식이 오긴 올 텐데 좀 지저분한 소식이렷다. …… 끌, 끌, 끌, (개 부르는 소리를 내고는 개가 앞에 온 듯) 너야 봉당에 엎디려 있거라. 누가 오면 짖기만 하여라. 내 옷 좀 갈아입으마. 끌끌 끌……. (개가 엎드려 있는 듯 대견한 표정을 짓는다. 엉금엉금 바지를 벗으려는데 모조리네 간드러지게 등장한다)

모조리네 판수님 계시오?

朴판수 (얼른 바지를 반쯤 추기며) 거 누구요?

모조리네 아이고 아자씨 날 모르겠어요? 나 바로 요 앞 명월옥에 있던 모조리네요.

사설광대 (눈을 끔뻑이다 바로 뜨면 해설자로 변한다) 모조리네라는 그 소리, 일념에 사무치던 목소리 분명커늘 떴다 공중에 떨어지며 버선발로 마주 나가 두 손을 부추잡고.

실제로 반가워하며 뛰어 나간다. 모조리네 손을 떡 주무르듯 움켜쥐는 동안 다시 장님으로 변한다.

朴판수 이게 웬일인가? 살아있네그려. 어서어서 방으로 들어갑세.

그 동안 살도 통통이 쪘구만, 이리 앉게. 담배 피던가? (더듬 더듬 담배를 찾아준다)

모조리네 담배 끊었어요.

朴판수 그럼 이 가래엿 좀 먹지. (엿을 짤라주는 시늉을 한다)

모조리네 에이, 요새 누가 엿을 먹나요?

朴판수 안 먹어? 그럼 쪼코렛트만 먹나?

모조리네 (미처 올리지 못한 고이춤을 잡아 당기며) 아자씨 웬 바지를 배꼽 아래 걸쳤어요?

朴판수 (황급히 올려매며) 아, 그래 모조리네 요즘 어디 있나?

모조리네 시집갔지요, 뭐.

朴판수 (실망) 시집? 에이, 그런 덴 뭣하러 가?

모조리네 원 참, 뭔 소리에요?

朴판수 아, 아니야. 그래 재민 좋구?

모조리네 좋긴요 뭐, 고생이지요.

朴판수 고생할 걸 뭣하러 가? 명월옥에 그냥 있지. 가끔 나도 좀 찾어가 보게.

모조리네 어휴, 밤낮 기생 노릇만 할 수 있어요? 주인 노릇 좀 해야지요.

朴판수 암, 그래 지금은 잘사는갑다. 옷을 좋은 걸 입었구만. (더듬는다) 그래 영감은 뭘하는 사람인고?

모조리네 뭐, 그냥 청계천변에 삘딩을 갖고 있는 사람이에요.

朴판수 삘딩?

모조리네 한강 이남에 논밭 갖고 있다, 고속도로 바람에 벼락부자가 됐다나요?

朴판수 아주 잘됐구만.

모조리네 말도 마세요. 아주 날가루 같은 집이에요. 돈 때문에 밤낮 애비 자식이 이놈 저놈 쌈질인걸요?

朴판수 가만— 가만있자, 아들이라니?

모조리네 전 소실이에요.

朴판수 소실?

모조리네 작은댁 말이에요. 첩이요, 첩.

朴판수 첩? 쯧쯧…… 아 왜 잘 나가다가 그렇게 됐지?

모조리네 사는 게 다 뭐 그렇고 그런 거 아니겠어요? 뭐니뭐니 해도 돈이 사람 죽이고 살리는 요물이니까요.

朴판수 (아까운 듯) 돈 같으면야 쯧쯧…… 나도 있는데.

모조리네 그렇지만 아자씬 두 눈이…… 아이 미안해요.

朴판수 (헛기침) 으흠 그래 오늘 날 찾은 건 어인 일인가?

모조리네 저— 영감이 다 죽게 생겼어요.

朴판수 아니 왜? 병이 들어서?

모조리네 병두 오주잡탕 갖가지 병이 겹쳤대요. 돈냥깨나 만진다구 이 양반이 할 짓 못할 짓 다 하다 보니 푹 곯아서 병이 도졌대나요? 뭐라더라? 풍두통 편두통에 수전증 겸하고, 둔종 치질에 탈항증 겸하고, 가랫톳 학질에 수종을 겸하고, 발바닥 독종에 티눈을 겸하고, 협통 요통에 등창을 겸하고, 임질 매독에 월남병 겸하고, 황달 흑달에 고창질을 겸하고, 울화 허화에 물조갈을 겸해 사지가 굽도 접도 못하게 됐어요.

朴판수 허허, 그럼 약을 좀 쓰지 그랬어?

모조리네 말두 마세요. 돈으로 구할 수 있다는 약은 다 써봤어요. 인삼 녹용에 우황 청심환, 당귀 대황에 고암심신환, 박하, 사향에 가미지 황환, 산약 감초에 형방패독산, 사물탕 육미탕에 십전대보탕 나중에는 지렁이즙, 우렁탕, 오줌찌끼, 월경수, 거머리, 메뚜기, 올빼미 안 써본 게 없어요.

朴판수   허— 그럼 양약을 좀 써보지?

모조리네   그래도 이 분이 옛날 분이라 곧 죽어도 주체의식이 있다고 양약은 싫대요.

朴판수   아, 이 사람아, 페니실링도 보세가공한 국산품이 있다는 걸 몰랐나?

모조리네   하여간 영감 고집에는 당할 재간 있어야죠? 주사기만 봐도 눈을 아래 위로 흽뜨고 도리질을 하는데 원, 내버려 뒀지요 뭐.

朴판수   그럼 침이래도 맞혀 보지 그랬어?

모조리네   금침, 은침, 백금침, 구리침, 대침, 스텐레스침, 뭐 만신을 안 쑤셔 본 데가 없어요. 그러니 이젠 병에 곯구 침에 곯아서 죽게 생겼어요.

朴판수   허허, 거 잘됐다.

모조리네   뭐, 뭐라구요?

朴판수   아니, 참 안됐다고 했어.

모조리네   그러니 영감이 죽으면 난 꼼짝없이 본마누라에다 그저 눈이 씨빨개서 애비 죽기만 바라는 아들 녀석한테 쫓겨나기 쉽상 이에요.

朴판수   에이, 쫓겨나면 나한테 오지.

모조리네   어머 어머? 아자씨도, 농담도 참 재미있으셔…… 그럼 아자씬 여태 없어요?

朴판수 없다니? 뭐 총각도 월경한다냐?

모조리네 호호…… 징그러워라. 총각이라 말고 홀애비라 하세요. 남 듣기도 좋게.

朴판수 그래 그래. 홀애비과에 속한 총각이다. 이럼 됐나?

모조리네 그럼 아자씬 그 맛도 아직 모르시겠네요…… 호호.

朴판수 그 맛이라니?

모조리네 왜 있지 않아요? 새큼한 그 맛?

朴판수 코카콜라 말인가?

모조리네 새삼스레 코카콜라는 무슨 코카콜라예요? 고만둬요! 어휴 내가 지금 무슨 소릴 하고 앉었지? 영감 땜에 왔으면서…… 그래서 말이에요. 하도 답답해 화투짝을 떼보니 아 매조가 떨어지지 않겠어요? 그래서 아자씨 보러 왔지요 뭐.

朴판수 허— 매조가 떨어져 내 생각이 났어? (혼잣말) 그럼 그렇지, 내가 눈은 좀 멀었다만 신수야 훤한게 잘생겼지. (모조리네에게) 그래 날보러 일부러 왔단 말인가? 이리 가까이 앉게.

모조리네 명월옥에 있을 때 아자씨만 오시면 모두 얼마나 좋아했다구요.

朴판수 으흠…… 내가 뭘?

모조리네 그래서 점이나 한번 쳐볼까 하고요.

朴판수 (실망) 뭐— 점쳐보게?

모조리네 복채는 듬뿍 드릴게요.

朴판수 고만두게, 내가 모조리네한테 돈 받게 생겼나?

모조리네 그래도 공사(公私)는 분명히 해야죠. 공은 공이고 사는 사

아니에요?

朴판수   앗다, 장님 점치는데 공(公)이란 말 처음 듣는다. 모조리네 아마 임오년 생이지?

모조리네 예, 잘도 기억하시네요.

朴판수   암 알다말다. 생월 생시는?

모조리네 음력 2월 6일이에요.

朴판수   이월육일, 영감 나이는?

모조리네 73살.

朴판수   (따져보며) 기해년이구만. 어휴 지긋지긋이 오래도 살았다. (산통을 흔든다) 天何言哉시며 地何言哉시리오마는 卬之卬應하나니 夫大人者는 與天地 合基德하며 與日月合基明하며 與四時合基序하며 與鬼神合合基吉凶하시니 신기영이다. 감히 수통언 하소서. 서 금우 임오 이월갑자삭 초육일생 여인 모시 謹伏問 家父기해 생신 (모조리네에게) 영감 이름이 뭣이라?

모조리네 許可林이요.

朴판수   뭐 혀를 갈러? 하, 이름 하나 고이하다. (계속해서) 기해 생신 허가림 우연 득병하여 다 죽게 생겼으니 복걸정신은 勿鄙卦爻 신명소서 신명소서.

하나, 둘, 셋, 넷, 산통을 얼른 빼어 만져본다.

모조리네 무슨 괘가 나왔어요? 왜 그렇대요?

朴판수   쉬—

모조리네 엇다, 애기 오줌 누이나? 쉬— 하게.

장님, 산통을 네 개 꺼내 만져 본다.

朴판수 허허…… 모래밭에 거북이 뒤집어진 상인데 바로 설려고 해
      도 땅이 짚히지가 않는구나.

모조리네 무슨 뜻이에요? 그게?

朴판수 거북이는 자네 영감이고 땅은 바로 모조리넨데, 땅이 모래밭
      이구만.

모조리네 좀 구체적으로 말해 줄 수 없어요?

朴판수 영감은 고사하고 모조리네 복구녕을 누가 꽉 막고 있어. 지금
      은 호사하여 좋을지 모르나 곧 가뭄이 오고 환란이 닥칠 징조
      다, 이 말씀이야.

모조리네 벌써 닥치고 있어요. 그러니 어쩌면 좋아요?

朴판수 낸들 아나?

모조리네 (애가 타서) 아자씨 아자씨가 모른담 누가 알겠우 아자씨야
      말로 한양지간에 둘도 없는 족집게 장님으로 소문 높으신 어
      르신네 아니시우?

朴판수 글쎄, 그렇다고 남들이 수군수군하더군.

모조리네 그러니 제 액운 면할 길만 찾아주시면 내 아자씨 하자는 대
      로 할게요, 예?

사설광대 (눈을 번쩍 뜨며 사설광대로 변한다) 하자는 대로 하겠다는 모
      조리네의 이 말에 귀가 번쩍 뜨인 朴판수, 계집 좋단 말만 들
      었지, 실인 즉 실제 경험은 없는 터이라, 짜르르 동백 기름에
      다 신식 향수를 섞어 바른 모조리네의 야릇한 살내에 엇찌 말
      치 못할 생각이 없으리오. 은근히 엉덩이 한번 디밀며 손을

잡고 말하는 것이렷다.

　　　　모조리네에게 가까이 가 손을 부여잡으면 장님이 된다.

朴판수　모조리네 그럼 내 말대로 하게나.

모조리네　뭣이요. 아자씨? 말씀만 해주세요.

朴판수　액운을 면할 굿을 해야 하는데 예부터 굿청이란 정결해야 하
　　　　는 법이여. 첫째, 목욕을 해 몸을 정결케 하고.

모조리네　그건 염려 말어요. 오늘 아침에도 훗물 쳤으니까요.

朴판수　잘했네 그려.

모조리네　아, 뭐 집안 목욕탕에 더운물 찬물 좔좔 나오는데 안 해요?

朴판수　둘째, 마음이 정결해야 된다고 했어. 거짓말 말아야 하며 맘
　　　　속에 꺼림칙한 건 모두 굿하기 전에 툭 털어놓아야 된다, 이
　　　　말씀이야, 내 말 알겠나? 뭐든 가슴에 짚이는 건 하나도 빼지
　　　　말고 낱낱이 일르게. 하늘이 우중충하니 구름이 끼였는데 잔
　　　　뜩 맥혀 있어. 후련히 터지면 비가 내릴 것인즉, 땅이 젖으면
　　　　거북이 바로 설 수 있다, 이 말씀이야.

모조리네　꺼림칙한 일이 어디 한두 가지여야 말이죠? 이렇게 손을 잡
　　　　힌 것도 꺼림칙한데.

朴판수　(얼른 손 놓으며) 으흠.

모조리네　(생각에 잠긴 얼굴이다) 시작할게요. 열세 살 땐데요. 내가 처
　　　　음 그게 있던 날 얼마나 꺼림칙했는지.

朴판수　허어— 어렸을 때 얘기가 아니구 철들어서 생긴 일이야.

모조리네　난 철이 일찍 들었어요. 아자씨 사실은 열여섯에 시집을 갔

는걸요?

朴판수 그랬어?

모조리네 명월옥에서 술상 심부름할 땐 아자씨도 날 처녀 줄 알았지요? 다들 그렇게 알았으니까요.

朴판수 첫 서방은 어떻게 하고?

모조리네 우리 친정이 오죽이나 가난했어요? 시집 쌀 좀 빼돌리다 시에미한테 걸려 되게 터졌지 뭐예요? 화가 나서 견딜 수가 있었어야지요. 시에미 이불에다 똥을 한 바가지 퍼붓고는 내뺐어요. 참— 빨래하느라 고생깨나 했을 거예요. 히히…… 재밌어…… 그래두 날 꽤나 좋아했던 서방을 버린 게 꺼림칙해요. 바보긴 하지만 아주 착했어요.

朴판수 그래서 온 데가 명월옥이구만?

모조리네 예, 서울이란 데가 참 요지경 속이더구만요. 될 일도 안 되고 안될 일도 되는 데가 서울이란 데 아니에요? 더구나 명월옥이란 덴 별천지데요. 아자씨도 아시겠지만 사장족, 돈 많은 장사치, 은행원, 공무원, 의사, 변호사, 검사, 대학교수, 별의별 잡것들이 다 오는 데가 아니에요? 술만 먹으러 오는 데가 아니라 별의별 요사스런 일들이 다 벌어지더구만요.

朴판수 이른바 비밀 요정이로구나.

모조리네 참, 처음 와보니 서울 가시나들 되게 예쁘더라. 각시같이 똑따먹게 예쁜 계집은 다 모아 놓은 데가 거기예요.

朴판수 내 드나들며 점을 쳐봤다는 청상살이 겹겹이 끼인 여자들이 많더구만?

모조리네 청상살이 뭐예요?

朴판수 과부될 상이란 말이야.

모조리네 생과부나 다를 바 없지요. 그래도 언니들 오죽이나 예쁜 줄 아세요? 영화배우, 탤런트, 여대생 하여간 예쁜 계집은 다 그런 데 모아 놓았다니깐요. 참, 그 사이에 끼어 구박도 받고 고생깨나 했어요. 겨우 전 술상 심부름이나 해줬으니까요.

朴판수 그랬었지……

모조리네 그런데 어느날, 정말 사람팔자 시간 문제데요? 아자씨, 무슨 무슨 기업체의 비서관이라나요? 유독 나한테 눈독을 들이지 뭐예요. 몸매가 좋고 참신하대나요? 아마 날 숫처녀쯤으로 알았는가 봐요.

朴판수 거 대충대충 요점만 말할 수 없을까?

모조리네 총각인데 아주 돈두 잘 쓰고 멋쟁이에요. 주머니에 수표만 잔뜩 넣고 다니는데 정말 반할 만하데요.

朴판수 그래서?

모조리네 하루는 그 미스타 강인가 하는 비서관이 웬 은행 중역하고 왔어요. 헌데 마담이 날더러 단장하고 상머리에 가서 시중들라더군요. 내 팔자는 거기서부터 피기 시작했어요.

朴판수 얼씨구? 거기서부터 시작이야?

모조리네 아자씨, 내 이왕 털어 놓은 김에 속시원히 모조리 말할게요. 정말 누가 내 얘길 연속극으로 써도 될 만한 얘기예요.

朴판수 이거 장장 한 식경 걸리겠다.

모조리네 하여간 그 사람 덕택에 변슨가 하는 거 타 봤어요.

朴판수 뭐, 변소를 타?

모조리네 차, 말이에요. 변스, 번스라던가? 벤스? 맞어! 벤스예요. 좋

드구만요. 코로나 택시 같은 건 댈 게 아니에요. 아자씬 못 타
봤죠? 차 안에 없는 게 없어요.

朴판수   좋은 얘기 이제 고만하고.

모조리네 좋은 얘기 다음에 나쁜 얘기 나오는 게 순서 아니에요? 별로
나쁜 것도 없지만…… 그런데 이 미스터 강이 총각이데요?
하여간 일주일 걸러 만큼씩 출장이라고 날 데리고 다니는데
정말 방방곡곡 안 가본 온천 없어요. 무슨 출장을 온천으로만
가죠?

朴판수   허허…… 이게 얘기가 빗나간다.

모조리네 글쎄 제 말 들어요. 그러다 나중엔 나를 제 친구들한테 소개
하지 뭐예요? 모두 한 몸 한 뜻이라나요? 그러니 나더러 친구
들하고 온천을 가라는 거예요. 뭐 비슷비슷한 사람들이에요.
돈도 잘 쓰고, 따라갔지요. 뭐, 내가 뭐 말뚝 박았나요?

朴판수   허허…… 이거 듣기 점점 거북해진다.

모조리네 말씀 마세요. 글쎄 한번은 친구가 일본 사람이라나요? 아자
씨 차관이 뭐예요, 차관?

朴판수   차관? 차관이…… 차관이지 뭐.

모조리네 뭐 그 차관 땜에 나더러 왜놈을 관광시키라나요? 아휴— 꼭
쥐새끼같이 생겨갖곤 살살거리고 해롱대는데 정이 뚝 떨어지
더구만요. 그래도 우리 언니들은 외국 사람이라면 되게 좋아
하더라. 벨빠진 년들! 퉤!

朴판수   에이 침 튄다. 좀 살살 얘기하게.

모조리네 하여간 말씀 마세요. 풍성풍성 돈 한번 잘 써봤지요. 좋드만
요.

朴판수   이거 뭐 돈 쓴 자랑하러 왔나?

모조리네   아자씨, 그런데도 뭔가 꺼림칙하고 자꾸 죄스러운 생각이
　　　　　 들더구만요. 왜 그럴까요?

朴판수   낸들 아나?

모조리네   그러저럭 세월 가는 줄 모르게 지냈죠. 이러다 어물어물 나
　　　　　 이도 들고 신세 조지겠구나 싶어 굵직한 놈으로 하나 골라 잡
　　　　　 기로 했어요.

朴판수   지금의 영감?

모조리네   아니에요. 지금 영감은 한참 뒤예요.

朴판수   그 얘기 차례대로 다 듣다간 날새겠다.

모조리네   대충대충 할게요. 무슨 설탕공장인가 하는 사장인데 되게
　　　　　 강짜가 심해요. 옴짝달싹 못하게 가두어 놓고는 본마누라 집
　　　　　 엔 드문드문 가는데 나야 할 일 없으니 낮에는 화투짝이나 떼
　　　　　 고 밤이면 텔레비전에 재미를 붙이게 됐지요. 거 뭣인가 연속
　　　　　 극 ‘아씨’ 보셨수? 재미있지요? 참 내 정신 봐, 장님이니까
　　　　　 못 봤겠구만.

朴판수   으흠…… 말끝마다 장님소리 쏙 빼지 못하나?

모조리네   미안해요. 글쎄 텔레비전 보다 밥 태우기 일쑤고, 어느 날은
　　　　　 다리미질하다 정신이 없어 옆에 누운 그이 넙적한 손바닥이
　　　　　 다리미 받침인 줄 알고 놓아버렸지 뭐예요? 호호…….

　　　장님, 제 손에 다리미가 놓인 듯 움찟 몸짓한다.

모조리네   뜨거우세요?

朴판수 빌어먹을, 아 대래미를 손에 놓았는데 안 뜨거워?

모조리네 호호…… 그래두 날 좋기만 하대요.

朴판수 암— 좋지.

모조리네 예?

朴판수 아, 아닐세, (혼잣말) 그놈 텔레비 때문에 정신이 없구나. (모조리네에게) 어서 계속하게.

모조리네 한동안은 지낼 만했지요. 그런데 이 영감이 수입합네 하고는 뒷구녕으로 밀수를 하다 걸려 영창에 가버렸지 뭐예요? 다이아니 시계니 하는 거 좀 내게 남겨놨지만…… 집은 홀라당 했어요. ……참 아자씨, 내가 지금 생각하니 아주 큰 잘못을 했어요.

朴판수 뭔데?

모조리네 사장 영감 잃고는 한시도 사내가 없음 못살겠드구만요, 그래서 옛날 비서관인가 하는 사람 찾아갔지요 뭐. 마침 양가집 규수와 선을 봐 장가를 들라고 그르드구만요. 색시도 봤어요. 대학을 나왔다나요? 아주 부잣집 딸인데 이쁘게 생겼드구만요. 은근히 약도 오르고 해서 색시네 집에 찾아가서 지난 얘길 한바탕 다 불었어요. 거짓말 좀 보탰지요. 뭐 나하고 살림 차렸었다고.

朴판수 저런! 그런 몹쓸 짓을 해?

모조리네 왜 나만 나뻐요? 지가 뭔데? 총각으로 좋은 자리에 있다고 세상 계집은 다 제것인 양 주물럭거리는 녀석들이 죽일 놈이죠.

朴판수 허— 제 몸 추스르지 못한 건 생각 못하구.

모조리네 누군 춘향이가 되고 싶지 않은가? 돈에 환장한 요놈의 세상 때문이지. 아자씨 안 그래요? 돈 없음 못하는 세상 아니에요? 물질문명이란 게 바로 그런 거 아니겠어요?

朴판수 이거 모조리네 모르는 게 없구만.

모조리네 세상에 안 겪은 일이 있어야죠. 그래서 제 이름도 모조리 아니에요? …… 그러다 참, 기막힌 사람 만났어요.

朴판수 뭐, 귀머거리? 눈은 뜨구?

모조리네 참 아자씨두…… 젊은 대학생인데, 글쎄 내가 요정에 있는 여잔 줄 모르구…… 지금 생각해두 (울먹이며) 이게 아마 참 사랑인가 뭔가 하는가 봐요? 잊혀지지 않아요. (훌쩍)

朴판수 뭘 어떻게 했게 잊혀지지 않느니 뭐니, 이렇게 유행가조로 앵두를 따노? 돈을 뜯겼나?

모조리네 그렇게 저속한 말씀 마세요. 진짜 나서 처음 사랑을 해 봤다니까요. 그저 자꾸 잘해주고 싶고 안아주고 싶고, 그저 멀찌감치 그 학생만 봐도 가슴이 두 방망이질을 하고 그냥 막 얼굴이 붉어지고, 기다려지고…… 글쎄 내가 요정에 있는 줄도 모르고 꼬깃꼬깃한 돈 500원을 만들어 가지고 와선 나를 만나고 싶어해요. 참 가난한가 봐요. 겨우 둘이 60원짜리 가락국수를 먹는 게 어찌 그리 맛이 있는지, 정말 나도 모르겠어요.

朴판수 원, 이거 남의 연애담 듣는데 울화통 터져 어디 살겠나?

모조리네 그 학생은 달러요. 정말 달렀어요. 내가 유식한 줄 알고 민족이니 정의니, 그런 얘길 곧잘 했어요. 정말 학생은 남을 생각하는 사람이에요. 사람을 돈으로만 어림할 게 아니더구만요. 장래 훌륭하게 될 사람이면 되지 않아요?

朴판수 누가 안 된다고 했남?

모조리네 그런데 뭐 무슨 데모를 했다고 그러든가? 그러구선 당최 뵈질 않아요.

朴판수 어딜 갔게?

모조리네 그걸 누가 아나요. 전 정말 뜬눈으로 밤을 새운 날이 많았어요. 창밖에 발자국 소리만 들려두 가슴이 덜컹 내려앉고, …… 그인 오면 창에다 돌멩이를 던지곤 했어요. 그런데 아자씨 부조리가 뭐예요?

朴판수 부조리?

모조리네 예, 그 학생이 늘 부조리 부조리 어쩌구 했는데 당최 알아들을 수가 있어야죠? 전 그냥 그 학생 얼굴만 봐도 흐뭇했으니까요.

朴판수 부조리라? (모른다) 그게 아마 조리하고 어떻게 되는 거지? 나이롱 조린가?

모조리네 하여간 여태 무소식인 걸 보니 부조리 먹구 죽은 모양이에요.

朴판수 원, 거 괴상한 사람이구만. 요즘은 조리 없어도 쌀에 돌멩이가 없어 밥해 먹기 괜찮은데…… 조리 안 써서 큰 돌 먹고 죽었나?

모조리네 아무리 배 고프다고 그런 걸 왜 먹죠?

朴판수 그래서 어떻게 했어?

모조리네 그게 전부예요.

朴판수 으음, 그래 지금 영감의 작은댁으로 들어갔구만?

모조리네 예, 뭐 십 층 삘딩을 가졌다기에 더 볼 게 없다 생각해
서…….

朴판수 잘했구만 그려. 고만 좀 훌쩍이게. 콧물 떨어지겠네, 아침 내
내 닦은 마른데…….

모조리네 그런데 그 영감은 죽게 생겼구 스물 일곱 살 먹은 아들 놈은
틈만 보이면 날 집적거리고…… 뭐 그 동네는 우아래도 없나
봐요. 그래도 내가 명색이 제 작은엄만데 부른다는 게 "미쓰
모"예요.

朴판수 헛허…… 그 집 아주 근대화 됐군.

모조리네 삘딩이라는 게 명색이 호텔인데 온갖 잡놈, 잡년들이 낮이
고 밤이고 가리지 않고 들락거리는 고런 도깨비굴 같은 날림
집이에요. 엉터리로 지어서 언제 무너질지도 모른대나요?

朴판수 영감이 죽으면 모조리네한테도 한몫 오겠구만?

모조리네 그러니 문제 아니에요? 인사불성인 채 곧 죽게 생겼으니 말
이에요?

사설광대 (사설광대로 변하여) 장장 이 모조리네의 일장 과거지사를 모
조리 들어본 朴판수 하염없고 쓸쓸하기만 했던 제 사십 평생
을 비겨보며 눈이 먼 제 신세 한탄해 봤자 말짱 헛거! 다시 산
통을 꺼내 흔들어 보는 것이었다.

중얼중얼하며 산통을 흔들며 장님이 된다.

朴판수 (경 읽듯) 千手千眼 觀自在 菩薩 廣大圓滿 無涯大悲心 신묘장
구대다라니나무라 다나다라, 남막알약 바로기제 사바라 도로

도로 못자못자 龜水成造, 원씨천존, 南方 火帝聖君, 西方金帝

聖君, 太乙仙君 점지하여 주옵소서 急急如律令 사바아……

(산통을 빼본다) 허— 이게 무엇인가? 원숭이 목매단 상이니

"似人非人이요 似生非生이라. 사람 같기는 하나 사람이 아니

오. 살아 있으되 살아 있는 게 아니라" 고약하다. (모조리네에

게) 모조리네 이게 무슨 소린지 짚이는 게 없소?

모조리네 서방을 하두 갈아치웠으니 그런 괘가 나온 게 아니겠우? 지

금껏 다 얘기한 게 왜 또 나오지요?

朴판수 아니야, 서방이야 제 물에 간 거지? 또 서방들이야 사람 아닌

가? 사람 같기는 하되 사람의 형상이 아니요 살아 있으되 살

아 있지 않은 것.

모조리네 (놀라고 가슴 섬뜩해) 아자씨! 내 잊은 게 있어요. 아주 큰 죄

가 있어요! 아휴 그래서 이렇게 털어놔도 가슴이 뭉친 듯 답

답하구만요.

朴판수 뭔데? 사람 놀라게 하지 말구 말해 보게.

모조리네 내가 죽일 년이지! 그저 나 살 생각만 하고…… 학생이 늘

그랬어요. 남을 위해 살 줄 알라고…….

朴판수 앗다. 학생 얘기 고만하고, 그래 무슨 일이 있었나.

모조리네 작년 여름껜데요, 어린애를 밴 적이 있어요.

朴판수 허— 그랬어? 누구 앤데?

모조리네 그 비서관 친구일 거예요.

朴판수 누군지도 몰라?

모조리네 막연하게 짐작은 그럭저럭 가는데…… 제가 실수했지 뭐예

요.

朴판수　실수라니?

모조리네　문득 길러보고 싶은 생각이 나지 않아요? 그래서 낳기로 마음먹었죠. 뭐가 씌었나 봐요.

朴판수　그래서?

모조리네　그런데 그 애비 될 사람이 모른다는 거예요. 자기 아인 줄 뭘루 증명하느냐 그 말이에요. 뭘루 증명해요? 정말!

朴판수　그래서 애는?

모조리네　낳았어요. 떼긴 너무 늦었구.

朴판수　잘했네. 그래 그 애는 지금 뭘 하지?

모조리네　낳고 생각하니 괘씸하고 억울하고 혼자서 기를 생각을 하니 앞이 캄캄하고 막막하지 뭐예요. 그 학생 애였다면 무슨 짓을 하든 길렀을 텐데…….

朴판수　앗다, 거 오매불망 잊지도 못한다.

모조리네　제 애비도 모른다는 애를 길르면 뭘 해요? 내 나이도 아직 창창한데…… 정말 이젠 시집도 가야겠고, 애딸린 사람 누가 좋다고 하겠어요?

朴판수　그래서 앤 어떻게 했나?

모조리네　내가 죄 받아 싸지! 죽어 마땅해요. 아자씨, 벼락은 왜 날 비켜가지요.

朴판수　앗다, 이미 저지른 일 엄살 고만 부리고 속 시원히 털어놔 보게.

모조리네　어휴, 내가 눈이 멀었지. 내가 정신이 홀라닥 뒤집혔지, 그런 짓을…… 내가 어떻게 그 일을 잊어 버렸지?

朴판수　(담뱃대로 탁탁 소리내며) 아— 거 신경질 나네.

모조리네 (찔끔해서) 내다 버렸어요.

朴판수 버려? 어디다?

모조리네 (빨리, 뱉듯이) 저 왕십리 청계천변 웅덩이에 내다 버렸어요.

朴판수 뭐야? 죽었단 말인가?

모조리네 지금쯤은 죽어 썩었겠죠, 뭐.

朴판수 아니, 그럼 산 애를 내다 버렸단 말인가?

모조리네 그냥 눈 딱 감고 포대기 채 던져 버렸어요. 사흘밖에 안 된 애예요. 더 품고 있다가 정들면 이도 저도 못하겠기에 남의 집 대문간에 놓을까도 생각해 봤지만 이게 구박덩이로 갖은 고생 다하고 자랄 걸 생각하면 평생 핏줄이 당기겠기에 아예 없는만 못하다 생각해서…… 잘했지요 뭐. 이깟 세상…….

朴판수 쯧쯧…… 몹쓸 짓이로다. 그럴 수가 있는가?

모조리네 그게 말이에요. 아들이면 놔뒀을 거예요. 아무데서나 멋대로 자라도 상관없으니까요. 그렇지만 계집은…… 내 신셀 생각하니…….

朴판수 허어— 불쌍한 어린 목숨 비명에 죽었으니 지하에 맨띠 없고 인간에 주인 없어 원통히 죽은 혼이 허공을 헤매니 似生非生이요, 난 지 사흘밖에 안 됐으니 사람 형태나 제대로 됐는가. 似人非人이란 점괘가 나오는 게 당연하도다. 여보게 모조리네, 이 혼을 위로하지 않으면 영감은 고사하고 앞으로 자네 손목 한 번 잡은 놈, 눈흘레한 놈, 치맛자락이라도 설친 놈은 모조리 결단내고 말걸세. 나만 빼고.

모조리네 그럼 어쩌지요? 아자씨, 굿을 할까요? 예?

朴판수 아이 버린 지 얼마나 되나?

모조리네 한 반 년 되나봐요.

朴판수 그럼 찾기 어렵겠다. 찾아야 쓰는데, 형상이라도 비슷하게 남아 있으면 양지 바른 곳, 터 좋은 곳에 묻어주고 죽은 혼이라도 위로하면 귀신인들 감동하지 않겠나?

모조리네 아자씨, 그 웅덩이 아직 있어요. 내 봤어요. 한번 속는 셈치고 찾아봐요. 네? 살꽂이 다리께라 에서 멀지도 않아요.

朴판수 나보고 찾으라고?

모조리네 아자씨, 그저 날 살리는 셈치고 같이 가 주시지 않겠어요? 한 번만 수고 좀 해주세요 네? 계집의 몸으로 아무리 독종이라고 한들 어찌 혼자 그곳에 가겠어요?

朴판수 가만있자. 생각 좀 해 보고…….

모조리네 생각은 무슨 얼어죽을 생각이에요? 조금 일어나서 걷기만 하면 되는데, 예? 아자씨. (아양이 철철 넘친다)

사설광대 (큰 기침하며 못 이기는 체 일어난다. 해설자로 변한다) 이리하야 朴판수와 모조리네는 앞서거니 뒤서거니 요리조리 골목길을 찾아 웅덩이 있는 곳으로 향해 가는데, 가는 모양이 가관이렸다. 朴판수야 원래 장님으로 지팡막대 짚고 어기적거리는데.

실제로 어기적거리며 장님걸음을 걷는다. 모조리네는 두리번 거리며 관객과 눈이 마주치면 샐쭉 웃는다.

사설광대 (해설) 이 모조리네, 예부터 하던 버릇은 있어 잠시도 눈을 한군데 붙이지 못해 제 지금 가는 곳도 생각 못하고 그저 좀 생겼다는 사내라 하면 삥긋 눈웃음을 치고는 엉덩이를 휘둘르니 어느 잡놈인들 그냥 지나칠손가. (모조리네, 관객 중 한 사내와 눈이 맞아 손을 잡고 딴전을 핀다)

사설광대　(해설) 이러나 저러나 장님 혼자, 옛이야기, 오는 앞에 이야기, 이 얘기 저 얘기 정다운 얘기를 정이 겹게 씨부리다 보니 통 대답이 없거늘 〈모조리네〉 (朴판수의 소리) 하고 한번 불러 보는 거였다.

사설광대　(해설) 그래도 대답이 없어, 좀더 큰 소리로 〈모조리네!〉(朴판수의 소리) 하고 불러 본댔자 통 대답이 없거늘 〈아 이거 어찌된 일인가, 소피를 보러갔능가?〉(朴판수의 소리) 그제는 좀 더 크게 불러 보아도 영 대답이 없거든? 〈이거 이럴 수가 있나, 거 이상하다. 단소를 한번 쳐보자〉(朴판수의 소리) 朴판수가 호주머니에서 산통을 꺼내들고 단소를 한번 쳐 보는데. (눈을 휘번덕거리며 장님이 된다)

朴판수　(단소를 치며) 角亢氏房 心尾箕 奎婁胃昴 畢觜參, 井鬼柳星 張翼軫, 斗牛女虛 危室壁— 이십팔수를 내려굽어 하강하소서.

사설광대　(해설) 야, 이거 이상하다. 이럴 수가 있나? 원통히 죽은 제 자식 원혼 달래러 가면서 이따위 짓을 해서야 될 수가 있나? (朴판수의 소리) 이것도 분하려니와 어떻게 한번 모조리네를 동품하고자 갖은 감언이설을 허공에다 대고 한 제 꼬락서니가 분하기도 해서 두 뿔다귀가 잔뜩 나가지고 지펑 막대기만 뚜덕거리며 혼자 왜죽왜죽 갈팡질팡 가는 판인데 이때 모조리네 딴 놈팽이와 눈을 맞추어 가지고 이야기를 했는지 뭣을 했는지 모르되 원간 장시간이 걸렸겠다. 한참만에 모조리네,

판수에게 미안한 생각도 생각이려니와 제 당한 형편 잊어버리고 낯선 사내와 눈 맞춘 어이없는 제 꼴이 한심스러워 펄쩍 따라 나서는데……. (군기침하며 장님이 된다)

모조리네 (가까이 오며) 아이고 아자씨 요 청대문집 갑돌이 에미라고 있지 않아요. 아, 이 여편네를 만나서 오랜만이라고 손을 붙잡고 어떻게 호들갑을 떠는지, 제 친정집에 갔다온 얘기까지 대고 하니 그저 건성으로, 대충대충 대답한다는 것이 그만 이렇게 지체가 됐군요.

朴판수 이게 다 무슨 소리야? 내가 이제 단소를 쳐봤어. 두꺼비 씨름하는 괘상이 나왔어. 그래 나를 속일랴구? 지금 누구 때문에 어디를 가는 길인데 이따위 짓이 웬말이냐 나 돌아가겠네.

모조리네 (아양을 떨며) 아이고 아자씨, 그게 무슨 말씀이에요? 그건 오해예요 오해!

모조리네, 朴판수에게 매달리면 장님 큰 기침하며 모조리네를 밀치고 해설자가 된다.

사설광대 (해설) 하여간 이럭저럭 살꽂이 다리 근처 웅덩이까지 당도했더란 말야.

사설광대, 코를 쥐고 지팡이로 땅을 더듬으면 장님이 된다.

朴판수 어이구 꽤 멀다. 이 땀 좀 봐. (닦으며) 그런데 그 웅덩이가 어디쯤이야?

모조리네 이리 오세요. 어이구매 웬 냄새가 이리 코를 찌른다지?

장님의 손을 끌어다 가상의 웅덩이 있는 쪽으로 세운다.

모조리네 틀림없이 여기다 버렸어요. 이 언덕에 올라서서 휙 눈물이
고 콧물이고 범벅이 되어 어디쯤 떨어졌는지 잘 모르지만서
두…… 정말 전 무척 울었어요.

朴판수 원 젠장, 까치가 오줌싼 게 아니라 똥싼 꿈을 꾸었댔구나, 냄
새 고약하다. 모조리네 나 이만큼 있을 테니 어서 건져내게.

모조리네 (깜짝 놀라며) 아자씨, 그게 무슨 말씀이세요? 나더러 어떻게
건지라 하세요? 난 눈 뜨고 못 보겠어요. 그러니 아자씨가 기
왕에 눈도 감고 했으니 그 지팡 막대로 휘저어 건져주세요.
이왕 수고하는 김에 유종의 미를 거두어야 않겠어요? 아자
씨!

朴판수 (심술궂게) 원, 어떤 제밀 붙고 담양을 갈 놈이 똥치러 나왔다
더냐?

모조리네 아자씨, 그저 한 번만 이 일을 해주시면 다 마친 다음에 오
천 원짜리 지폐 열 장 드리리다.

朴판수 어떤 제밀 붙고 담양을 갈 논이 은행을 차린다더냐?

모조리네 아자씨, 제발 이럴성 마세요. 이번 일 다 마치면 쌀 열 섬을
아자씨게 보내드리리다.

朴판수 어떤 몽치를 맞고 꺼꾸러질 놈이 미곡전 차릴러 왔단 말이
냐?

모조리네 아자씨, 제발 한 번만 봐주세요. 이번 일 다 마치면 RCA 텔

레비전, 나쇼날 전축, 쏘니 녹음기 뭐든지 아자씨, 원하는 대
로 드리리다.

朴판수   어떤 몽치를 맞고 꺼꾸러질 놈이 전당포 차리러 왔다더냐?

사설광대   (해설자) 이렇게 아무리 달래봐도 코빼기가 센 판수인지라 심
술만 자꾸 먹는데 이 야단났거든? 또 한 번 달래보는 거였다.

모조리네   아자씨, 아자씨, 그저 이 일만 잘 해주시면 그 동지 섣달 긴
긴 밤에 모조리네 일신을 아저씨게 바치리다.

朴판수   (이제야 알았다는 듯) 그러면 그렇지. 네가 어디를 간단 말이
냐? 어서어서 일 마치고 내 집으로 가자.

사설광대   (해설) 하룻밤 인연을 맺겠다는 모조리네 언약에 신이 머리
끝까지 난 朴판수 구린내에 코를 싸 쥘 것도 없이 지팡이 막
대기를 웅덩이에 넣고 휘젓는데.

그 시늉과 함께 장님이 된다.

朴판수   이크 이게 뭐냐? (시커먼 어린애 인형 하나 나온다. 모조리네
얼른 애기를 싸 안으며)

모조리네   아이구, 내 아가! 이 몹쓸 에미를 원망해 여태 썩지도 않았
구나. 아자씨, 애가 눈도 못 감았어요. 불쌍한 내 딸, 그렇게
또렷또렷 달덩이같이 예뻤던 내 딸! 사흘도 안 된 네가 너무
예뻐서 덜컥 겁이 난 에미! 널 다시 쳐다볼 생각도 않고 처넣
었구나.

朴판수   허— 거 생각보다 쉽다. (손을 털며) 그러나 저러나 이러고 있
지만 말고 원통한 넋을 달래야 하느니…….

모조리네 아자씨, 제발 그래 주세요? 네!

朴판수 (성주풀이) 어라만수 넋이야 넋이로다, 청계천 웅덩이 넋이로
다. 우리 애기 넋일랑은 넉반에 담고, 신쳴랑은 차단에 모셔,
밥전 떡전 인물전과, 온필 무명 오색번에, 넋을 불러 청좌하
자, 어라만수 어라대신이여, 염라대왕 부리는 사자 일직사자
금강야차, 예수 마리아, 막델레나, 이 생명 돌아갈 제, 누가
감히 거역할까? 어라만수, 저라 대신이야, 멀고먼 황천 길을
가자하면 따라가네, 지옥문 닫아놓고 천당길 가르칠 제 불쌍
한 어린 목숨 비명에 죽었으니 어느 천사 어느 귀신 따라갈
까? 어라만수 저라 대신이야, 비옵니다. 어린 혼령 무지한 어
미 허물을 과도말도 더도말고 제발 덕분에 용서하사 평안히
눈을 감게 하소서. (빈다)

모조리네 (인형을 내밀며) 이상해요. 이건 사내예요! 내가 버린 아인
틀림없이 계집앤데, 어찌된 일이죠?

朴판수 뭐? 그럼 이거 아니란 말인가?

모조리네 아니예요. 반년이나 지났는데 이렇게 싱싱할 리도 없고.

朴판수 어디보세. (인형을 받아 만져보며) 하하…… 이건 사낸데 난
지 한 달은 족히 됐겠다. 쯧쯧…… 그럼 저 안에 또 있단 말인
가?

모조리네 또 있을 거예요. 틀림없어요. 계집애가 죽어 사내로 변하지
않았음 틀림없이 하나 더 있을 거예요.

朴판수 그럼 이건 누구 애란 말인가?

모조리네 가족계획인가를 잘못해서 이렇게 된 거 아닐까요? 가족계획
많이 한다대요.

朴판수 　글쎄…… 그럼 어디 속는 셈치고 한번 더 뒤져볼까? (막대를 깊숙이 웅덩이에 넣어 휘젓는 시늉을 한다) 예 있다! 히— 냄새 고약하다. (더듬거리며 만진다) 이건 처넣은 지 하루밖에 안 되는갑다. 옷이 말짱하구나. 쯧쯧…… 머리칼도 유난히 많다.

모조리네 　아자씨, 이것도 아니에요. 그 계집아인 머리칼이 적었어요. 난 지 사흘밖에 안 됐거든요.

朴판수 　그럼 도대체 어떻게 된 거야?

모조리네 　(불안감에) 아자씨!

朴판수 　가만있자 다시 한번 뒤져보자. 이크, 또 하나 걸리는구나, (더듬더듬) 이건 푹 절었네, 형체가 없는데 아인 틀림없구나.

모조리네 　아자씨, 이걸까요?

朴판수 　낸들 아나? 한번 더 뒤져 보세. (또 휘젓는다) 이건 또 뭐야? 맙소사, 낳은 지 두 달은 넘었겠다. (모조리네 키들키들 웃기 시작한다)

朴판수 　(또 휘저으며) 이크, 이건 산부인과서 찝세로 빼낸 건지 양이 마가 움푹 패여 들어갔구나.

모조리네 　호호…… 그러니까 …… 아자씨 나 혼자뿐이 아니군요, 호호…… 아자씨 나만 죽일 년인 줄 알았더니 세상 모두 잡놈, 잡년 천지구만요. 호호…….

朴판수 　(또 꺼낸 인형을 만져보며) 이건 뺑소니 운전수가 던져버린 아이일시 분명하다. 몸에 바퀴 자국이 나 있구나.

모조리네 　아자씨. 세상 될 대로 됐는가 보죠? 정말 이게 뭔 짓들이에요? 히히……. (그 웃음은 이젠 소름끼치는 웃음이다)

朴판수 　낳자마자 빠진 아이 이틀거리 사흘거리로 던져진 아이 붕어

낚듯이 걸리니 열 두 개가 넘는구나.

모조리네 그 에미 애빈 다 어쩌구 있을까요? 평생 다릴 못 펴구 살거 예요. 그렇죠? 잡것들!

朴판수 원 이거 눈을 감기가 천만다행이구나. 내 부모님이 날 나실 때 이런 꼴 보지 말라고 장님으로 내셨으니 장님 서러울 것 없다. (시체들을 만져보며 탄식한다) 자라면 크게 될 인물도 있을 터인데…… 불쌍하고 아깝도다. 세상을 잘못 만나 이 지경이 되었구나! 그러나 저러나 이거 하나같이 눈을 못 감고 죽었으니 원한이 하늘 끝에 다 있겠다. 이대로 둘 수야 있나? 이것들 원한을 풀어 줘야지.

모조리네 (허탈) 아자씨, 아니 어머니? (미친 것 같다) 어머니! (인형을 붙들고 헤맨다)

朴판수 참게! 이래서 쓰는가? 어서 이 원혼들을 달래야 하네. 자자, 내 경을 욀 테니 그 동안 애들 눈 좀 감겨주게나.

모조리네, 무릎을 꿇고 인형들을 쓰다듬는다. 반울음 반웃음이다.

朴판수 이왕에 경을 읽을 바엔 웅덩이에서 죽은 아기 귀신은 물론이려니와 원통하게 죽은 세상 모든 귀신들도 함께 달래줘야 겠구나. (분향하는 시늉을 하고 경을 왼다) 娑婆世界 南贍部洲, 海東第一朝鮮國이요. 東方에 靑帝之神 南方에 赤帝之神, 西方에 白帝之神, 北方에 黑帝之神, 中央에 黃帝之神, 五方諸神 하강하사 억울하게 죽은 영혼을 거두소서. (구성지게) 아이죽어 앵아귀, 처녀죽어 골미귀, 총각죽어 말뚝귀, 홀애비죽어 몽치귀신, 과부죽어 원혼귀, 너도 먹고 물러나고 에미 애비 잘못 만나 열 달을 고생하고 낳자마자 비명에 간 아기귀신 새끼귀신 너도 먹고 물러나고 높은 자리 몇 삼 년에 밑천 한 푼 못 뽑아먹고 제물에 살짝 돌아간 귀, 너도 먹고 물러나고, 어떤 며느리 시에미 몰래 부뚜막에 쌀 퍼먹고 떡 사먹다 목이 메어 자빠진 귀, 너도 먹고 물러나고, 남의 규수 엿보다가 뻥긋 웃고 죽은 귀야 너도 먹고 물러나고, 크리스마스 좋은 때 호텔에서 타 죽은 귀, 너도 먹고 물러나고, 월명사창 달 밝은데 임 그리워 상사귀야 명월관에 계집년들 너도 먹고 물러나고, 칠년대한 가뭄날에 깨깨말라 죽은 귀, 구년지수 장마날에 퉁퉁 불어 죽은 귀며, 한해 홍수에 죽은 귀야 너도 먹고 물러나고, 학교 앞 길 건너다 자동차에 치운 귀야, 너도 먹고 물러나고, 어떤 사람 팔자 좋아 제 마누라 열씩두고 남의 아내 눈독 들여 동지섣달 설한풍에 담쭉넘어 넘겨보다 얼어죽은 동태귀야 너도 먹고 물러나고, 벌써벌써 몇 년 전에 형제간에 싸우다가 너도 죽고 나도 죽어 골육상잔에 돌아간 귀 너도 먹고 물러나고, 둥글넙적 절편귀네귀번 듯 사방귀, 간들간들 대롱귀 너도 먹고 물러나고, 너도 먹고 물러나고, 너도 먹고 물러나고……. (목이 메여 더 할말이 없다)

모조리네 (이러는 동안 장님에게 대든다) 그래서 어쩌란 말이에요? 귀신 물러가면 이 애들은 어떻게 된단 말이에요? 다— 먹고 물러가면 죽은 애가 다시 자나요? 예? 아저씨!

朴판수 이것들을 어떻게 하느냐구? 응? 이것들을…….

도움이나 청하듯 눈을 관객 쪽으로 끔뻑이며 허우적거린다.

모조리네 예, 대답해 봐요. 족집게 장님이니 족집게처럼 시원시원 대
답해 봐요!

朴판수 허— 이거 난감하다. (모조리네에게) 묻어 줘야지. 암, 묻어 줄
수밖에.

모조리네 묻죠, 묻어! 아주 깊이 묻어요. 그렇지만 내일도 버려지고
또 내일도 버려질 이 애들, 이 애들은 어쩌죠?

朴판수 (더욱 당황해 울 것 같다) 그럼 어쩌란 말이여?

모조리네 웅덩이에 처넣은 애들. 다시 땅속에 처넣으면 고만인가요?
예? 이 애들만 처묻으면 그럼 고만인가요? 내일은요? 모레는
요?

朴판수 (다 할말 없다. 공연히 허우적대다 허물어지듯 관객을 향해 선다)
제기랄 나도 모르겠다. 여러분 전 이 굿의 판을 더 이상 맺을
수가 없습니다. 제깐 놈이 무슨 말을 시원히 할 수 있겠습니
까? 그래서 저희 이 어린애들을 이 마당에 둔 채 물러갑니다.

—황해도 한량굿 '장대장네 굿'에서—

제국의 광대들

등장인물 ————————————————

혁재	노리꼬
고종	이하영
이완용	박제순
이지용	민영환
한규설	유 씨
강 씨	김 씨
최 씨	사다꼬
엄 귀비	이또
임 공사	안중근
이 준	시종
관리인	황태자
선비 등	

첫째 마당●록카페

서울 압구정동 신세대들이 모여드는 최신 카페. 한쪽엔 당구장이 있고 벽에 걸린 MTV 화면에서는 일본 신세대 가수인 xx 그룹의 춤과 노래가 흘러나온다.

당구를 치고 있는 남녀 젊은이들. 당구대를 든 채 음악에 몸을 흔들며 서 있는 처녀. 혁재가 노리꼬를 데리고 들어온다.

혁재 자, 들어와요, 여기가 우리들이 즐겨 찾는 록카페……. 서울의 젊은이들이 여가시간을 보내는 곳이죠.

노리꼬 동경 신주쿠의 카페와 너무 비슷해요. (스크린을 보며) 어머나, 저건 그룹 xx네. 우리 일본에서 제일 인기있는 보컬팀이에요.

혁재 위성방송 때문에 서울이나 동경이나 같은 시간대에 같은 프로그램을 보는 셈이죠.

노리꼬 서울 젊은이들의 옷차림이나 머리모양까지 일본과 똑같아요. 서점에 가면 일본책도 많고 일식집도 많구……. 여기가 서울인지 동경인지 겉으로 봐선 구별할 수가 없네요.

당구를 치던 젊은이들이 스크린에 나오는 일본 그룹들의 노래를 따라 부른다. 춤까지 추면서.

노리꼬   한국을 방문하기 잘했어요. 초청해 줘서 고마워요. 혁재 씨가 아니었으면 이런 한국의 모습을 못 봤을 거예요.

혁재   이런 모습만이 한국 젊은이들의 모습은 아니에요. 우리 대학로로 가 볼까요?

노리꼬   대학로? 대학 캠퍼스인가요?

혁재   지금은 아니에요. 옛날 대학이 있던 거리가 지금은 문화의 거리, 젊은이들이 모이는 거리로 바뀌었지요. 거기 가면 별 미치광이들이 다 있어요. 핫하…….

노리꼬   동경의 히비아 공원처럼?

혁재   맞아요. 바로 그런 데죠. 거기에다 공연장이 많다는 것도 특색이에요. 거리 공연도 있고.

노리꼬   빨리 가보고 싶어요.

혁재   갑시다.

이들이 퇴장하면서 무대는 대학로 거리로 바뀐다. 마침 대학로에서는 시위대가 반일 구호를 외치며 시위를 하고 있다.
"일본은 각성하고 사과하라"
"에또 망언을 규탄한다"
"종군위안부에 사죄하고 배상하라"
태극기를 가슴에 두른 정신대 할머니들, 또 나이 든 남자들이 각종 어깨띠를 두르고 시위를 하고 있다. 혁재 노리꼬와 등장하면서 이들과 맞부닥친다.

혁재   맙소사. 또 데모야?
노리꼬   거리 공연인가요?

시위대 중 한 사람이 핸드마이크를 들고 강한 제스처를 써가며
비난 발언을 한다. 소리는 들리지 않고 마임으로.

노리꼬   저 사람 하는 말이 뭐죠? 왜 화가 났어요?
혁재   이걸 설명을 해야 되나, 말아야 되나?

시위대 중 한 사람이 일장기를 꺼내 라이터로 불을 붙여 태운
다.

노리꼬   어머나!
혁재   갑시다.
노리꼬   혁재 씨 설명해 주세요. 왜들 저러는지 알고 싶어요.

시위대들 악쓰는 몸짓을 하면서 퇴장한다. 정신대 할머니를 앞
세우고.

혁재   노리꼬 씨, 일본의 과거 한국 침략사에 관해 어느 정도 알고
       있나요?
노리꼬   오래 전에 그런 사실이 있었다는 정도……

혁재   그뿐이에요?

노리꼬   우리 학교에선 현대사를 깊이 가르치지 않아요. 특히 전쟁에
        관해선 우리 일본군이 용감했다는 것 외엔 아는 게 없어요.
        우리들도 관심이 없고…….

혁재   그럼 어떻게 알게 하지? 노리꼬 씨가 한국에 머무는 동안 일
        부 한국인들의 느낌을 알게 하고 싶은데…….

노리꼬   저도 알고 싶어요. 일본 노래를 부르며 일본과 똑같은 옷차림
        을 한 젊은이들이 서울의 거리에서 저렇게 일본을 미워하는
        감정이 있다는 동시성을 조금이라도 이해하고 싶어요.

혁재   좋아요. 갑시다.

노리꼬   이번엔 어디로요?

혁재   실물 모형으로 한일간의 역사를 간단히 설명할 수 있는 곳이
        있어요. 독립기념관!

두 사람 퇴장하면서 중간막이 오른다.

둘째 마당●독립기념관 밀랍인형 전시실

고종을 중심으로 이 연극에 등장하는 모든 대신들이 인형처럼 배치되어 서 있다. 장중하고 엄숙한 음악이 분위기를 유도하고 있다.

혁재, 노리꼬를 데리고 들어온다. 노리꼬는 분위기에 압도당한 표정이다.

밀랍인형들을 한 사람 한 사람 들여다보는 노리꼬.

혁재 대한제국의 마지막 황제……. 고종과 그의 신하들이에요. 그 중엔 충신도 있고 배신자도 있습니다.

노리꼬 배신자요?

혁재 일본과의 조약체결에 서명을 한 을사오적! 한일합방은 어떻게 이루어졌는지 알아요?

노리꼬 몰라요, 우린 그런 사실을 구체적으로 배운 적이 없어요. 그리고 그런 사실들은 역사책 마지막 부분에 있기 때문에 거기까지 진도가 나간 적이 없어요.

노리꼬, 한쪽에 서 있는 이완용의 밀랍인형을 가까이 본다.

노리꼬　이 사람은 누구죠? 아주 자신있는 당당한 모습이에요.

혁재　그 사람이 바로 나라를 팔아먹은 배신자의 우두머리에요.

이때 갑자기 정전이 됐는지 불이 나간다. 암흑 속에서 소리만.

노리꼬　혁재 씨!

혁재　정전인가 봐요. 걱정 말아요. 곧 불이 들어올 테니…….

노리꼬　어디 있어요?

혁재　겁내지 말고 그 자리에 가만 서 있어요.

어디선가 음흉한 웃음소리가 들린다.

노리꼬　저게 무슨 소리죠? (대답없다) 혁재 씨?

이완용의 인형에 희미하게 조명이 들어오며 이완용 웃는다.

노리꼬　악!

노리꼬의 비명소리가 들리며…… 암흑…… 신비스러운 음악소리와 함께 조명이 천천히 밀랍인형들을 하나씩 비추기 시작하면 인형들이 움직인다.

셋째 마당●1905년의 역사마당

무대는 세 부분으로 나누어진다.

좌측은 개인의 사저. 민영환, 이 준 등의 공간.

우측은 이등박문, 이완용 등의 음모와 계략의 공간.

중간부분은 고종이 거처하는 공간, 또는 손탁호텔 등의 홀.

연극이 진행되면서 이 세 부분은 때로는 동시에 때로는 부분부
분 끊임없이 서로 연관이 되면서 당시 긴박했던 상황이 중단없
이 전개된다.

극중 역사마당이 시작되면 무대 우측에 대신들 기립한 채 서 있
고 임 공사가 높은 단에 서서 대신들을 굽어보며 말을 시작한
다.

임 공사 일본의 특권대사 이등박문 각하께서 입장하십니다.

이등이 거만하게 입장한다. 대신들 올려다본다.

이등	나는 일본 천황의 어명으로 한일간의 평화와 친밀을 도모하는 마음으로 이 나라에 다시 왔소. 귀국은 지난 300년간 청나라의 속국이었소. 우리 일본은 귀국의 독립을 위하여 청나라와 싸워 많은 재산과 생명을 잃었소. 대한제국의 독립이 성취된 것은 일본이 청나라를 패배시킨 때문이오. 우리가 러시아와 싸운 것도 역시 귀국을 위한 것이었소. 이제부터 러시아와 귀국이 맺은 모든 조약은 무효요. 따라서 이제 우리 일본과 새로운 조약을 체결해야 하오. 곧 황상에게 상주하여 조약을 체결하도록 회의를 여시오.
임 공사	새로운 조약의 내용은 이것이오.

임 공사, 조약문을 중신에게 던진다. 받아서 펴보는 중신들. 어…… 하는 신음소리……. 중간무대에는 고종이 정좌한 채 앉아 있다. 시종이 옆에 서 있다.

시종	대신들이 내각회의를 소집한다고 모였습니다.
고종	저들이 또 무슨 꿍꿍이 속으로 나를 괴롭힐지……. 정말 꼴도 보기싫다.
시종	내각을 임명한 것도 폐하입니다.
고종	다 그놈이 그놈인데 갈아봤자 별 수 없었어. 다들 자기 실속 챙기기에 더 바쁘지.
시종	좀더 젊은 사람으로 내각을 바꾸면…….
고종	개혁파? 그자들이 날뛰는 거 그대도 봤지? 박영효가 개혁내각을 만든 후 무슨 일이 벌어졌나? 왕비만 왜놈의 손에 죽고

말았어.

시종 그것은 왕비께서 러시아를 끌어들여…….

고종 죽은 왕비를 탓하지 마오. 짐이 못난 탓이오! 내가 조금만 일찍 눈을 떴어도…….

시종 대원위 대감과 왕비 사이에서 힘을 쓰실 수가 없었지요.

고종 세상 어느 아들이 고집 센 아버지를 이길 수 있겠소. 아무리 왕이라도…….

시종 폐하의 잘못이 아닙니다.

고종 왕비도 대단한 여자였지……. 아무도 그 여잘 휘어잡을 수가 없었으니까……. 여자가 한번 날뛰기 시작하면 말릴 수가 없어……. 그래서 놈들이 죽였겠지……. 이젠 날 막을 사람도 없는데 난 힘을 쓸 수가 없어.

시종 대신들이 몰려옵니다.

대신들, 조약문을 가지고 고종 앞으로 와서 **회의**를 연다.

외무대신 제1조, 일본 정부는 재동경외무성을 경유하여 금후에 조선이 외국에 대하는 관계급 사무를 감리 지휘할 것이오, 일본국의 외교대표자급 영사는 외국에 있는 조선의 신민급 이익을 보호할 것임.

고종 외무대신 그게 무슨 소리요?

외무대신 외무부를 폐지하고 외교권을 일본에 위임하라는 것입니다.

고종 또?

외무대신 제2조, 일본정부는…….

고종	자꾸 하나하나 다 들을 필요없소. 각 조문의 요점만 말하오!
외무대신	제2조는 서울에 통감부를 두어 항구나 토지의 이용을 일본 통감부에서 관장한다는 내용입니다. 제3조는…….
고종	더 들을 것 없소, 이 나라의 외치와 내치를 저희 마음대로 하겠다는 것 아니오?
신하들	황송하옵니다.
고종	황송이고 밤송이고 듣기 싫소! 어쩌다 나라가 이 지경이 되도록 내버려 두었나?
이완용	폐하.
고종	이완용 학부대신이 어디 학문적으로 설명해 보시오.
이완용	일본이 청나라를 꺾더니 이제는 세계의 대국 아라사를 굴복시켰습니다. 동양의 막강한 힘으로 부상한 일본과 평화롭게 지내기 위해서는 저들의 요구를 듣지 않을 수가 없습니다.
고종	그래서 나라를 통채로 일본에 내 주자는 거요?
이완용	일본과 조약을 맺음으로써 서양의 세력을 물리쳐 이 나라의 독립을 유지하고 일본과도 사이좋게 지내는 것이 우리로서는…….
고종	서양세력 대신 일본의 세력을 이 땅에 끌어들이자는 말 아니오?
이완용	이미 인천엔 일본군이 상륙해 있습니다. 폐하.
고종	어디 다른 대신들의 의견을 들어봅시다. (모두 **침묵한 채** 고개 **숙이고 있다**) 왜 모두 꿀먹은 벙어리오? 경들의 사사로운 이익이 침해될 때는 "아뢰오, 부당하신 처사입니다" 입에 침을 튀기며 말을 많이 하더니 나라가 침해당하는 덴 할말이 없다,

그거요?

무대 우측 이등과 임권조 일본공사 이등은 검도복 차림이다.
어전회의와 두 장면이 동시에 전개된다.

임 공사 황제가 순순히 우리 말을 듣지 않을 것 같습니다.

이등 저들이 우리 말을 듣지 않으면 어떤 결과가 올지 알고 있을
텐데……

임 공사 아예 군대를 풀어 한숨에 쓸어버리지요. 한국군대란 건 보잘
것없는 오합지졸들뿐입니다.

고종 우리 군대는 무얼하고 있소? 남들이 저토록 군대를 기르고
발전하는 동안 우리는 무얼하고 있었소? 밤낮 양반 상놈이나
가리고 제 친척 떨거지들 먹여 살린다고 사리사욕이나 채우
고 당파싸움이나 하다가 이 지경이 된 거 아니요. 도대체 이
왕이란 자리가 뭐요? 내가 언제 황제가 되고 싶다고 했소? 나
더러 결정하라니? 나라 망하는 일을 나 혼자 결정하라는 거
요? 난 못하오!

이등, 멋진 검도 포즈를 취하며 옆 가상의 거울을 본다.

이등 하야시, 내 폼 어때?

임 공사 스바라시데스요. 에라이 몬다! (훌륭합니다)

이등 내가 직접 황제를 뵙고 조약 체결을 설득하는 게 낫지 않을까?

임 공사 각하, 그럴 필요는 없습니다. 이완용이 강력하게 황제를 설득하고 있고 다른 대신들도 감히 대세를 그르치진 못합니다.

이완용 폐하, 현실을 직시하십시오. 대세는 이미 기울고 있습니다.

고종 그러니까 다함께 기울어져 일본편에 서자 그 말이오?

한규설 폐하 의정대신 한규설이 아룁니다. 차라리 왜놈과 싸우다가 다함께 죽읍시다.

고종 핫, 이제야 말 같은 소리가 나오는군. 한 대감이 조약체결에 반대했으니 시종무관 민영환의 의견도 들어보고 결정합시다.

고종, 뒤로 물러선다. 엄 상궁이 고종을 맞는다.

엄 귀비 폐하, 내 품에 있을 동안 세상일 다 잊으세요.

임 공사 황실은 총소리 몇 방이면 간단하게 굴복시킬 수 있습니다.

이등 황제나 대신이 문제가 아니라 이나라 민중의 소란이 문제지……

한규설 백성들이 가만히 있지 않을 것이오.

이완용 빈주먹만 가진 백성들이 일어난들 피만 더 흘릴 뿐이오. 일본군에 대항함은 계란으로 바위를 치는 것이나 다름이 없어요! 싸우려면 한 대감 혼자서 싸우시오!

이등 우리 일본군의 피를 한 사람이라도 더 흘리게 해선 안 돼. 저

들 황실이 스스로 결정해서 인민에게 포고하도록 분위기를
만들어야 해.

임 공사 문제 없습니다, 그건…….

이등은 뒤로 물러선다. 이완용, 박제순, 이지용, 이구택, 권중
현, 이하영 등이 임 공사가 있는 곳으로 온다. 그들은 임 공사를
둘러싸고 회의를 한다.
이등은 저 뒤에서 일본 검도를 하는 마임을 춤추듯 계속하고 있
다.
고종은 저 뒤에 엄 상궁의 치마에서 머리를 든다.

고종 엄 귀비, 이럴 땐 내가 어찌하면 좋겠느냐?

엄 귀비 상감마마, 어려운 일은 모두 대신들에게 맡기십시오.

고종 그리고 우린 궁궐을 벗어나 심심산골에서 다 잊고 살까?

엄 귀비 어찌 그럴 수야 있겠습니까? 황태자가 있는데…….

고종 임금 자리도 나라도 다 부질없다. 농사나 지으면서 필부로 사
느니만 못한 인생이로고.

엄 귀비 상감마마, 하늘엔 예측할 수 없는 비와 바람이 있고 사람에게
는 아침저녁 닥쳐오는 화와 복이 있다 하옵니다.

고종 내 마음이 하루라도 맑았으면 좋으련만……. 애초부터 왕손
으로 태어났다는 게 불행의 시초였도다.

서양 댄스 음악이 들리며 중간 무대는 손탁호텔 연회장이 된다.
이완용의 부인 김 씨, 외무대신 박제순의 부인 최 씨, 내무대신

이지용의 부인 홍 씨, 법무대신 이하영의 부인 강 씨, 민영환의 부인 유 씨 등이 모여서서 얘기하고 있다.

각테일 잔을 돌리는 웨이터, 여자들의 웃음소리. 음악소리.

김 씨   솔직하게 말해서 우리가 일본 따라가려면 아직도 멀었어요.

최 씨   그럼요. 사대문 밖에 한 발자욱만 나가봐요. 얼마나 더러운 가? 이건 야만인이지…….

강 씨   전 미국도 가보구 일본에도 있어 봤는데 우리하곤 사는 차원이 달라요.

김 씨   그러니까 이런 기회에 우리도 일본을 배워야 해요. 공연히 적대감 가질 필요는 없다고 생각해요……. 말 많은 사람들이 피해의식에 젖어있지……. 안 그래요?

유 씨   일본을 배우는 것과 일본의 지배를 받는 것과는 다르죠.

김 씨   누가 지배를 해요? 우리가 스스로 일본을 청해서 배우는 건데…….

임 공사의 일본 부인 사다고, 시종을 거느리고 나온다. 부인들 모두 반긴다.

사다꼬   오래 기다리셨죠. 남편들 곧 나올 거예요. 무슨 말들이 그렇게 많은지…….

김 씨   남자들이 하는 회의란 게 다 그런 거예요. 한마디로 예스, 노면 끝나는 걸…….

사다꼬   그러게 말이에요……. 뭐 좀 드시지……. 구로다 상, 귀부인들 잘 대접했어요?

웨이터 하이.

홍 씨 사다꼬 상 옷이 참 잘 어울려요.

사다꼬 고마워요.

강 씨 머리는 어느 미장원에서 파마했어요? 정말 우아하네……

사다꼬 민영환 대감은 안 오셨던데요?

유 씨 그분은 몸이 편찮으세요. 어제 어전회의에도 참석 못하셨어
요.

사다꼬 저런 빨리 완쾌하셔야 되는데…….

임 공사를 필두로 대신들, 들어온다.

사다꼬 여보, 이제 회의 다 끝났어요?

임 공사 아, 귀부인들께서 이렇게 와주셔서 감사합니다. 이게 다 한일
간의 우호를 위한 좋은 기회라고 생각합니다. (부인들 손에 키
스를 하며, 유 씨에게) 민영환 대감은?

사다꼬 편찮으시대요.

임 공사 저런……. 오늘 꼭 모시고 싶었는데…….

유 씨 몸이 웬만하면 초대에 응하셨을 텐데……. 그래서 대신 제가
나왔습니다.

임 공사 잘 오셨습니다. 대감껜 제가 꼭 뵙고 싶다고 전해주십시오.

일본직원 이등각하께서 입장하십니다.

모두 정렬해 서고 이등이 부하를 대동하고 등장한다.

임 공사를 선두로 박수를 친다.

임 공사 각하가 이 땅에 오신 것을 환영하는 의미로 대한제국의 대신들이 이 자리에 모였습니다. 이쪽으로부터 학부대신 이완용과 그 부인……

이완용 환영합니다. 각하.

임 공사 박제순 외무대신과 그 부인, 권중현 농상공부대신과 그 부인, 이지용 내무대신과 그 부인, 이근택 경부대신과 그 부인, 이쪽은 시종무관장 민영환의 부인이십니다. 대감은 병환으로 불참하셨습니다.

악수하고 인사하는 이등, 거만하다.

사다꼬 여보, 우리 이제 춤춰요.

임 공사 그러지, 음악.

블루스 음악이 흘러나오며 이등, 유 씨에게 손을 내민다.

이등 부인, 추실까요?

유 씨, 이등의 손을 잡고 플로어로 나간다.

사다꼬 저는 이하영 법무대신하고 출게요. (강 씨에게) 괜찮죠?

강 씨 그럼요. 이인 양춤엔 도사예요.

사다꼬   소문 들었어요……. 미국 유학 중에 갈고 닦은 솜씨라면서
         요?

         이하영과 멋지게 춤춘다. 다른 부인들 주저한다.

사다꼬   뭣들 하세요? 나오세요. 여보. 뭘 하세요?

         임 공사, 강 씨에게 손을 내민다.
         부인들, 자기 남편들과 춤춘다.

이등   한일우호조약 얘긴 들으셨죠? 부인?

유 씨   네……. 시중에 소문이 파다한데요.

이등   양국간의 우호적인 관계를 위해선 빠른 시일 내에 조약체결
         이 필요하지 않습니까?

유 씨   제가 대답할 수 있는 질문이 아니군요.

이등   황제께서 시종무관이신 민영환 대감의 뜻을 묻고 계십니다.

유 씨   대감은 속이 깊으신 분이세요.

이등   그러니까요, 이번이 바로 대감이 출세할 기휩니다. 부인께서
         잘 말씀 드려서 일이 순조롭게 성사되도록 하십시다. 일본정
         부는 그 보답을 충분히 할 것입니다.

유 씨   제 얘기를 잘 들을지……. 워낙 곧은 분이시라…….

이등   제가 이 세상에서 제일 무서워하는 사람이 누군지 아십니까?

유 씨   천황폐하신가요?

이등   아닙니다. 제 아냅니다. 이불 속 아내의 얘기를 듣지 않는 남

편은 없습니다. 부인……. 핫하.

이등, 와락 유 씨를 끌어안고 입을 맞추려 한다. 떨어지는 유
씨.
여자들의 웃음소리. 음악소리.
무대 좌측 민영환의 사저에서 민영환이 비통한 제스처를 쓰며
신음한다.

민영환　나라가 왜적의 손에 먹히게 되니 백성이 가엾고 이 나라 역사
　　　　가 부끄럽구나!

이 준　대감! 평리원 검사 이 준, 문안 드립니다.

민영환　오, 이 준 공!

이 준　그간 환후가 어떠하십니까?

민영환　나야 그만하다만 궐내는 어떠냐?

이 준　폐하께서 근심걱정으로 용안에 수색이 완연하십니다.

민영환　어전회의 소식은 들었다. 왜놈들이 5개조약 체결을 강요한다
　　　　지?

이 준　사실은 오늘밤 안으로 조인식을 갖는다는 소문이 나돌고 있
　　　　습니다.

민영환　오늘밤이라니……. 한 나라의 운명이 좌우되는 조약 체결을
　　　　한밤중에 한다니?

이 준　민중의 동요를 잠시라도 막아보자는 흉계입니다.

손탁호텔에서 춤추던 대신들이 일제히 한곳에 모인다.

사다꼬 우린 코히나 한잔하면서 얘기할까요? 자, 이쪽으로 오세요.

　　　　　부인들, 사다꼬의 뒤를 따라 안으로 퇴장한다.

민영환 내 죽을 날이 몇 시간 남지 않았구나!

이 준 어찌해야 할지, 살자니 욕스럽고 죽자니 분합니다.

민영환 이 공은 앞으로 할일이 많은 젊은이요. 우리 같은 늙은이에게
　　　　　기대하지 말고 스스로 이 나라를 위해 할일을 찾으시오.

이 준 제 몸으로 할 수 있는 일이라면 무슨 일이든 서슴없이 나서겠
　　　　　습니다.

　　　　　부인 유 씨, 집으로 온다. 이 준, 예하고 물러난다.

유 씨 날씨가 냉냉한데 어찌 나와 계십니까?

민영환 부인은 어디를 다녀오는 길이오?

유 씨 일본공사관 부인의 초대로 손탁호텔에 다녀오는 길입니다.

민영환 어떤 사람들이 모였소?

유 씨 대신들이 부인과 동반해서 다 모였습니다. 한규설 대감만 빼
　　　　　고…….

민영환 무슨 얘기를 들었소?

유 씨 조약체결에 관한 얘기……. 대감……. 대감 혼자서 반대하실
　　　　　건가요?

민영환 한규설 대감도 반대하지 않았소?

유 씨 한두 대신이 반대를 한다고 조약체결이 중단되지는 않습니
　　　　　다.

민영환   부인, 그럼 나더러 어찌하란 말이오?

유 씨   곧 임 공사와 이완용 학부대신이 대감을 찾아올 것입니다. 대세에 따르십시오.

민영환   대세에 따르라니!

유 씨   나라는 이미 기울었습니다. 더 뻗칠 힘도 없지 않습니까?

민영환   아무리 이 나라가 약해졌다 해서……. 여자들까지 나서서……. 요망한 소리를!

유 씨   이 나라를 이렇게 힘없는 나라로 만든 건 여자들이 아닙니다. 명나라에 붙고 청나라에 붙어서 자기 일신의 안락만을 찾던 양반 대감들의 어리석은 사리사욕 때문이지. 오! 조선왕조 오백 년간 언제 한 번이라도 나라를 부강하게 할 생각들을 하셨나요? 서로 파당을 만들어서 임금을 바보로 만들고 싸움질만 해왔지요. 여자라도 알 건 압니다. 이제와서 다 쓰러져 가는 나라를 대감 혼자서 어찌하시겠습니까?

민영환   감히 부인이 그런 말을…….

유 씨   눈을 뜨고 보십시오. 어차피 썩어빠진 나라. 빨리 쓰러지게 해서 나라가 약하게 되면 어떤 일이 생기는가 양반이나 민중이 모두 뼈저리게 겪고 느껴야 합니다. 그래야 이 민족이 정신을 차립니다. 그래야 다시 설 수 있습니다.

민영환   어서 썩 물러가오!

유 씨   쓰러질 기둥을 붙잡고 남아봐야 내 몸만 상합니다. 차라리 확 불을 싸지르고 집을 새로 짓도록 하세요.

민영환   썩 물러가지 못할까?

유 씨, 퇴장해 버린다.

임 공사가 이완용과 함께 온다. 다른 대신들은 이등이 검도를
하고 있는 그 앞에 모여 서서 이등이 위압적인 검도춤을 추는
것을 바라보고 있다.

민영환 이 깊은 밤에 무슨 연고로 누지까지 찾아주셨소?

임 공사 우리 일본의 이등박문 특사는 동양평화를 수립하고자 명치천
황의 친서를 받자와 한국 황제폐하께 봉정을 하고 신협약에
조인을 해줍시사고 했더니 시종무관이신 민 대감의 동의를
받으라 하시기에 이렇게 밤중에 찾아왔습니다.

이완용 신조약의 내용인즉슨…….

이완용, 종이를 준다. 민영환, 받아 읽는다. 손이 떨린다.
이등은 검도를 멈추고 옷을 갈아입는다.

민영환 학부대신은 이 조약을 어찌 생각하오?

이완용 일로전쟁 이전에 우리나라를 노리는 서양의 세력들이 이젠
다 물러갔습니다. 우리가 일본과 친선 조약을 맺음으로써,

민영환 이게 친선조약이오? 이 나라를 다 내놓으라는 협박이지!

임 공사 대감, 일본국책의 호의를 무시하는 발언을 하시면 한일간의
우호의 의가 상하는 일밖에 생기지 않습니다.

민영환 일본과 우호의 감정이 추호도 없으니 병정들을 끌고 당신네
나라로 돌아가시오. 나는 이런 조약엔 동의 못하겠소.

임 공사 차라리 한일간의 개전을 선포하시지오.

이완용 대감, 일본의 군병이 벌써 용산에 들어와 대기하고 있습니다. 곧 대궐을 포위할 태세입니다. 대감 한 분만 당하는 욕이 아닙니다.

민영환 차라리 내 가슴에 총을 쏴라!

요란한 총소리가 들린다.
엄 상궁의 치마에 싸여 있던 고종이 놀라 일어선다.

고종 이게 무슨 총소리냐?

임 공사, 이완용, 기타 대신들 어전으로 모여든다.
옷을 갈아입은 이등, 천천히 어전으로 향한다.
민영환 어깨를 숙이며 침통해 하는 제스처.

이등 외신 이등박문 대황제 폐하께 문안드리오.

고종 귀하가 이 나라에 오고부터 이렇게 가까이서 총소리를 듣게 되었소.

이등 일본 육군 만 명이 인천에 상륙하여 일부가 대궐 근처에서 훈련을 하고 있습니다.

고종 남의 나라에다 매일같이 병력을 상륙시키고도 동양평화를 부르짖습니까?

이등 병력을 상륙시키는 것은 양국간의 조약체결이 늦어짐으로 본국에서 취한 조치입니다. 폐하, 한일간의 조약체결로 이 나라는 이제부터 문명국의 길로 들어서게 됩니다. 이 나라는 일본의 지도를 받지 않고서는 발전할 수도 없으며 결국 서양세력에 먹히고 맙니다. 혼란한 정세를 이대로 방치하고 있을 작정입니까? 결단을 내릴 땝니다.

고종 　짐은 등극 이래 국교를 독단으로 처리한 적이 없소. 대신들은 물론, 민간의 의견까지 들은 후에 시행하면 했지.

이등 　대신들은 다 조약체결에 동의했습니다.

고종 　그렇소? 여러 중신들 대답해 보오. 조약체결에 동의했소?

이완용 　그렇습니다. 폐하,

고종 　민영환 대감은? 한규설 대감은 어디 있소?

이완용 　칭병을 핑계삼아 나오지 않았습니다.

임 공사 　두 대감은 불참하였으나 다수결 원칙에 따라 내각은 조약체결을 결의했습니다.

고종 　그럼 다른 대감들은 문서에 서명을 했단 말이오?

이완용 　아직은 서명하지 않았습니다. 절차에 따라……. 폐하와 이등 특사의 임석하에 조약문서에 서명하는 순서상…….

고종 　아, 그렇다면 아직 그 조약은 성립한 것이 아니구만…….

임 공사 　지금 이 자리가 조약체결 문서에 서명하는 조인식 자리가 될 것입니다.

고종 　뭐라구요? 이 한밤중에 조인식을 갖자고?

이등 　자, 조인식을 거행하시오.

일본병사들이 나타나 자리를 마련하고 임 공사가 서류를 책상에 펴놓는다.

총을 든 병사들의 위압적인 분위기 속에 대신들 임금을 보고 서 있다.

밖에선 다시 총소리가 요란하다.

고종 이등 공 이건 또 무슨 총소리요?

이등 소란한 민심을 잠재우기 위해 예비적으로 내는 총소립니다. 조약체결이 늦어지면 민간이 다칩니다.

고종 이건 우호가 아니라 협박이로구만.

임 공사 자, 한일간 우호조약체결 조인식을 시작합시다.

이완용 뭣들 하고 있소? 다들 조약체결에 서명하기로 약조하지 않았소? 내가 먼저 서명합니다.

이완용, 나서서 붓을 들어 서명한다.

임 공사 학부대신 이완용……. 叮! 외무대신 박제순……. 내무대신 이지용……. 농상공부대신 권중현, 경부대신 이근택. 叮.

대신들 나와서 서명한다. 부들부들 떨며.

임 공사 일본 천황폐하를 대신하여 일본특사 이등박문 각하.

이등, 나와서 서명한다.
이완용 서류를 들고 고종 앞으로 간다.

이완용 폐하! 어쩔 수 없습니다. 백성들이 총칼에 희생되는 것을 막기 위해선 이 길밖엔 없습니다.

고종　(부르짖는다) 나는 못한다. 나는 못한다!

고종은 무대 뒷편으로 비틀거리며 물러난다.
무대 좌측 민영환의 처소에선 민영환이 상투를 풀어헤치고 있
다.

소리　(창) 두견새 어디서 사람같이 우는가? 숲 속 정자에 가을은
늦어가는데 백발이 가득한 늙은이는 쓰러져 가는 기둥을 끌
어안고 탄식하네. 오호라 이 한 몸 죽림이 되어 다시 날 것이
니 서리맞은 단풍이 더 붉다오.

민영환, 칼을 들어 가슴을 찌른다. 쓰러진다.
유 씨 부인, 산발을 하고 나와 쓰러진 민영환 옆에 앉는다.

유　씨　후세 역사는 대감을 충신애국열사로 칭송하겠지만 저는 어리
석은 양반이라고 부를 수밖에 없군요. 차라리 그 칼을 들어
이등의 가슴에 꽂고 죽을 일이지…….

시종들, 민영환의 사체를 들고 나간다. 유 씨, 뒤따른다.

이등을 중심으로 임 공사, 이완용, 이하 대신들, 그 부인들 정렬
한다.

이등 시종무관 민영환이 자결하였다. 참정대신 한규설은 사직하였으니 대신들 전원이 조약체결에 찬성한 것이다. 따라서 이 조약이 체결되었음을 만천하에 선포한다.

도열해 서 있는 다섯 대신의 가슴에 커다란 훈장을 달아주는 임공사.
부인들에게는 황금빛 봉투가 주어진다.
일본 음악이 울려 퍼진다.

좌측 무대에서는 머리를 산발한 선비들이 자결하고 있다⋯⋯.
여러 명.
약사발을 들고, 또는 목을 매는 등 상징적인 마임과 실루엣.
해금 또는 가야금의 산조가락이 비극성을 더해준다.

(노랫말) 팔도의 산천은 푸르건만은 조선 오백 년의 정기는 슬어져 가네.
오호통재로다. 나라가 이 지경이니 2천만 생민이 불쌍하구나.
황제폐하는 장차 어디로 가실 셈이오? 목이 메어 말이 나오지 않네.

혁재와 노리끼, 한쪽에 등장. 역사무대 테두리 밖에서 이들을 보고 있다.

노리꼬 왜 저 사람들 죽어요? 다른 사람들은 축복을 받고 있는데?

혁재 축복이 아니라 영원한 굴레를 쓰는 거예요. 매국노라는 멍에를 자손 대대로 짊어진 채…….

노리꼬 죽은 사람들은?

혁재 순국열사로 추앙을 받게 되죠.

젊은 선비가 칼을 들어 자기 가슴을 찌르려 한다.

노리꼬 안 돼요! 죽으면 안 돼요. 여보세요!

선비 이 길밖에 없다. 내가 명예롭게 죽는 것이 곧 사는 길이다.

노리꼬 차라리 싸우세요! 당신이 옳지 못하다고 생각하는 것과 맞서 싸우세요!

혁재 그래요. 적을 눈앞에 두고 스스로 죽는다는 것은 비겁한 일입니다.

선비 비겁하다고? 쓰러져 가는 나라를 차마 볼 수가 없어 이 나라와 함께 죽으려는데 나더러 비겁하다고? 내게 그런 말을 하는 자가 누구냐?

혁재 나라를 위한다면 한 사람의 적이라도 쓰러뜨리고 자결하십시오.

선비 한 사람의 적? 그래! 바로 그 자다! 내가 왜 그걸 진작 깨우치지 못했을까?

선비, 칼을 치켜든다. 그 칼로 자신의 상투를 잘라버린다.

선비   하마트면 값없이 죽을 뻔했구나. 그 자를 쳐죽이고 나도 죽겠다.

선비, 칼을 품은 채 퇴장한다.

노리꼬   누굴 죽인다는 거예요?

혁재   나도 모릅니다. 이 나라를 팔아먹은 반역자 중 한 사람이겠죠.

중간무대에서는 모두 사교춤을 추고 있다.

고종   나는 조약에 서명한 적이 없다! 괘씸한 것들, 이 나라의 왕을 허수아비로 만들다니…….

엄 상궁에게 안겨 있던 고종 부르짖으며 앞으로 나온다.
이완용과 법부대신 이하용만 남고 대신 이하 모두 퇴장한다.
이완용, 이하용 고종 앞으로 나와 부복한다.

이완용   폐하, 아뢸 말씀이 있습니다.

고종   아주 멋진 훈장을 다셨구려! 이 나라의 왕이 모르는 그 훈장은 누가 주는 거요?

이완용   일본 천황폐하께서.

고종   어느새 일본의 신하가 되셨구만……. 그런데 내게 무슨 볼일이라도 있소?

이완용　폐하, 평리원 검사 이 준이 법부대신을 걸어 고소를 하는 경
　　　　거망동을 저지르고 있습니다. 이는 나라의 기강을 흐리는 일
　　　　로 심히 부끄러운 일이 아닐 수 없습니다.

고종　　나라의 기강이야 이미 흐트러지지 않았소?

이하영　폐하.

고종　　그래, 법부대신이 일개 평리원 검사에게 고소를 당했다니 직
　　　　접 말을 해보시오!

이하영　이 준이 지난번 은서안 초록 사건에 불만을 품고 상관인 저를
　　　　고소했습니다.

고종　　그럼 파면시켜 버리면 될 거 아니오?

이하영　이미 파면이야 시켰습니다만 항간에 소문이 고약하고 신문에
　　　　서 떠들어대서.

고종　　그 신문은 나도 보았소. 일개 하급 검사로 업무상의 상관인
　　　　법부대신을 고소하다니 무엄하기 짝이 없군. 그래 짐이 어떻
　　　　게 해주기를 바라오?

이완용　이 준을 불러다 폐하께서 엄한 질책을 내리시어 재판을 열어
　　　　만천하에 내각 전체가 조롱거리가 되는 걸 방지해 주십시오.

고종　　이 준을 불러오시오.

이완용　이미 밖에 대기시켰습니다.

　　　　이완용의 눈짓에 시종, 밖으로 나가 이 준을 데리고 들어온다.

이 준　폐하,

고종　　이 준, 바로 들어라. 너는 독립협회다, 만민공동회다 하면서

불량배를 모아다 선동을 하여 민심을 어지럽히고 나라에 해를 끼치더니 평리원 검사로 취임한 후에도 역시 그 버릇을 고치지 못하고 상관을 걸어 고소를 하다니, 네 죄가 얼마나 큰지 알지 못하느냐?

이 준   폐하, 한 말씀만 드리게 해주십시오.

고종   말하라, 네 말을 듣고자 부른 것이다.

이 준   제가 상관을 걸어 고소하기에 이른 것은 지난 시월 팔일 황태자 전하의 혼례식에서 폐하가 내리신 특사령에 반일운동을 하다 피검된 백성들은 한 명도 특사 대상에 포함시키지 않았습니다.

고종   그럼 누구를 사면했다는 말이야?

이 준   법부대신에게 청탁을 한 죄인들은 도적이나 사기꾼이나 모조리 석방을 시키고 정작 석방되어야 마땅할 애국지사들은 특사대상에 포함시키지 않아 한 명도 석방되지 못했습니다. 이얼마나 억울한 일이며 나라를 생각하는 사람으로서 피가 끓지 않을 수 있습니까?

고종   그게 사실인가? 법부대신 대답해 보시오.

이하영   저 자를 상대로 말싸움을 한다는 건 소신의 위신에 관계된 일로서 일일이 대답하지 않겠습니다. 폐하의 현명하신 처분만 바랄 뿐입니다.

고종   의정대신의 의견은 어떠시오?

이완용   내각의 위신을 세우기 위해서라도 일벌백계하여 다시는 이런 하극상이 일어나지 않도록 엄중 문책함이 타당하다고 생각합니다.

고종 과연 의정대신다운 의견이시오. 앞으로 대한제국 내각의 위신도 좀 세웁시다. 이 준 듣거라. 짐이 특사령을 내릴 때에는 법부대신에게 내렸다. 법부대신이 어떤 법적인 처분을 내렸건 그건 그의 소관이다. 그런데 하관으로서 상관을 고소한 행위는 어떤 명분으로든 용서치 못할 일이다. 내가 너를 벌할 것인즉 억울타 생각마라!

이 준 폐하께서 내리시는 벌이라면 어떤 형벌이라도 달게 받겠습니다.

고종 그럼 태형 백도를 벌로 내린다.

이완용 가당한 처사이십니다.

이하영 곧 형벌을 집행하도록 준비하겠습니다.

고종 여기 짐이 보는 데서 형벌을 집행하라.

이하영 예.

이하영, 나가서 준비시킨다. 하인들이 태형 도구와 곤장을 준비한다.

이 준, 각오한 듯 당당히 서 있다. 고종은 시종에게 뭔가 귓속말한다.

노리꼬 저건 너무해요. 문명한 나라에서 매를 때리다니……. 더구나 왕 앞에서…….

혁재 무슨 일이든 벌어지는 세상이거든요.

고종 의정대신과 법부대신은 물러가라. 이 준도 선비이거늘 대신들이 보는 데서 태형을 맞게 할 수가 있는가? 짐이 직접 벌을 내리겠노라.

이완용 폐하의 현명한 처사에 감복할 따름입니다.

이하영 공연한 일로 성려를 어지럽게 하여 황송하옵니다. 소신 물러
가겠습니다.

이완용, 이하영 물러난다.

고종 이 준, 그래도 뉘우칠 생각이 없느냐?

이 준 법부대신의 부당한 처사에 대해서는 오직 증오할 뿐입니다.
비록 폐하의 벌은 달게 받겠습니다만 추호의 후회도 없습니
다.

고종 태형 백도를 맞으면 신체가 온전치 못할 텐데?

이 준 목숨이 끊어져도 소신의 마음은 변함 없습니다.

고종 이봐라, 형벌을 내릴 차비를 하여라.

노리꼬 안 돼요. 그럴 수 없어요.

혁재 쉿……, 조용히 두고 봅시다.

사령들, 이 준을 끌어다 형틀 앞에 꿇어 앉힌다.
시녀가 술잔과 술병을 들고 들어온다.

고종 이게 바로 짐이 내리는 형벌이다. 어서 일어나. 내 술잔을 받
아라.

노리고, 박수를 친다. 혁재가 만류한다.

이 준　폐하! (엎드린다)

시종　너희들은 물러가라.

사령들, 형틀과 곤장을 들고 물러난다.

고종　(손을 잡아 일으키며) 이 준, 나는 네가 나라를 위해 애쓰는 마음을 안다. 독립협회의 활동이나 만민공동회를 열어 기울어가는 나라를 부흥시키려는 젊은이들의 노력을 짐은 잘 알고 있다. 짐의 마음도 그대들과 같은 마음이었다. 그러나 이 나라 왕의 자리는 내 뜻대로 할 수 있는 자리가 아니다. 내가 아무리 개혁을 하려고 해도 대신들이 듣지를 않는다. 내 앞에선 곧 거행해 올리겠습니다 하고는 하나도 시행되는 게 없다. 이러쿵 저러쿵 현실이 어떻구 정세가 변했고 어쩌구 변명을 늘어놓으면서 결국 모든 게 제자리 걸음이다. 난 저들 대신들의 속마음을 안다. 개혁을 해서 제도가 바뀌면 저들의 이권이 줄어들기 때문이지……. 이 나라 양반 사대부들의 기득권 챙기기에 나라가 멍들고 있는 거다. 이젠 일본의 앞잡이가 돼서 왕에게 대항하고 있다. 조약에 서명한 대가로 일본 정부로부터 얼마나 돈을 받았는지 나는 알 수 없다. 한 가지 분명한 것은 일본은 저 쓰레기 같은 대신들을 앞세워 이 나라를 통채 먹으려 하고 있다는 것이다. 그걸 막아야 된다.

이 준　제가 어찌해야 할지 명만 내리시옵소서……

고종　내달 화란국 수도에서 만국평화회의가 열린다는 소식 들었느냐?

이 준　신문에서 읽었습니다.

고종　거기 가서 일본과의 조약은 황제의 뜻이 아니라 강압에 의해 체결된 것임을 호소하라. 전세계에 일본의 야욕을 폭로해 버리자.

이 준　어명을 받들어 분골쇄신하겠습니다.

고종　자, 잔을 받아라. 이 준 너는 나의 밀사이니 이 일은 너와 나만이 아는 일이다.

이 준　폐하.

술잔을 받아 마신다.

고종　자세한 얘긴 내실에 들어가서 하자. 여긴 벽에도 귀가 있으니…….

고종, 이 준의 손을 잡고 안으로 들어간다. 동시에 음악소리와 함께 대신들, 부인들과 왈츠를 추며 등장한다. 정동구락부 파티 장이다.
뒤 벽에는 '李完用 內閣 出帆 慶祝宴'이라는 현수막이 걸려 있다.

노리꼬　혁재 씨 우리도 춤춰요.

혁재　안 돼요. 난 저런 춤 못 춰요.

노리꼬 (손을 잡아 끌며) 내가 가르쳐 줄게요.

노리꼬, 혁재를 데리고 춤추는 무리 가운데로 나간다. 서툴게 춤춘다.

노리꼬 (옆의 홍 씨에게) 즐거우세요? 부인?

홍 씨 그럼, 즐겁구 말구⋯⋯. 내 남편의 지위가 확실하게 보장되는데⋯⋯.

혁재 (이지용에게) 올바른 선택이라고 생각하십니까?

이지용 힘 있는 쪽에 줄서기를 잘했다고 생각하네.

혁재 민중들은 당신들을 반역자라고 매도하고 있는데도?

이지용 멋대로 떠들라지⋯⋯. 그 대신 안락한 생활과 부가 보장되고 있네.

혁재 그게 얼마나 오래 갈까요?

박제순 10년, 20년 얼마나 갈지 모르지. 그러나 내가 살아 있는 동안은 확실하지. 그 다음엔 내가 알 바 아니야. 그땐 우린 이미 죽어버렸든가 늙어 있을 테니⋯⋯.

혁재 훗날 역사가 당신들을 단죄할 겁니다.

박제순 역사? 핫⋯⋯. 누가 역사에 관심을 갖나? 그건 몇몇 지식인들의 말장난에 불과해⋯⋯.

혁재 후대에 기록으로 남을 텐데요?

이하영 이봐, 젊은이 그런 기록을 누가 읽나? 할 일 없는 한량들이나 볼까?

노리꼬 당신들의 자손들은 어떻게 되죠?

최 씨 우리가 물려준 유산으로 잘 살게 될 거야. 아마 이 나라의 엘리트로 성장하겠지.

이근택 이 나라를 지도하는 인물이 우리들의 자손들 속에서 나올 걸……. 핫핫……. 두고 보라구!

음악이 바뀌면서 이완용, 뒤 단상에 부인의 손을 잡고 등장한다.
가슴에 두른 훈장과 화려한 의상. 모두 춤을 멈추고 박수를 친다.

노리꼬 저 사람은 나도 아는 사람이야…….

혁재 드디어 개인의 야심을 이룬 거지요.

노리꼬 도대체 이 사람들은 어떤 부류예요?

혁재 높은 곳에 있는 사람이라면 누구한테나 만세를 부르는 자들, 어떤 체제하에서나 언제나 좋은 지위에 오르는 자들……. 어떤 색깔, 어떤 허위의 옷이든 상황에 따라 바꿔입고, 그러나 결코 죽는 법이 없는 권력자들과 그 졸개들이지요.

노리꼬 저 사람들은요?

좌측 무대에서는 왜병에게 고문을 당하고 있는 젊은이의 그림자.
총살을 당하는 의병들의 모습.

혁재 나라를 위하여 의로운 일을 하다 희생되는 민초들이죠.

노리꼬   왜 보통사람들처럼 평범하게 사는 길을 선택하지 않았을까
요?

혁재   이들은 상처를 입었기 때문이지요. 사냥꾼의 총알에 상처받
은 짐승은 앞뒤를 안 가리고 더 난폭해지죠.

노리꼬   그래서 영웅이 되는군요.

혁재   영웅? 얼마나 잔혹하고 비인간적인 선택인가요? 후세에 누가
이들을 기억하겠어요? 이 사람들의 잃어버린 청춘과 살지 못
한 인생은 누가 보상해 주나요? 그가 영웅이라고 누가 고마
워합니까?

청년   (고문당하는) 누가 고마워해 주기를 바래서 이 고통을 선택한
건 아니오. 내 자신의 원칙 때문이지. 한국인이라는 내 존재
의 존엄성을 지키기 위해서……, 아아…….

노리꼬   혁재 씨라면 이런 때 어떤 선택을 하겠어요?

혁재   핫, 난 물론 이런 어려운 선택을 하지 않을 거예요. 난 상처받
은 적도 없고 애국자도 아니에요. 난 영웅 같은 건 될 수도 없
고 되고 싶지도 않아요.

이완용   (손을 들며) 신사숙녀 여러분, 금일로부터 우리 대한제국은
새로운 정부를 갖게 되었으며 조국 근대화를 향한 개혁의 첫
걸음을 떼어 놓게 되었습니다. 우리의 지원자이며 우방국인
일본제국의 적극적인 협조로 대한제국도 세계 여러 나라와
어깨를 나란히 겨루면서 일류 국가로 발돋움할……

이등   (소리친다) 이 총리!

모두 이완용의 뒤편을 본다. 이등이 임 공사를 대동하고 들어선다.

이완용 이등을 맞는다.

이완용 이등 총감, 이렇게 왕림해 주셔서 영광입니다.

이등 이 총리 오늘 신문 봤습니까?

이완용 신문이라면…….

임 공사, 신문을 이완용의 코 앞에 내민다.

임 공사 이 준이 대한제국 황제의 친서를 휴대하고 만국평화회의장에 나타났소이다.

이완용 그런 일이 있었습니까?

이등 내각 총리가 모르고 있다니? 내각 총리가 도대체 뭘 하는 자리요?

이완용 이건……. 틀림없이 뭔가 오해가…….

임 공사 이 총리만 남고 다들 물러가시오.

모두 물러난다. 혁재와 노리고, 역사마당 밖으로 나가 선다.

이등 지금 이 나라에는 황제와 내각이 따로 놀고 있소. 내각 총리가 모르는 밀사가 황제의 친서를 휴대하고 국제회의장에 나타나 일본을 비난하고 있어. 이 사태에 대한 책임을 누가 지겠소?

이완용 황제를 뵙고 자초지종을 알아보겠습니다.

이등 이 총리, 이 훈장은 누가 달아준 거요? 누가 당신을 총리로 시켰소?

이완용 그야, 여러분들이…….

이등, 이완용의 무릎을 발로 걸어찬다. 신음 내지르며 주저앉는 이완용. 이등, 이완용의 수염을 잡아 일으킨다.

이등 이런 허깨비 같은 나라는 내 명령 한 마디로 쑥밭을 만들어서 점령해 버릴 수 있어. 그러나 일본제국은 더 큰 목표가 있기 때문에 힘을 아껴 두는 거야! 황제한테 당장 일본 천황폐하에게 사죄하라고 해! 그리고 황제의 위임장은 가짜라는 전문을 화란에 보내! 그러지 않으면 다른 조처가 뒤따를 거야!

임 공사 이 총리, 당신은 일본 천황폐하의 은급을 받고 있다는 사실을 잊지 마시오…….

이등과 임 공사 퇴장한다. 이완용, 천천히 몸을 일으킨다.

이완용 아무도 본 사람은 없어. 그렇다면 없던 일이나 마찬가지지. 내 권위는 살아 있어!

옷차림을 고치며 천천히 황실로 걸어간다.

노리꼬 왜 저렇게 당하고만 있지요? 한 나라의 대신이…….

혁재   모욕을 당한 것이 아니라 내가 나서야 할 기회가 왔다고 스스로 자신을 정당화하고 있을 거예요. 그것이 모든 추종자들이 갖는 자기합리화의 과정이지요.

노리꼬 이해할 수 없어요. 남자들이 경영하는 정치의 세계를…….

혁재   아무도 보지 않는 역사의 뒷마당에서 일어나는 사실에 대해 우리는 알 수가 없어요. 그러나 추잡한 일이 벌어진다는 것은 짐작할 수 있지요.

고종이 시종을 거느리고 나온다.

고종   이 총리가 어인 일이오? 일본 통감부에만 출입하는 줄 알았는데?

이완용 폐하.

고종   안색이 좋지 않구려. 어디 편찮으시오?

이완용 폐하, 어찌 이러실 수 있습니까?

고종   무슨 말이오?

이완용 만국평화회담에 밀사를 보내시다니?

고종   아아, 그 일 말이군.

이완용 우리는 일본과 조약을 맺어 외교권이 없습니다.

고종   그 조약은 대신들이 맺은 것이지 짐은 서명한 일이 없소.

이완용 폐하의 서명이 있고 없고가 문제가 아닙니다. 이미 양국 내각에서 조약이 유효임을 공표한 이상 그대로 따르는 수밖에 없습니다.

고종   그러니까 이제 와서 나더러 어떻게 하란 소리요?

이완용　일본 천황에게 사죄하십시오.

고종　뭐가 어째?

이완용　밀사를 파견한 사실이 없다고 부인하십시오.

고종　그게 내각 총리가 황제에게 진언할 말이오?

이완용　그러지 않으면 앞으로 더 큰 일이 벌어집니다.

고종　감히 황제를 협박하다니……. 아무리 일본의 덕을 입고 있다고 네가 어찌 이럴 수 있는가?

이완용　폐하, 저도 이러고 싶지 않습니다. 그러나 이미 우린 일본제국 앞에 힘을 잃은 나라입니다. 군사적으로나 문명으로나 우린 뒤져 있습니다. 힘 없는 나라가 아무리 정의를 호소한다고 해도 우리의 호소를 귀담아 듣는 나라도 없습니다. 폐하 혼자선 더 이상 어쩔 수가 없다는 걸 아셔야 합니다……. 저도 어쩔 수 없습니다.

고종　어쩔 수 없다……. 어쩔 수 없다는 핑계로 얼마나 많은 잘못이 저질러지고 있는지……. 죽어서 선왕을 대할 면목이 없구나…….

이완용　폐하, 일본군의 총칼에 백성만 다칩니다.

　　　우측 무대에서는 이등이 칼을 들어 지휘를 하고 있다. 총을 겨누는 일병.
　　　좌측 무대에서 총소리와 함께 쓰러지는 친위대 장병들의 실루엣.

고종　이건 또 무슨 소리냐?

시종 황성을 지키는 친위대와 일본군이 교전을 하고 있습니다.

고종 왜? 왜? 저희가 하고 싶은 대로 다 하면서 또 무엇이 부족해 총질인가?

이완용 폐하, 시간이 없습니다.

고종 내각 총리가 알아서 하시오. 어쩔 수 없는 일이라니……

이완용 그럼 폐하께서 밀사를 화란에 보낸 일이 없다고 선언하겠습니다.

이완용, 읍하고 물러난다.

고종 난 늘 이렇게 뒤로 물러선다구…….

시종 폐하로서도 어쩔 수 없는 일입니다.

부인 유 씨, 등장한다.

유 씨 폐하, 문안드립니다.

고종 어서 오시오, 부인……. 이 나라 대신들이 모두 충정공만 같았어도 오늘날 이런 수모를 겪지 않았을 것이오…….

유 씨 아무리 충신이 많아도 나라에 힘이 없으면 당하게 마련입니다.

고종 그래도 보시오. 황성 밖에서 총소리가 나고 친위대 병사들이 죽어가는데 대신들은 그림자 하나 보이지 않소. 부인만이 이 어려울 때 나를 찾아주었소.

유 씨 폐하, 자결한 남편에게 의정대신의 명예를 주시고 충정이라는 시호까지 내려주시어 그 영광이 자손대대에 이르게 됨을 진정으로 감사드립니다. 하오나 지금 밖에서 폐하와 이 나라를 위해 몸 바쳐 싸우는 민중들을 보면 오히려 부끄러울 뿐입니다.

고종　말해보오, 부인……. 이럴 때 내가 어찌 해야 하는지?

유 씨　폐하, 이번 싸움도 시위대가 황성으로 향해 오는 길목을 막은 일본군이 발포하면서 시작되었습니다.

고종　시위대가 황성으로?

유 씨　폐하를 뵙고 폐하의 말씀을 직접 듣고 싶은 백성들의 바램이지오.

고종　내 말이 듣고 싶다고?

유 씨　그렇습니다. 폐하의 말씀은 칙령으로 반포되지만 지금껏 대신들이 중간에서 말을 만들어 왜곡되게 전달되었습니다.

고종　능히 그럴 것이오.

유 씨　지금의 새 내각은 일방적인 발표만 하고 있습니다. 일본의 뜻에 거슬리지 않을 정도의 선무책이지요. 백성들은 폐하가 직접 하시는 말을 듣고 싶어합니다. 진정한 폐하의 속뜻이 무엇인가를 확인하고 싶어합니다.

고종　내 뜻은 부인도 아실 텐데……. 만국평화회의에 밀사를 보낸 것도 짐이오.

유 씨　백성들은 그 소식을 알고 있습니다. 그래서 고무되어 있습니다. 폐하의 속마음이 백성들의 뜻과 같다는 사실을 확인하고 싶은 것입니다. 폐하, 저들 앞에 직접 나서서 말씀해 주십시오.

고종 부인이 남자로 태어났으면 내가 대신으로 임명했을 것이
오…….

유 씨 제가 대신이었다면 이등을 제 손으로 죽였을 겁니다.

고종 과연 여장부로다……. 알았소, 내가 백성들 앞에 나서겠소.

시종 위험합니다, 폐하. 저들은 대신들 행차에 돌을 던지고 있습니
다.

고종 일본군의 총에 맞아 죽기보다 백성들이 던지는 돌에 맞아 죽
는 게 낫지. 처음으로 내가 결단을 내리겠소. 이번엔 누구도
날 말리지 못하오. 백성들에게 큰소리로 말하겠소. 나는 일본
과 어떤 조약도 맺은 적이 없다고!

　　　　이등, 일병의 호위를 받으며 등장한다. 임 공사, 뒤따른다.

이등 대황제폐하, 외신 이등박문 문안드리오.

고종 이 나라 대신들은 얼씬거리지도 않는데 이등공이 찾아주시니
영광이오. 충정공 부인. 아시지요?

이등 부인, (인사하며) 대감의 변고 소식을 들었습니다. 정말 유감
이오. 함께 동양평화를 논할 어른이셨는데…….

유 씨 총질로 동양평화를 논하기보다 자결을 택하셨지요.

이등 핫……. 이 나라의 학식있는 양반, 선비들은 자결하길 즐겨하
는군요.

고종 더럽게 사느니보다 깨끗하게 목숨을 버리는 걸 자랑으로 아
오.

이등 맞서 싸울 용기가 없으니 자결하지, 그래서 이 준이도 자결하

셨군.

고종 이 준이 자결하다니?

임 공사 만국평화회의장에 나타나 대한제국 대표라고 주장한 이 준이 자결했습니다.

고종 뭐라고? 이 준이 죽다니……!

이등 황제의 신임장이 가짜라는 사실이 탄로났거든요.

고종 그건 가짜가 아니오, 내가 신임장을 써 주었소. 이 준은 내가 보낸 밀사요.

이등 이제사 사실이 드러나는군요. 황제께서 국제간의 신의를 깨 버리셨습니다.

고종 국제간의 신의라니? 일본도 신의라는 걸 아는 나라요?

임 공사 말씀이 지나치십니다.

고종 이왕 나온 말. 이등 공, 다른 나라를 침범한 적이 없는 이 나 라에 군사를 주둔한 참뜻이 뭐요?

이등 서양의 침략으로부터 귀국을 지키기 위한 것이오. 청국이나 아라사 군대를 물리친 건 누굽니까? 동학 농민반란 때 귀국 을 도와 역도를 물리친 건 어느 군대요?

고종 아……, 내 탓이로다. 내가 어리석었던 탓이다.

이등 귀국은 이미 일본의 보호를 받는 나라요. 앞으로 귀국의 내정 은 통감부의 승인을 받아 시행될 것이오.

고종 뭐라고? 이제 내정에까지 간섭하겠다는 거요?

임 공사 (서류를 꺼내 읽는다) 일본국 정부 및 한국 정부는 속히 한국 의 부강을 도모하고 한국민의 행복을 증진할 목적으로 다음 과 같은 조약을 체결한다. 첫째 한국 정부는 시정개선에 관하여 통감의 지도를 받는다.

고종 못한다. 나는 못한다!

이등 그렇다면 황위를 태자에게 양위하시오.

고종 뭐라고? 나더러 물러나라고?

고종, 비틀거리며 쓰러지려 하자 시종과 유 씨, 부축한다.

시종 폐하,

이등 황제, 이제 당신은 끝났소!

이등 기타, 우측 무대로 물러난다. 거기엔 한국 대신들이 대기하고 있다.

이등 한국 황제는 더 이상 국정을 다스릴 수 없을 정도로 건강이 악화되었소. 앞으로 황제의 판단력을 믿을 수 없으니 황태자에게 양위토록 설득하시오.

대신들, 우우 몰려 고종 앞으로 나가선다. 고종은 엄 귀인의 가슴에 기대 누워 있다.

이완용 폐하, 대위를 황태자에게 섭정시킴이 어떠십니까?

대신들 황태자에게 양위하심이 지당한 처사인 줄 아뢰오!

고종 (목소리만 따로) 오. 호. 라······ 짐이 열조의······ 대업을······

이어…… 지금…… 44년이…… 되었도다……. 그 동안……
여러 차례…… 난리를…… 겪어…… 정치가…… 제대로……
되지…… 못하였다……. 등용이 잘못되어…… 나날이…… 소
요는…… 심해가…… 시책이…… 어그러져…… 백성이……
곤핍하고…… 국보의…… 어려움이…… 이때보다…… 더 심
한 때가…… 없도다. 이 난국을…… 태자에게…… 부탁코자
하노라……. 짐은…… 지금 이후로…… 군국의 대사를……
황태자에게…… 대리코자 한다……. 궁내부와…… 장례원 내
서는…… 선위식을 거행토록 마련하라…….

고종의 조서가 천천히 울려 퍼지는 동안 선위식이 거행된다. 궁
중악이 울려 퍼지고 자리가 마련된다. 나이 어린 황태자가 태자
비와 함께 대신들, 이등 기타 일본 사람들이 지켜보는 데서 고
종으로부터 옥새와 왕관을 물려받는다.

노리꼬 정말 멋있어요.
혁재 조선 왕조의 마지막 즉위식이죠.

좌측 무대에서 유 씨 부인이 젊은 선비에게 보자기에 싼 물건을
건네주는 조용하고 엄숙한 의식이 진행된다. 보자기를 받아든
채 유 씨에게 절을 하는 선비. 이완용이 서류를 받들어 황태자
에게 내민다.

황태자 부. 왕. 께. 서……거. 부. 하. 신……조. 약. 에……짐.

이……서. 명……할. 수. 없. 다.

이완용 폐하, 이러시면 안 됩니다.

이등 빠가야로! 신사적으로 절차를 밟으려 했더니 안 되겠어. 그냥 없애 버려! 나는 이따위 조막만한 나라에 매달려 있을 수 없어. 동양 전체가 나의 무대다.

이등, 자리를 박차고 물러난다. 임 공사 등 일본인들, 따라 나간다.
대신들, 아연실색해서 물러나는 일본인들을 본다.
유 씨 부인 물러나고 선비, 보자기를 푼다. 권총이 드러난다.

기차의 기적소리 울리며 무대 뒤 천공막 전체가 올라가고 극장 무대 뒤가 그대로 노출된다. 기차 화통에서 나는 김이 자욱이 깔리고 일본 병정들이 대오를 맞춰 정돈한다. 구령소리. 극장 뒷문에서 들어오는 빛. 일병들이 카펫을 빛이 들어오는 입구로 향해 깐다.
무대 좌측의 선비, 권총을 품에 감춘 채 천천히 나타나 은신한다.

노리꼬 아, 저 사람은……. 자결하려던 그 남자예요……. 뭘 하려는 거죠?

이등이 불빛 속에서 나타난다. 일군들 받들어 총!

이등   (목소리) 본인의 하얼빈 방문을 이처럼 성대하게 환영해 주신 우방 제국의 외교관 여러분……. 일본제국 거류민 여러분, 감사합니다. 우리 일본제국은 동양의 영구한 평화와 안정을 도모하고자 불철주야…….

혁재가 **권총**을 들고 뛰어나온다.

혁재   야, 거짓말하지 말아, 이 개새끼야!

혁재, **권총**을 발사한다. 여러 방. 쓰러지는 이등박문, 달려드는 병사들, 혁재를 잡아챈다. 암흑으로 변한다

노리꼬   혁재 씨? 어디 있어요? 무서워요……. 여기 누가 있어요. 악! 누가 날 건드려요.

조명 속에 쓰러졌던 이등이 일어난다.

이등   (목소리) 핫하하……. 나는 죽지 않는다. 나는 또 살아나고 또 살아난다.

슬라이드가 내려오며. 일본 대신들의 얼굴 사진과 함께.

자막   36년 한국통치는 한국인에게 은혜로운 것이다.
1953년 10월 15일.

자막 이등박문의 예를 따라 일본은 한국에 파고들어가야 한다.

1962년 10월 5일.

자막 한국인들은 한일합방의 역사 속에서 일본에게 많이 배웠다고 말한다.

1974년 1월 24일.

자막 한일합방은 이등박문과 고종 간의 합의에 근거한 것이다.

1986년 7월 25일.

자막 태평양전쟁을 침략전쟁이라고 정의하는 것은 잘못된 것이다. 정신대 위안부는 일종의 공창이다.

1994년 5월 3일.

자막 태평양전쟁으로 아시아제국에 폐를 끼친 반면 그 덕분에 독립을 얻지 않았는가?

1994년 8월 12일.

자막 한일합방조약은 원만히 체결된 것으로 강압적으로 체결된 것이 아니다.

1995년 6월 3일.

자막 한일합방조약은 당시 국제적 상항에서 볼 때 법적으로 유효한 것이다.

1995년 10월 8일.

자막 한일합방은 그 당시 한국이 약해서 당하던 시절이라 다른 도리가 없었다. 일본의 식민지 지배는 한국의 교육수준을 향상시켰다.

1995년 10월 11일.

자막 태평양전쟁을 침략전쟁으로만 볼 수 없다. 일본이 항상 사과

할 이유는 없다.

1996년 1월 16일.

자막 독도는 역사적으로 보나 국제법상의 관점에서나 일본 고유의
영토이다.

1996년 2월 9일.

선비, 소리지르며 튀어나온다.

선비 야……. 이 나쁜놈들!

선비, 이등에게 총을 쏜다. 그리고 여기저기 나타나는 다른 일
본인의 그림자에게도 미친 듯이 총을 쏘아댄다.
무대는 암흑으로 변한다.

넷째 마당●독립기념관 밀랍인형 전시실

불이 들어오면 독립기념관의 다른 인형 전시실이다. 안중근, 이 등 기타 독립운동가와 일본인들……. 독립투사를 고문하는 왜병 등의 밀랍인형들, 그 사이에 노리꼬, 눈을 부비며 웅크리고 있고 혁재는 일본 경찰들에게 고문당하는 모습으로 서 있다. 자기 모습에 놀라 몸을 빼는 혁재.

노리꼬　여기가 어디죠?

혁재　독립기념관……. 우린 다른 방에 와 있어요.

노리꼬　꿈을 꾼 것 같아요. 이상한 꿈……. 여기 이 사람들이 살아 움 직이는 꿈…….

혁재　나도 겪었어요……. 내가 안중근이 되는 꿈을…….

노리꼬　그럼 우리가 본 것은 단순한 꿈이 아니란 말인가요?

혁재　망령들이 우리 속에 살아 움직이고 있는 거예요.

노리꼬　망령들?

혁재　역사 속에 묻혀버린 망령들……. 그러나 지금도 살아 우리를 괴롭히는 망령들…….

노리꼬   왜? 왜 저들이 우릴 괴롭히죠?

혁재   청산 못한 과거를 갖고 있는 나라에선 망령이 살아 날뛰는 겁
     니다. 한국은 분단 때문에 동족간의 전쟁을 치루느라 과거를
     청산할 기회가 없었어요.

노리꼬   일본은 ?

혁재   양심적인 지식인들의 참회의 소리가 들리지 않았어요. 전쟁
     세대들이 그대로 정권을 잡았구. 거기다가 일본 민족주의가
     과거청산의 기회를 막아 버렸어요.

노리꼬   그럼 앞으로 우리 세대는 어떻게 해야죠? 선대가 저지른 과
     오 속에 함께 묻혀사는 길밖에 없나요.?

혁재   아니요. 그래선 안 돼요! 두 민족의 가슴속에 잠재되어 있는
     불신과 증오의 뿌리부터 제거해야 돼요!

노리꼬   우리의 부모들은 몰라도, 우리 세대는 불신과 증오를 안고 태
     어나지 않았어요. 그런데 우리더러 어떻게 하라는 거예요?

     거대한 체구의 관리인이 나타난다.

관리인   여보세요, 거기서 뭐하는 거예요? 나가요! 관람시간 지났어
     요.

혁재   저흰 정전이 되는 바람에 갇혀 있었어요. 다 구경도 못하
     고…….

관리인   정전이 되다니? 무슨 소리야? 여긴 한 번도 정전이 된 적이
     없어. 누구야, 너희들?

혁재   저흰 독립기념관을 구경하려고 온 학생들이에요.

관리인 정말이지? 감사가 나온다는 소문이 있던데, 관람시간에 정전
됐다는 얘기가 나오면 곤란해.

노리꼬 난데스까? 왜 그러는 거예요?

관리인 이 여자 뭐야?

혁재 관광온 일본 학생이에요.

관리인 일본 학생이 독립기념관에는 왜 오는 거야?

혁재 네? 일본 학생이 오면 안 되나요? 저흰 한일관계에 대한 역사
공부를 하려고……

관리인 일본놈들이 어떤 놈들인지 여기서 봤으니 이제 알겠지? 쪽발
이 일본놈들은 모두 태평양 바다에 쓸어 넣어야 돼! 이 일본
여학생한테 말해 줘. 지진이 나서 일본 열도가 바다에 몽땅
가라앉아 버리는 게 우리의 소원이라구!

혁재 아니에요. 그건 아저씨의 소원일지는 몰라도 우린 아니에요!

관리인 뭐가 아니야? 넌 어느 나라 놈이야?

노리꼬 혁재 씨 왜 그래요? 이 분 왜 소리를 지르는 거예요?

혁재 이제 알았어요. 이런 배타적인 민족주의가 두 나라를 망치고
있다는 것을……

관리인 뭐가 어째? 뭐 민족주의가 망쳐? 넌 조상도 없냐?

관리인, 위협적으로 두사람에게 덤빈다.

노리꼬 혁재 씨!

혁재 아저씨, 왜 이러는 거예요?

관리인 친일파들은 다 처단해야 돼! 이 땅에서 일본의 잔재를 말끔히

청산해야 돼! 그래야 저 분들이 지하에서 편안하게 쉴 수 있어. 너희 같은 놈들이 일본을 끌어들이고 있는 거야!

관리인, 광기를 발하며 둘에게 접근하려 하자 지금까지 부동자세로 있던 인형들이 신음소리를 내며 움직인다.

관리인   이게 뭐야? 이게 무슨 소리야? 왜 이래? 왜 이러는 거야?

인형들, 관리인을 둘러싼다.

인형들   (목소리) 증오심을 버리자……. 벽을 허물자……. 세계는 하나의 이웃이다……. 21세기는 과거의 그림자로부터 해방되는 자유의 시대가 되어야 한다. 망령의 지배를 받는 세대들이여 이 땅에서 사라져라! 우린 살아 있는 자들이 만들어 놓은 망령으로 남아 있는데 이젠 지쳤다. 우리에게도 자유를 다오! 자유! 과거로부터의 자유. 망령으로부터의 자유!

인형들, 관리인을 팽개쳐 버리고 자유로운 모습으로 변하며 혁재와 노리고를 둘러싸며 춤춘다. 왜병은 옷을 벗어버리고, 고문당하던 인형은 포승을 풀어버리고 이등은 제복을 벗어던지고 인형 하나하나 모두가 과거의 옷을 벗고 자유로운 모습으로 변해 함께 춤추는데 막이 내린다.

남사당의 하늘

등장인물 ———————————

바우덕이
봉섭
배근
경화
곰뱅이쇠
김 노인
복만
양반
이장
일본순사 A, B
기타 놀이패의 패거리들

1막

막이 열리기 전부터 꼭두각시놀음의 전주곡이 들린다. 굿거리, 염불 타령, 반주에 맞추어 반복되는 노래와 음악.

떼에루 떼에루 띠어라 따, 떼이루 떼이루 떼이루 야하, 떼에루 떼에루 띠어라 따, 떼이루 떼이루 떼이루 야하……

막이 오르면, 처연한 곡조에 따라 남사당의 행렬이 이어진다. 줄타기 음악이 오버랩되면서 중간 막이 오른다. 꼭두쇠인 김 노인에게 줄타기를 배우고 있는 소녀 바우덕이의 모습이 보인다. 마당에 새끼줄을 늘어놓고 그 위를 부채를 들고 마치 높은 곳에서 줄을 타듯 조심조심 몸을 움직여 앞으로 전진하고 있는 바우덕이. 김 노인 장구로 장단을 맞춰주고 있다.

김 노인 마치 나비가 꽃 보고 날아들 듯, 학두루미 외발로 먼 산 바라보듯, 팔선녀 봄바람에 춘흥을 못 이기듯 흔들흔들 나붓나붓, 옳거니! 그렇게, 그렇게 하는 것이다.

바우덕이 땅에서 하는 것도 이리 힘든데 하늘에서 줄을 어찌 타요?

김 노인 땅과 하늘은 한줌 사이도 못 된다. 바로 여기가 땅이요, 여기가 하늘인 것이지. 조금씩 조금씩 올라가면 바로 하늘에 닿는 것이야.

바우덕이 아버지, 겁이 나요.

김 노인 처녀가 줄을 타야 맵시가 고와지는 법, 이번엔 뒤로 훑다.

타령 장단을 치며 노래한다.

김 노인 한발 뒤로 사뿐사뿐…… 옳거니…… 허리를 틀고 양손을 올려 마치 선녀가 옥동을 보고 놀라 뒷걸음치듯이…….

바우덕이 뒷걸음치다 멈추어 선다.

김 노인 왜 멈추는 게야?

바우덕이 못하겠어요. 어지러워요.

김 노인 하늘을 겁내다니, 그런 여린 마음으로 어찌 남사당을 따라왔누? 남사당은 하늘을 의지하고 사는 법, 언젠가 우리가 돌아갈 곳이 바로 하늘인 까닭이여. 하늘이 받아주는 날까지 육신의 재주를 다하여 사람들을 기쁘게 하고 위로해야 하는 운명을 타고난 것이 우리 남사당인게여. 재주보다 몸을 팔아 사는 여사당패와 남사당이 다른 점도 바로 그것이구. 재주를 닦는 것이 어렵고 싫으면 여사당패로 가거라, 집으로 돌아가든가.

바우덕이 아버지 잘못했어요. 배울게요.

김 노인 줄 위에 서라.

바우덕이 자세를 바로한다. 줄 위에서 줄을 타고 앉았다 섰다 하면서 춤춘다.
김 노인 다시 장구를 치며 노래한다.

김 노인 팔선녀가 앉았다, 팔선녀가 앉았다, 누가 누가 앉았냐? 난양 공주, 영양공주, 바리공주, 나리공주, 안산 위의 목단화, 만학 천봉 해당화, 두 손에 꺾어들고 청계수 흐르는 물에 목욕을 감는다. 물 한점 덤벅 집어 옥수도 씻어보고, 또 한점 덤벅 집어 젖가슴도 문질문질, 또 한 번 덤벅 집어 만첩청산을 씻어 본다.

바우덕이 줄 위에 앉았다 섰다 하면서 춤춘다. 나무지게에 작대 기를 든 배근이 넋을 잃고 바라보고 있다.

배근 덕이야, 얼른얼른 자라라. 넌 내 것이야.

음악과 함께 처녀로 성장한 모습의 바우덕이가 높은 줄 위에서 춤춘다.
오른쪽 양반집을 상징하는 사랑채 서까래를 배경으로 양반 앉 아 있고, 그 앞에 곰뱅이쇠 꿇어앉아 있다. 이장이 옆에 있다.

양반 작년 우리 고을 논밭에 소출이 얼만 줄 아나? 여긴 모두 천수

답뿐이란 말일세. 그런데 자네도 알다시피 지난 여름 좀 가물 었나?

곰뱅이쇠 저희 재주를 보시면 쌀 한 섬 날린다고 아까워하시지 않을 것입니다. 잠도 헛간에서 자면 되니 그저 하루만 머물게 해주 시면 저희 있는 재주를 모조리 풀어 보여드리겠습니다. 안성 먹뱅이 남사당이라면 조선 천지가 알아주는 놀이패올시다.

이장 영감님, 모내기 전에 작인들을 한번 놀게 풀어주는 것도 좋을 듯싶습니다.

양반 겨울 내내 빈둥거리고 놀았는데 뭘?

봉섭 숙부님! 겨울에야 어디 노는 겁니까? 봄에 일하려고 힘을 아껴두는 거지요.

이장 한 번 놀게 해보십시오. 같이 어울려 너나 없이 웃고 마시게 하고 하룻밤만 트고 지내시면, 이웃끼리 등대고 원수처럼 지 내던 사람들도 형제처럼 친해지고 양반님네 원망하던 상놈들 도 원망이 눈 녹듯 사라질 겁니다. 아무렴요, 일하지 말고 게 으름을 피우라고 해도 신이 나서 일을 할 것이구요. 우리 지 주 양반님네들이 아랫것들을 이렇게 생각해 주는구나 고마운 마음을 갖게 되지요.

곰뱅이쇠 아무렴요, 그렇구 말굽쇼.

봉섭 숙부님, 놀게 해주십시오.

양반 음…… 그렇다면 내가 많이는 낼 수 없으니 이장 자네가 알아 서 판을 벌리게. 조금만 내야 하네.

곰뱅이쇠 객석으로 뛰어나간다.

곰뱅이쇠 곰뱅이 텄다, 곰뱅이 텄다.

객석 뒤로부터 영기를 앞세운 패거리들이 농부가를 부르며 등장한다.

남사당의 노래

(합창)
오라는 데 없어도 산을 넘고
반기는 이 없어도 물 건너고
밤이슬에 젖은 채 잠들지만
어린아이 철없는 돌팔매질
천대구박 견디기 어려우면
하늘보고 눈물을 되삼키네

밤하늘에 샛별이 총총 뜨면
대낮같이 화톳불 밝히우고
손님네와 우리들 시름일랑
풍물이며 살판과 어름산이
버나재주 덧뵈기 덜미판의
여섯 마당놀이로 풀어보네.

패거리들 중간 무대 놀이마당으로 오른다. 장구를 맨 바우덕이 무대 정면 뒤 배경막을 뚫고 튀어나온다. 패거리들 둥그렇게 둘러친 가운데서 바우덕이 혼자 장구춤을 춘다.

(합창)
안성 청룡 바우덕이 소고만 들어도 돈 나온다
안성 청룡 바우덕이 치마만 들쳐도 돈 나온다
안성 청룡 바우덕이 줄 위에 오르니 돈 쏟아지네
안성 청룡 바우덕이 바람을 날리며 떠나를 가네

우측 무대에서 양반과 봉섭이 바우덕이 춤을 보고 있다. 이장 함께 있다.

양반 허, 장구 치고 춤추는 자태가 여간 맵시가 있는 게 아니군.
이장 남사당 패거리 중에서 꽤 알려진 놀이패올습니다.
봉섭 저 아이 줄타기 솜씨는 세상이 다 알아준대요.
양반 넌 어찌 그런 것까지 알고 있느냐? 어서 들어가서 글공부나 해라. 내가 이래서 동네에 놀이패 끌어들이는 걸 꺼려하는 게야. 안팎으로 몽땅 놀이에 팔려서 제정신들이 아니거든.

봉섭 불만스럽게 나가버린다.
그러나 사람들 틈에 숨어서 계속 본다.

이장 작인들은 너나 할 것 없이 모두 즐거워들 합니다요.
양반 먹고 마시고 노는 걸 마다할 염병할 놈이 어디 있나? 예부터 말이 있어. 나라 임금도 기생 불러 논다면 정사를 뒤로 미루고 놀고부터 보네.

바우덕이 춤이 끝나고 패거리들 퇴장한다

양반 저 아이 말일세.

이장 누구 말인가요?

양반 춤추는 아이를 오늘밤 내 처소로 들일 수 없을까?

이장 사당패는 원래 자기 계집이나 암동모를 허우채를 받고 빌려
주기도 하니 넌지시 거래를 하면 불러올 수 있을 겁니다.

양반 돈 걱정은 말고 알아서 하게. 안에는 모르게 해야 하네.

이장 여부가 있습니까?

양반 내가 이 나이에 여색을 탐해서가 아니야. 요즘 몸이 냉해서
보할 아이가 필요하네. 계절이 바뀌어 그런가.

양반 퇴장한다. 바우덕이 춤을 끝내고 개복청 쪽으로 향한다.
봉섭 기다리고 있다가 손에 든 것을 바우덕이에게 내민다. 그의
손에는 노리개가 들려 있다. 바우덕이 흠칫 놀라 선다.

봉섭 이거 받어.

바우덕이 그게 뭐래요?

봉섭 돌아가신 어머니께서 쓰시던 노리개야.

바우덕이 아니 그런 물건을 어째서 나한테 준대요?

봉섭 그냥 너한테 주고 싶어서 그래. 받아…….

바우덕이 난 그런 물건 받을 수 없구먼요.

봉섭　　네가 줄 타는 걸 보구 너에게 뭔가 주고 싶었어. 그런데 너에게 줄 만한 것이 나에겐 없더구나. 그러다 어머니가 남기신 노리개가 생각났어. 내게는 이게 제일 소중한 것이거든.

바우덕이　난 받을 수 없다니까요.

봉섭　　남의 손 부끄럽게 하지 말고 받아. 너같이 줄 타는 아이에겐 행운을 가져다주는 부적이야.

　　　　　뒤로 물러서는 바우덕이 손에 억지로 노리개를 쥐어주고 봉섭 뛰쳐나간다.
　　　　　바우덕이가 나가는 봉섭과 노리개를 번갈아보는데 배근이 나타난다.

배근　　덕이야, 그게 뭐냐?

바우덕이　(놀라며 얼른 노리개를 뒤로 감춘다) 아무 것도 아녀.

　　　　　급히 노리개를 품에 감추며 나가려 한다. 배근이 나가려는 바우덕이의 어깨를 잡는다.

배근　　왜 요즘 내게 이리 쌀쌀한 거여?

바우덕이　내가 뭘?

배근　　덕인 내가 데려온 아이야. 집 떠나 길 잃고 헤매는 너를 내가 주워다 꼭두쇠 영감한테 맡겼어.

바우덕이　그래서 나도 배근이 오빠를 마음으로 고맙게 생각하고 있어.

배근　　마음으로만 생각하고 있음 뭘 해? 나하고 약조를 하는 것이
여, 내 색시가 된다고!

바우덕이　뭐라고?

배근　　매일매일 네 몸이 처녀로 피어 오르는 걸 얼마나 조바심하며
지켜보고 있었는지 알아? 이젠 하루라도 더 기다릴 수 없어,
널 내 것으로 해놓아야 마음이 놓일 것 같아.

바우덕이　이거 놔요! 제발…….

배근　　너는 내 차지란 말이야. 지금까지 다른 녀석들 눈독 들이는
거 내가 다 막아놓았단 말이야.

바우덕이　난 누구의 색시도 되고 싶지 않고 그저 남사당에서 줄 타고
춤추는 것 그것이면 그만이야. 그 외엔 바라는 게 없어!

배근　　덕이가 우리 패에 오래 있으려면 거사를 정해야 해. 내가 바
로 너의 거사가 돼 줄거여……. (덤빈다)

바우덕이　제발, 이러면 안 돼! 날 구해준 건 고맙지만, 이렇게 보답하
고 싶지는 않아. 아버지!

달려드는 배근이를 밀치며 실랑이하는데 날리꾼 이경화 등장한
다.

경화　　뭔 짓이냐?

바우덕이 배근을 뿌리치며 도망쳐 버린다.

경화　　우격다짐으로 한다고 덕이가 네 색시 될 성싶으냐?

배근 안 될 것도 없지요. 덕인 내가 주워다 우리 패에 삐리로 넣은 애예요. 어떤 놈이 건드려 버려놓기 전에 내 색시로 만들 거란 말예요.

경화 니 색시 삼으면 거둬 멕일 자신이 있냐? 집 한 칸이라도 있는 처지냐구?

배근 우리 같은 떠돌이가 언제 집 갖고 살았나요?

경화 그러게 하는 얘기야. 지붕 둘러줘…… 처자식 찬 비 맞지 않게 하고 땅에 뿌리박을 자신 없으면 색시 거느릴 생각하지 마. 못 견디겠으면 서루치기나 하고 말어.

배근 아저씬 뭐예요? 왜 덕이만 감싸고 돌지요? 두고 봐요, 반드시 덕일 내 것으로 하고 말테니! 덕인 내 색시예요! 누구든지 덕일 건드리는 놈은 죽여버리겠어!

놀이마당에서 살판이 벌어지고 있다. 살판쇠(땅재주꾼)와 매호씨(어릿광대)가 서로 재담을 주고 받으며 뛰어 등장한다.

살판쇠 이거 살판 죽을 판이구나, 매호씨!

매호씨 어이, 어느 지랄 맞을 놈이 날 불렀느냐?

살판쇠 여기 땅개비가 나왔는데 발바닥에 용수철이 달린 것도 아니고 뛰긴 뛰는데 어려운 재주럿다.

살판쇠, 휘파람 불며 몸을 날려 한바퀴 돈다.

매호씨 원, 염병할 놈. 아 그것도 재주라고 넘어?

살판쇠 아, 그럼 네가 해봐라. 재주라고 아무나 부리는 줄 아냐?

매호씨 재주 못 부리는 사람이 어디 있노? 양반들, 저기서 구경하는 어르신네들도 다 재주를 부려.

살판쇠 아니, 이놈 지체 높으신 분들이 재주를 어찌 부린단 말이냐?

매호씨 돈 놓고 돈 먹는 재주, 땅 팔아 벼슬 사는 재주, 아랫것들한테 뇌물 받는 재주, 헛기침하며 계집 후리는 재주, 아, 그건 재주가 아니고 무엇이냐?

살판쇠 예끼 이놈, 입이라고 함부로 놀리면 주릿대 탄다.

매호씨 그런데 나라고 재주를 못 부릴 성싶으냐?

살판쇠 어디 부려봐라.

매호씨 자, 재주 부린다. 잘 봐둬라. 한 번 넘어가는데 어려운 재주렷다.

몸을 날리며 재주 넘는 흉내를 내다가 엉터리로 넘어진다. 살판쇠는 여러 가지 재주를 넘는다.

마임으로 그 흉내를 내는 매호씨. 동시에 우측 무대에서 이장이 꼭두쇠 김 노인에게 흥정을 넣고 있다. 그 뒤에 양반 헛기침하며 서 있다.

김 노인 누구 말씀인가요?

이장 아, 그 설장구를 잘 치는 계집 말이오. 우리 진사어른께서 그 재주를 보시고 귀여이 여기시어 오늘밤 와서 술 한 잔 따르라십니다.

김 노인 술을 따르라니? 그 앤 내 딸이오. 그리고 그 애는 주석에서 술 따르는 계집이 아닙니다.

이장 허우채는 충분히 준다지 않소? 원래 사당패라면 몸도 팔고 재주도 파는 게 업이 아니요?

김 노인 우린 그런 사당패나 걸림패가 아니오. 우린 안성 먹뱅이 남사 당패요. 우린 비록 재주는 팔지언정 몸은 팔지 않소.

김 노인 퇴장한다.

양반 허허, 별것들이 다 지조를 찾고 있구만. 나라가 어지러우니 모두 제자리가 어딘지 몰라. 이런 걸 위기라고 하는 거야.

놀이마당에서 살판이 계속되고 있다.
바우덕이 구경하고 있다. 봉섭이 바우덕이를 보며 다가서고 있다.

살판쇠 매호씨,

매호씨 아, 자꾸 불러대지 말고 재주나 넘으렷다.

살판쇠 잘하면 살판이고 못하면 죽을 판이렷다. 땅개비가 떴다가 용 트림으로 떨어지는데, 눈 깜짝하면 못 보는 재주렷다. 획!

살판을 넘으며 퇴장한다.
매호씨 뒤따른다. 흉내를 내며 바우덕이 뒤따라가려 하자 봉섭, 가로막는다.

봉섭   (바우덕이 손을 잡으며) 잠깐만, 나 좀 봐.

바우덕이 이 손 놔요!

봉섭   이리 와! 잠깐이면 돼!

도령에게 끌려 좌측 나무 밑으로 간다.

봉섭   왜, 내가 싫으니?

바우덕이 날 찾을 거예요. 이 손 놔주세요, 누가 봐요.

봉섭   바우덕이, 왜 하필 이름이 바우덕이지? 너같이 예쁜 애가?

바우덕이 내 이름이 뭐든 도련님이 상관할 일 아니에요.

봉섭   난 너처럼 예쁜 애는 처음 본다. 어제 마을로 들어오는 널 보고 난 정신을 잃을 뻔했어. 이렇게 가까이 보니 넌 선녀 같구나.

바우덕이 귀한 집 자제가 천한 계집애에게 당치도 않은 말.

봉섭   이 세상에 천하고 귀한 몸이 따로 있니? 세상은 변하고 있단다.

바우덕이 난 그런 거 몰라요.

봉섭   내 이름은 봉섭이야, 김봉섭.

바우덕이 난 누구의 이름도 알고 싶지 않아요.

봉섭   그러나 고개를 돌려 내 얼굴이라도 보렴.

바우덕이 우린 내일 떠나요.

봉섭   어디로?

바우덕이 몰라요, 어디로 갈지. 우리는 오라는 마을만 있으면 어디든 가서 놀이판을 벌여요.

봉섭 넌 남아 있을 수 없니? 네가 묵을 곳은 내가 마련해줄 수 있어.

바우덕이 안 돼요. 이러시면 안 돼요.

봉섭 여기 남아 있으면 편하게 지낼 수 있다. 너 같은 애가 떠돌아다니며 고생을 사서 하다니.

바우덕이 고생은 되지만 놀이판에만 서면 배고픈 것 힘든 것 다 잊혀져요.

봉섭 그럼 남사당패거리가 좋아서 떠돌아다닌단 말이니?

바우덕이 아버진, 우리가 남들을 흥겹게 하는 게 전생의 죄와 업보를 씻는 거라고 하셨어요.

봉섭 나는 네가 무슨 소리를 하는지 모르겠다. 전생의 죄는 뭐구 업보는 또 뭐니?

바우덕이 아버지는 남사당패거리는 하늘나라에서 죄를 짓고 이 땅에 떨어진 사람들이라고 생각하라고 하셨어요. 애써 재주를 익혀 많은 사람들에게 위로와 즐거움을 주면 그 죄를 벗고 다시 하늘나라로 가게 된다고 하셨어요.

봉섭 그래, 그럴지도 모르지. 그래서 네가 선녀처럼 예쁜 건지 몰라. 아니, 넌 선녀보다 더 예뻐. 제발 넌 떠나지 마라. (안으려 한다)

바우덕이 안 돼요. 이러시면 안 돼요.

배근 뛰어든다.

배근 어느 놈이 덕이를 건드려?

배우덕이 (막아서며) 안 돼.

배근 죽여버릴 거야!

배근, 뒷걸음질하는 봉섭을 번쩍 들어 무대 밖으로 집어던진다.

봉섭 아…….

바우덕이 아! (비명 지른다)

놀이마당.

매호씨에게 쫓기면서 살판쇠 등 여러 명 등장한다. 살판쇠 앞곤
두 번개곤두를 하며 우측으로 퇴장한다. 매호씨 흉내내며 뒤쫓
는다. 다른 사람들 아크로바트(곡예). 대사 없이 마임으로 무성
영화처럼.

우측 무대에는 김 노인과 곰뱅이쇠 꿇어앉아 있고 양반과 이장
이 호령하고 있다.

양반 제놈들을 이 동네에 들어오게 한 것만도 감지덕지해야 할 판
에 감히 누구한테 손을 대?

김 노인 죽을 죄를 지었습니다.

양반 자넨 패거리의 꼭두쇠면 계집 단속도 해야지. 어디서 언감생
심 양반 자식을 넘나 봐? 세상이 개화된다니까 위아래도 없
어? 이젠 상것들이 양반을 희롱하다니? 원 돼먹지 않은 것들
같으니.

이장 자제분이 그만하기가 다행인 줄 알게. 말이 밖에 날까봐 더

이상 일을 벌이지 않는 것이니 날이 밝는 대로 이 마을에서 떠나도록 하게.

김 노인 예.

이장 그 대신 노자는 없네.

양반 노자는 무슨 노자? 이놈들을 다 가두고 약값 받아내지 않은 것만도 고마운 줄 알지!

이장 어서 떠날 채비나 하게.

김 노인, 곰뱅이쇠 일어나 물러난다.

양반 다신 이 동네에 남사당패든 뭐든 상것들 패거리는 얼씬 못하도록 하게!

좌측 무대.
패거리들이 배근을 메고 들어온다. 다른 패가 멍석을 깔자 그 위에 배근을 눕힌다.

배근 이봐, 왜들 이러는 거여? 내가 뭘 잘못했어? 덕이를 욕보이려는 양반 자식을 밀어버린 것뿐이여. 우리가 아무리 떠돌이 광대지만 우리도 사람이여. 지가 좋아하는 계집을 지키는 것도 잘못인가? 제발 동기들끼리 이러지 말어.

김 노인, 곰뱅이쇠, 바우덕이 함께 나온다.

바우덕이 아버지, 용서해 주세요.

곰뱅이쇠 우리 패거리에서 쫓아내면 그만이지요.

김 노인 (냉정하리만큼 차분하게) 오늘 내가 너를 징치하는 것은 내가 저것들에게 상것 소리를 곱씹어 들었기 때문이 아니다. 무지 렁이 천민 대접을 받아서도 아니다. 네가 우리 패거리의 계율 을 범했기 때문에 우리의 법도에 따라 너를 징치하려는 것이 다.

배근 아버지, 저는 계율을 범한 것이 아닙니다. 덕이를 범하려는 양반 자식놈을 밀쳤을 뿐입니다. 제가 좋아하는 덕이를 지키 려고 했을 뿐이에요.

김 노인 못난 놈, 아직도 네 잘못을 깨닫지 못한단 말이냐? 우리가 남 사당이 되는 순간부터 자신을 위해서 사는 것이 아니란 것을 귀에 못이 박히도록 들었을 터, 우리가 치는 장단과 가락의 신명마저 우리의 신명을 위해서가 아니라 남의 신명을 돋우 기 위해서인데, 네가 오늘 덕이의 몸을 지키려 했다면 그것은 누구를 위해서 지켜주려 했더냐? 네 천박한 욕심을 위해서가 아니었던가? 그 욕심이 너와 나의 동무들을 욕보이고 날이 밝기도 전에 동네를 쫓겨나게 했는데 무슨 장한 일을 한 듯 사설이냐?

배근 아버지, 잘못했습니다.

김 노인 뭣들 하느냐? (패거리들, 배근을 멍석말이를 한다) 쳐라!

패거리들 때린다. 비명소리.
바우덕이 몸을 던져 막는다.

바우덕이 아버지, 배근 오라버니 잘못이 아니에요. 다 내 탓이에요. 계집애의 여린 마음 때문에 일어난 일이에요.

김 노인 이 매가 어찌 배근이 저놈 하나 아프게 하자고 치는 것이겠느냐? 내 마음을 아프게 치고 모든 동기들의 마음을 아프게 치는 매인 것이다.

매를 멈춘다. 멍석말이를 풀면 축 늘어진 배근. 조용하다.

김 노인 너는 이제 우리 패거리가 아니다. 너의 갈 길을 가거라. (패거리들에게) 자, 떠나자.

남사당의 노래 연주만 시작되면서 악기를 들고 짐을 지고 영기를 초라하게 말아든 패거리들이 천천히 패잔병처럼 떠나기 시작한다. 패거리들의 행렬 실루엣처럼 어두워지면 배근에게만 불빛을 비춘다. 배근 비틀거리며 일어난다.

배근 정녕 우리가 하늘에서 쫓겨난 죄값으로 사람이 되었다면 사람의 욕심을 가지는 것이 어찌 죄가 됩니까? 차라리 병신을 만들어서라도 패거리에 끼워주거나 아예 숨을 끊어주시지, 어찌 덕이와 헤어지게 하십니까? 덕이야! (절규처럼) 덕이야!

남사당패의 노랫소리가 무겁게 들린다. 악기를 들고 짐을 지고 영기를 초라하게 말아든 패거리들이 천천히 패잔병처럼 걸어나간다. 노래를 부르면서.

(합창)

가는 길은 멀고 오라는 데는 없어도 우리는 떠나가네.

세마치 장단에, 재주를 팝니다 소리쳐 불러도 듣는 이 없고

발은 부르터 몸은 지쳐버려도 우리는 멈출 수 없네.

누가 시킨 일도 아닌데, 저 좋아서 하는 일인데 원망할 건 없지.

우리는 남사당, 떠돌이 예인들,

칠채 가락소리에도 몸을 떨지.

우리는 남사당, 떠돌이 예인들,

멍석만 깔려도 마음은 덩더쿵⋯⋯

천천히 무대 뒤로 퇴장한다.

제일 뒤의 바우덕이 울면서 따라간다.

좌측 무대.

김 노인이 경화와 대화중이다.

김 노인 젊은 것들은 혈기만 방자해서 잘못하다간 덕이의 재주를 그르칠 염려가 있네. 우리 남사당에 덕이만한 계집을 다시 얻을 수 있겠는가?

경화 그만한 재주를 구하기는 어렵지요.

김 노인 그래서 하는 얘길세. 난 처음 저 앨 가르치면서 어디서 복덩이가 하나 굴러들었구나, 내심 얼마나 대견해했는지 모르네. 그러니 이젠 처녀가 된 저 앨 이대로 내버려두다간 젊은 것들이 꿰차고 도망치려 들거나 서로 투기해서 죽고 상할 염려

가 드네.

경화 배근이가 돌아오지 않는 걸 보니 어디다 거처를 정했는지 모르겠구먼요.

김 노인 지가 무슨 재주로 거처를 정하나? 배운 재주라곤 놀이판에서 상모 돌리고 풍악 잡히는 것이니 어디 걸립패라도 따라나섰겠지. 내 말 돌리지 말고 듣게.

경화 그렇다고 저 같은 늙은 것이 어떻게…….

김 노인 자넨 홀몸이 된 지 여러 해 되지 않는가? 우리 남사당패를 버릴 사람도 아니고.

경화 버리다니요? 전 꼭두쇠어른 곁을 떠난 적이 없습니다요.

김 노인 그래서 하는 얘기야. 우리 패거리 안에서 짝을 찾아줘야 덕이를 잃지 않을 것이고…….

경화 하지만 덕이가 저 같은 늙은이한테 올 법이나 하겠습니까?

김 노인 본인이 정 싫다면 할 수 없는 일이네만 내가 보기엔 자넬 무척 따르는 눈치더만.

경화 절 오래비처럼 따르는 것이지요.

김 노인 오래비처럼 따르다가 지아비로 섬기는 것이지. 그런 일이 어디 드문 일인가?

경화 허나, 아무래도…….

김 노인 더 말할 것 없네. 덕이한테는 따로 이를 것이니 자넨 마음을 정하고 있게.

버꾸놀이가 진행되고 있다. 악기를 들고 빙 둘러선 가운데 바우덕이, 버꾸 들고 작은 원을 그리며 밖의 큰 원과 반대 방향으로 돈다. (겹돌림 버꾸) 원 밖의 사람들은 악기를 치는 시늉만 하고 소리를 내지 않는다. 무대 한쪽 바우덕이가 고뇌에 싸인 듯 고개를 무릎에 파묻고 있다.
그러다 고개를 들면 무대 우측에 봉섭의 환영이 나타난다.
처음 바우덕이에게 노리개를 주던 모습이다.

봉섭 아까부터 너에게 뭔가 주고 싶었어. 그런데 너에게 줄 만한 것이 나에겐 없더구나. 그러다가 어머니가 남기신 노리개가 생각났어. 내게는 이게 제일 귀중한 것이거든.

봉섭의 환영 사라지면서 반대편에 배근의 환영이 나타난다.

배근 매일매일 네 몸이 처녀로 피어오르는 걸 얼마나 조바심하며 지켜보고 있었는지 알아? 이젠 하루도 더 기다릴 수 없어, 널 내것으로 해 놓아야 마음이 놓일 것 같아.

봉섭 내 이름은 봉섭이야, 김봉섭. 넌 남아 있을 수 없니? 묵을 곳은 내가 마련해줄게. 넌 선녀처럼 아름답구나. 아니, 선녀보다 더 예뻐. 제발 떠나지 마렴.

환영들 사라지고 좌측무대에 경화 혼자 앉아 피리를 분다.
흐느끼듯 구성진 가락으로, 피리소리에 끌린 듯 바우덕이 일어난다.
주위를 본다. 정신을 차리려는 듯 소리나는 곳으로 간다.

바우덕이 아저씨…….

경화 덕이, 아직도 안 자고 있었니?

바우덕이 꿈을 꾸었어요, 아주 이상한 꿈을.

경화 꿈을 기억해 내려고 하지 마라. 마음만 상하게 한단다.

바우덕이 아저씨도 꿈을 꾸세요?

경화 그럼, 꾸고 싶지 않은 꿈들을.

바우덕이 아저씨의 꿈은 어떤 거예요?

경화 고향의 꿈, 죽은 마누라의 얼굴.

바우덕이 왜?

경화 아버지가 하라는 대로 대장장이로 살았으면 마누라를 죽이진 않았을 텐데. 어디서 날나리소리만 들려도 아편에 끌린 것처럼 끌려나갔지. 내게 역마살이 끼었던 게야. 봄만 되면 놀이패 따라 집을 뛰쳐나갔으니까. 어느 해 겨울, 따라다니던 솟대쟁이패가 해산해서 집에 돌아와 보니 마누라는 애를 낳다 죽었다더군. 그때부터 영영 고향을 떠나 버렸지.

바우덕이 아저씨…….

경화 마음 쓸 것 없어. 덕이 좋은 대로 하면 그만이야!

바우덕이 내가 처녀로 있는 게 모두에게 짐이 된다면 아저씨한테 나를 맡기겠어요.

경화, 대답 대신 피리를 들어 분다. 흥겨운 듯 넘실거리는 가락으로.
눈이 내리고 있다. 놀이마당에서는 취바리와 소무가 서로 어울려 맞춤을 추고 있다.

취바리가 소무를 구슬리는 춤 장면. 한참 추다가 취바리 상투를 들고 소무의 치마를 홀렁 뒤집어 머리를 집어 넣는다. 그러다 코를 쥐고 물러난다. 다시 서로 얼싸안고 농탕거리는 춤을 추다가 소무에게 산기가 있는지 배를 만지며 쩔쩔맨다. 취바리 도움을 청하듯 누군가를 부른다.

해산모, 동자 인형과 짚단 등을 들고 나와서 소무의 배를 만져주고 해산을 돕다가 소무의 치마 밑에서 동자인형을 꺼낸다. 취바리 무언가 본다. 해산모 고추를 만들어 보이며 아들이라고 한다.

취바리 아들이라구? 그러면 그렇지, 얘, 너 아니면 큰일날 뻔했다. 다 늙은 놈이 지하에 간들 무슨 면목으로 조상님을 만나 뵙겠느냐?

좌측 무대에서 애기 울음소리가 들린다

취바리 (노래조로, 동자인형을 어르며)
아가 아가 우지 마라. 우리 애기 울지 마라.
은자동아 금자동아 만첩청산의 옥휴동아
금을 준들 너를 사리, 은을 준들 너를 사리
아가 아가 우지 마라 우리 애기 울지 마라
네 어미 장에 가서 엿 사줄게 우지 마라
취바리 여보 마누라, 애 이름을 뭐라고 지을까?

좌측 무대. 경화 바우덕이에게서 애기를 받아든다.

경화   우리 애기의 이름을 복만이라고 지읍시다. 복만아, 너의 애비
       는 복이라곤 눈꼽만치도 받지 못하고 이 세상에 나왔다만 너
       는 애비 에미의 축복을 듬뿍 받고 태어났단다. 장차 네 앞에
       어떤 세상이 올지 어찌 알겠느냐만, 네가 받은 복을 스스로
       차버려서는 안 된다. 알겠느냐? 난 이 아인 절대로 놀이판에
       는 세우지 않겠소.
바우덕이 그럼 무엇을 하며 살게 하실 건가요?
경화   차라리 대장장이로 만들지언정 이 아이만은 세상을 떠돌게
       하지 않을 것이오.

       놀이마당. 뇌성번개가 치며 비가 내리고 있다.
       비에 후줄근한 패거리들 다리 밑에서 하늘을 바라보고 있다.

매호씨   염병할, 하늘을 지붕 삼고 별을 헤면서 장구 치고 북 쳐야 하
       루 한 끼라도 얻어먹을 팔자에 한 달 열흘 비만 오면 우린 대
       체 어쩌란 말이여?
버나잽이 하늘을 원망하지 말어, 석 달 추위는 있어두 석 달 비는 내
       리는 법이 없은게. 언젠가는 그치고 말것지.
창호   내 어미는 이렇게 비 오는 날 나를 밭고랑에서 낳았대. 내 어
       미도 사당패의 소무였거든. 광대는 길에서 낳아 길에서 살다
       가 길에서 죽는다면서?
매호씨   광대가 길에서 죽으면 창부라는 귀신이 되어 미친 사람에게

옮겨 붙어 정처없이 세상을 헤매고 다니는 거여.

패거리1 그래, 그 창부귀신이 내게도 붙은 거여. 귀신이 붙지 않고서야 왜 이리 고생을 사서 한담, 추위와 배고픔, 멸시를 받아가면서……

매호씨 그래도 사는 게 고마운 거여. 아직도 사지가 뻣뻣하니게.

패거리2 빗소리 장단 삼아 한번 놀아보자고. 덩더쿵, 더쿵, 녹수청산 깊은 골에 황룡이 꿈틀어진다.

패거리2의 용트림춤의 몸놀림에 패거리1 허리를 틀며 다가오자 춤으로 변하면서 남자끼리 성애를 하는 몸짓이 된다. 번갯불, 빗소리, 우뢰소리에 어울리는 남성의 동작들.

우측무대. 양반 사랑채에 이장과 함께 있다.

양반 거 먹뱅이 남사당 패거리가 용당리에 들어와 있다면서?

이장 비 때문에 용당리엔 들어가지 못하고 오리 밖 버드나무 주막에 잡혀 있답니다.

양반 왜 금년 두레 때에는 우리 마을에 오지 않나?

이장 작년 일도 있고 한데 무슨 낯으로 허가를 받으러 오겠습니까?

양반 그 줄 타는 계집아이는 여전한가?

이장 있답니다.

양반 주막에 오도가도 못하고 묶여 있다는데 내가 노자를 해줄 테니 그 계집아이를 보내라면 안 될까?

이장 홀몸이 아니고 거사가 있다 하옵니다.

양반　거사라니?

이장　남편입죠. 저희들 기둥서방 같은 거 말입니다. 애까지 하나 달려 있는 모양인데요?

양반　아, 그럼 더욱 좋지. 계집이 길들지 않으면 빡빡해서 못쓰네.

이장　밥값 때문에 주막에 오도가도 못하고 잡혀 있는 판이니 계집 하나 보내서 길 떠날 차비가 된다면 아마 응할 것입니다.

양반　가서 흥정을 넣어보게. 난 한번 눈독을 들이면 풀지 않곤 못 견디네. 요즘 같은 어지러운 세상에 어디 낙이 있어야 말이지. 그래서 난세에 영웅도 나거니와 절세의 미녀도 나오는 걸세. 그리구 미녀가 꼭 처녀일 필요는 없어. 양귀비가 처녀라서 미인인가? 목단화도 물기를 머금어야 탐스럽다네.

좌측 무대 주막. 김 노인, 곰뱅이쇠, 경화, 애기를 안은 바우덕이 있다.

곰뱅이쇠　지주와 작인간에 소작료 문제 때문에 마을 분위기가 험악합니다. 우리가 잘못 들어갔다간 몰매 맞기 십상일 듯싶습니다.

김 노인　비만 오지 않았다면 주막 신세를 지지 않았을 것인데…….

경화　꼭두쇠어른, 여기서 남으로 십여 리만 가면 성산면입니다. 거긴 내가 아는 사람도 많고 인심도 후한 곳이니 게 가서 허가를 얻어오면 어떻겠습니까?

김 노인　밀린 밥값 때문에 주인한테 사물을 빼앗겼는데 허가를 얻어 온다 한들 놀이판을 열 수가 있나?

경화　될 수 있으면 선수금으로 노자를 얻어오도록 하겠습니다.

김 노인 어디 그렇게 인심 후한 사람들이 있겠나? 갈수록 세상이 각박해지는 판에…….

경화 그렇다고 이렇게 앉아 있기보단 가서 통사정이라도 해봐야지요.

곰뱅이쇠 그럼, 어서 떠나도록 하세. 날 어두워지기 전에.

바우덕이 오늘 안으로 못 오시겠네요?

김 노인 왕복 삼십 리 길인데 지금 떠나서 올 수 있겠나?

경화 밤늦게라도 오겠습니다.

김 노인 어차피 오늘 하룻밤은 더 주막 신세를 져야 할 것이니 애써 밤늦게 오려 하지 말게. 산길이 험하네.

모두 함께 나간다. 바우덕이와 경화 서로 본다.

바우덕이 빈 속에 먼 길을 어찌 가시렵니까?

경화 나보다 당신이 걱정이오. 이렇게 고생을 시켜서 미안하오.

바우덕이 나 혼자 하는 고생인가요? 다 함께 겪는 일인데…….

경화 다녀오리다.

바우덕이 경화를 따라 나간다.
놀이마당. 버나잽이와 매호씨 빈 대접을 들고 나온다.

버나잽이 아무리 굶기를 밥먹듯 한다지만 가물어도 굶어, 장마가 길어도 굶어, 내 팔자 굶어 뒈질 팔잔가. 살강 밑을 뒤져도 먹을 게 있어야 말이지.

매호씨 왜 먹을 것이 없어? 아, 산에 가서 풀을 뜯으면 풀떼기죽이요, 솔잎을 긁어다 끓이면 솔가죽이요, 시래기죽, 피죽을 끓여 먹어도 먹을 게 아니냐? 그뿐인가? 개굴창을 파면 미꾸라지탕, 논두렁을 파면 지렁이탕, 강바닥을 훑으면 올챙이탕, 삼천리 강산이 다 먹을 것으로 덮였는데 먹을 게 없어?

버나잽이 예끼 이 사람, 그래서 누렇게 부황 뜨고 배가 볼록 나온 어른 아이들이 많네 그려.

매호씨 부티가 나서 누런 것이고 너무 잘 먹어서 부은 것이지.

버나잽이 아무리 굶어서 뒈질 지경이지만 광대 버릇은 못 고쳐. 빈 대접을 봐도 요놈을 가지고 어떻게 놀까 먼저 생각하는구나. 한번 대접을 돌려보는데 잘 돌리면 밥이 나올 것이고 못 돌리면 또 굶을 판이다.

> 버나잽이 대접을 돌린다. 매호씨, 버나잽이 흉내를 내며 대접을 돌리지만 떨어뜨린다.
> 좌측 무대. 김 노인과 이장.

김 노인 바우덕이를 빌려달라니, 무슨 소릴 하시는 겁니까?

이장 보아하니 밥값에 잡혀 있는 모양인데 그 여잘 하루만 빌려주면 밥값은 물론이려니와 노자도 준다지 않소? 오늘 하룻밤이오.

김 노인 안 될 말!

이장 허허, 이 패거리는 유별나군. 다른 사당패들은 놀이 마치면 사내든 계집이든 몸을 파는 게 업입다.

김 노인 우린 그런 패거리하곤 다릅니다.

이장 그럼 마음대로 하시우. 난 댁의 사정이 딱한 듯싶어 일부러 예까지 와서 흥정을 넣는 겁니다.

패거리 여러 명 등장한다.

창호 잠깐만, 얘기 좀 합시다. 상쇠어른, 왜 바우덕이만 감싸고 도십니까? 저희들 생각도 해 주셔야죠. 처음부터 주막에 든 게 누구 때문입니까? 바우덕이와 아이 때문이 아닙니까? 우리들만이면 움막을 쳐놓고 지내도 이렇게 밥값에 잡히진 않았을 것이고.

김 노인 그래서 뭘 얘기들 하려는 게야?

패거리1 바우덕이를 빌려주세요.

김 노인 뭐라구?

패거리2 저 사람 말이 맞구만요. 바우덕이도 식구 중의 한 사람인데 이런 처지라면 제 몸 한 번 주어서 식구를 살리면…….

김 노인 닥치지 못하겠느냐?

패거리3 이대로 가단 우리, 다 뿔뿔이 흩어지고 말 것입니다요.

이장 어찌 하실거요? 오늘밤 지나면 우리 진사님도 마음이 변하십니다.

패거리들 보내세요! (모두 웅성거린다) 보냅시다.

바우덕이 애기 안고 등장한다. 모두 조용히 본다

바우덕이 아저씨, 기다리세요. 저랑 같이 가요.

김 노인 안 된다!

바우덕이 아버지, 갈 곳 없는 제가 남사당에 몸을 의탁했을 때 아버님이 절 받아주셨어요, 그리고 제게 재주를 가르쳐주셨구요. 전 그때부터 남사당이 내 집이요, 고향이요, 장차 내가 죽을 곳이라고 마음먹었어요. 아버지, 이제 내 몸은 나 한 사람만의 몸은 아니에요. 내 재주를 아껴서 봐주는 모든 사람들의 것이에요. 그리구 남사당의 것이기도 하구요. 내 몸 하나 버려서 남사당이 구해진다면 내가 뭘 주저하겠어요? 복만이 아버지도 남사당이 흩어져 버리는 건 원치 않을 거예요.

김 노인 몸이나 팔게 하자고 널 기르고 재주를 가르친 게 아니다!

바우덕이 아버지, 아버지는 내게 재주를 가르치시기 전에 나에게 남사당은 제 몸 하나만을 위해 살아서는 안 된다는 것부터 가르쳐주셨어요. 우리 패거리가 이대로 흩어져 버린다면 우린 무엇으로 남을 위해 살 수 있나요?

김 노인 복만이 애비가 밤길을 떠나 없는데 어찌 너를 보낸단 말이냐?

바우덕이 복만이 아버지도 남사당이 흩어져 버리는 건 원치 않을 거예요. 아버지 제발 웃는 낯으로 절 보내주세요.

이장 어두워지면 밤길 걷기 어렵습니다.

바우덕이 옷 갈아입고 나올게요, 기다리세요.

바우덕이 애기를 어멈에게 준다. 패거리들 숙연하다. 이장, 김 노인 바우덕이를 따라 나간다.

놀이마당과 우측 무대.

패거리들 천천히 줄서서 들어온다. 북소리가 들린다. 단조로운 북소리에 맞춰 몸을 흔든다.

우측 무대에서 양반, 바우덕이의 손을 잡아 끈다. 끌어안고 풀리고 실랑이를 벌이는 움직임이 놀이마당에 춤과 리듬을 같이 탄다. 그러다 양반과 바우덕이 놀이마당에 휩쓸린다. 성행위를 상징하는 양반과 바우덕이의 춤이 벌어진다.

빙 둘러 있는 패거리들 외면하면서 그러나 겨정에 못 이기듯 계간을 하는 마임, 신음을 토한다.

패거리들의 신음소리는 양반의 희열에 찬 부르짖음, 바우덕이의 신음과 엇갈린다.

드디어 양반 바우덕이의 손을 끌며 퇴장한다.

봉섭　안 돼! 이럴 수가 없어! 덕이야!

패거리들 흩어져 퇴장한다.

좌측무대.

경화, 혼자 앉아 서글픈 곡조의 피리를 분다.

멀리서 닭 우는 소리가 들리자 피리를 멈춘다.

어멈 애기를 업고 나온다.

어멈　애 엄마가 올 때가 됐는데…….

경화　안 올지도 모릅니다.

어멈　뭔 소리 하는 거야?

경화   그럼 이런 고생도 면하지요.

어멈   덕인 혼자 호강하려고 간 게 아닐세.

경화   차라리 돌아오지 않았으면 좋겠어요. (일어선다)

놀이마당.

김 노인, 악기와 짐을 들고 나온 패거리들과 주저앉아 있다. 경화, 악기와 짐 들고 어멈과 온다.

경화   기다릴 거 없습니다. 그만 갑시다.

김 노인 가다니? 바우덕이가 와야 가지.

경화   바우덕인 안 올 겁니다.

곰뱅이쇠 이 사람아, 복만이가 보고 싶어서라도 덕인 돌아오네.

경화   (울부짖듯) 뭣하러 와? 이젠 아무 데서도 남사당을 받아주지 않는데 왜 고생을 사서 하려구 돌아와?

김 노인 아무리 세상이 변하고 먹고 살기가 어렵다 해도 사람이 놀지 않고 일만 하면서 살 수는 없는 게야. 골골이 어딘가엔 남사당놀이를 찾는 사람이 있을 테니 우린 그 사람들을 찾아 나서야 해.

경화   그러니까 어서 떠나자구요!

김 노인 덕인 돌아오네.

경화   양반의 소실로 들어앉으면 잘 먹고 잘 입고 잘 살 텐데 뭣하러 돌아옵니까?

김 노인 자넨 애 어멈을 그렇게 모르나?

경화, 신음하며 돌아서 버린다.

패거리 저기 덕이가 옵니다.

모두 우측을 바라본다. 경화는 외면한 채 등지고 하늘을 본다.
바우덕이 등장한다. 일행들 고개를 못 들고 외면한다.
바우덕이 어멈에게 간다.

바우덕이 복만이가 밤새 울지 않았어요?
어멈 아니.
바우덕이 아범은 언제 왔어요?

등지고 선 경화를 보며 애기를 받아 안는다

어멈 어젯밤에……

바우덕이 일행을 둘러본다

바우덕이 왜들 이러고 있죠? 노자가 됐으면 떠나야죠. (곰뱅이쇠에게)
아저씨, 허가가 난 마을은 어디에요? (곰뱅이쇠 고개 젓는다)
그럼, 어디든 찾아가서 우리 재주를 보여줘야죠. 마을 언덕배
기에 영기를 꽂고 멋들어지게 한판 풍악을 울려요. 그럼 마을
사람들이 우리 재주를 보고 몰려들 거예요. (경화에게 간다)
복만이 아버지, 왜 그렇게 슬픈 표정을 해요? 난 변한 게 없

어요. 난 옛날과 똑같은 남사당의 바우덕이에요. 내 몸이 닳아 없어질지언정 난 변하지 않아요.

경화 (본다) 여보.

김 노인 자, 이제 그만 가지.

바우덕이 어서 가요. 비도 그치고 해가 떠올랐어요. 어디선가 우리가 오길 기다릴 농군들을 위해 우린 떠나야 해요. 가서 한바탕 걸판지게 놀아, 사는 데 지치고 일에 힘겨운 사람들의 흥을 돋우어야 해요. 그래서 다시 일어설 힘을 줘야 해요. 우린 그러기 위해 태어난 사람들이에요.

곰뱅이쇠 덕이의 말이 맞네. 가세.

패거리들 천천히 짐을 들고 움직이기 시작한다.
남사당의 노래를 부르면서 퇴장한다. 배근 칼을 들고 등장한다.

배근 다 죽여버릴 테야! 바우덕이야!

2막

중간 막의 좌측 부분이 오른다. 제사 준비가 되어 있다.
무대 좌측 바우덕이 경화, 김 노인을 중심으로 패거리들 모여
앉는다.
신비하고 엄숙한 분위기에 꼭두쇠의 고축과 비나리가 이어진
다.

김 노인 유세차, 임진년 유월 열여드레

　　　　해동국 조선 안성 먹뱅이 남사당패

　　　　날을 받아 정성을 드리오니

　　　　천지신명이시여, 하늘의 옥황이시여

김 노인 광당패거리 조상님이여

　　　　작은 정성 크게 거두시어

　　　　감응하소서, 감응하소서

패거리들 감응하소서, 감응하소서

김 노인 (비나리조로) 하늘의 옥황님께 죄를 입어

　　　　하계의 천한 몸으로 태어난 우리들

익힌 재주 제 몸 위해 쓰지 않고

남을 위해 살아야만 죄를 씻어

천상으로 되돌아갈 신세인데

나라와 세월이 어지러워

재주 펼칠 마당마저 못 얻음은

우리가 하늘에서 얻은 죄가

그만큼 더 무거운 탓이오니

무엇을 원망하고 탓하리까

천지신명이여, 옥황상제이시여

엎드려 비옵나니 살피어서

재주 펼칠 판을 내려주시어

무거운 죄 하루빨리 씻게 하여주소서

제사가 진행되고 의식을 마친다.

꼭두쇠 김 노인 심중하게 패거리들을 둘러본다.

김 노인 오늘은 그대에게 긴히 할 말이 있네. 내가 어르신네로부터 개다리패의 꼭두쇠를 이어받은 지 어언 14년이 지났네. 그간 어려운 일도 많았지만 그런 대로 우릴 받아줄 마을이 있어 한겨울철만 아니면 우리 식구 연명하는 덴 그리 어려움은 없었네. 허나 요즘은 세상이 개화되어서 그런지 우릴 반기는 것도 예전만 못할 뿐 아니라 점차 어려워져. 이럴 땐 나 같은 늙은 이는 물러나고 젊은 사람들이 패거리를 이끌어야 된다고 생각하네.

곰뱅이쇠 상쇠어른.

김 노인 내 말 막지 말게. 이미 마음속으로 정한 일이야. 내 몸도 전
같진 않아. 그래서 오늘 새 꼭두쇠를 정할까 하네.

경화 어르신네 아니면 우리가 어떻게?

김 노인 꼭 내가 아니면 안 된다는 법이 없네. 재주를 자기를 위해 쓰
지 않고 남을 위해 산다는 마음 가진 사람이면 누가 꼭두쇠를
맡든 할 수 있는 일일세. 허나 일에는 절차와 순서가 있는 법,
우리 먹뱅이 남사당의 관례에 따라 목편 돌림으로 정하겠네.
(나무쪽을 모두에게 나누어준다) 꼭두쇠로 뽑고 싶은 사람 앞
에 던지게.

모두 잠시 서로를 본다
꼭두쇠가 바우덕이 앞에 나무쪽을 던지자 모두 일제히 바우덕
이 앞에 던진다.

바우덕이 난 아니에요. 안 돼요.

김 노인 바우덕이 네가 꼭두쇠다!

바우덕이 아버지!

김 노인 뭣들 하는가? 새 꼭두쇠 어른께 예를 올려야지!

패거리들 **(일제히 엎드리며)** 꼭두쇠 어른께 문안이오!

바우덕이 결심한 표정으로 일어난다

바우덕이 코흘리개 어린 시절, 길을 잃고 헤매는 나를 아버님이 거두

어 주시고 재주를 가르쳐주셨소. 그리고 이제는 꼭두쇠 자리 마저 물려주셨소. 큰 은혜를 만분의 일이라도 갚는 마음으로 아버님과 여러분의 뜻을 따르리라. 이 자리를 빌어 몇 마디만 올리겠소. 나는 아버님이 제일 먼저 일러주신 우리가 하늘에서 옥황님께 죄를 지어 잠시 인간 세계에 떨어진 것이라는 말을 믿으며 살아왔소. 세상 사람들은 이 개명천지에 무슨 어리석은 소리냐고 웃기도 하리다. 또 사실이 우리 패거리 조상님 중에서 어느 분이 그냥 지어낸 부질없는 말일는지도 모르오. 그러나 견디기 어려울 때마다 그 믿음이 나를 추슬러 주었소. 난 옥황상제의 딸이었는지 몰라, 아니 그냥 옥황상제를 모시던 선녀였을지 모른다는 생각만 해도 슬픔도 괴로움도 잊을 수가 있었소. 우리 모두 우리가 하늘나라의 사람이었음을 애써 믿읍시다. 그리고 다짐합시다. 남들이 우리를 비웃으면 우린 더 크게 웃읍시다. 우리가 배고프고 고달프면 주린 배를 신명으로 채웁시다. 그래도 서럽고 괴로우면 징을 치고 꽹과리를 울리고 신명으로 신명으로 한바탕 놀아봅시다.

패거리들 함성을 지르며 바우덕이를 둘러싸고 징을 치고 꽹과리를 울려댄다. 모두 남사당의 노래를 부르며 출발한다.
중간 막 우측 부분이 오른다.
콧수염을 기르고 양복을 입고 단장을 짚은 양반과 대학생 제복의 봉섭이 마루 위아래서 마주 보고 있다.

봉섭   작은아버지!

양반　안 된다면 안 되는 줄 알아! 일본 유학을 보내주었더니 광대 패거리가 돼서 돌아치질 않나, 이번엔 뭐 만주로 가겠다구?

봉섭　광대가 아니라 신극 운동을 해서 우리 조선의식을 고쳐시키려고 했던 것입니다. 우리도 언젠가는 독립할 수 있다는 자주 정신을 일깨워주려 했던 것이죠.

양반　그래 뻔질나게 이 작은애비의 돈을 뜯어다 신극인가 광대놀음인가 해서 무지한 조선인이 얼마나 똑똑해지고 깨우쳐졌느냐?

봉섭　일본 경찰이 연극을 못하게 하고 잡아가기도 할 뿐만 아니라, 신극만으로는 독립이 요원하다고 생각하기 때문에 만주로 가려는 것입니다.

양반　그래 만주로 가서 독립군이라도 되겠단 말이냐?

봉섭　우선 숨막힐 듯 답답한 이 조선 땅을 떠나고 싶습니다. 그러니 돈을 좀 마련해 주십시오.

양반　내 네 속을 모를 줄 아느냐? 네가 지금 만주니 어쩌니 하는 것은 둘러대는 핑계고, 내가 돌아가신 형님의 재산을 맡아 가졌으니 네 몫을 내노라는 속셈이지? 그러나 어림없다. 너 그동안 공부시키고 일본 유학 보내고, 이리저리 쓴 돈이 얼마인 줄 아니? 네 몫은 이미 다 찾아갔어. 네게 줄 돈은 한푼도 없어! 너 줄 돈 있으면 남사당 놀이판을 불러들이겠다! (들어가 버린다.)

봉섭　남사당?

중간 막이 오른다. 경화, 어릿광대 매호씨와 놀이마당에 줄을 설치하고 있다.

매호씨   곰뱅이도 트지 않았는데 놀이판부터 만들어 뭘 하오?

경화   몸을 풀어야지. 구경꾼이 없다고 맥을 놓고 있으면 몸이 굳어
져 정작 놀이판이 벌어지면 실수하게 되네.

매호씨   성님도 참, 아 우리 놀이야 실수하는 게 재미 아니오?

경화   일부러 하는 실수하고 잘못해서 하는 실수하곤 다르네. 더구
나 줄타기에서 어름산이가 실수를 하면 어찌 되겠나?

매호씨   바우덕이가 꼭두쇠가 돼서 한동안은 그런 대로 잘 먹고 지냈
는데 이젠 점점 어려워지는 것 같소. 이대로 가다간 식구들이
다들 흩어질까 걱정되오.

경화   우리 어려웠던 적이 한두 번이었나? 가뭄이 들면 그래서 어
려웠고 홍수가 나면 또 그래서 어려웠지.

매호씨   홍수나 가뭄은 천지조화이니 할 수 없소만 지금 불어오는 바
람은 세상이 바뀌는 개화 바람이니 걱정 아니오. 신파극이다,
활동사진이다, 게다가 서커스까지. 어디 우리 남사당놀이 가
지고 겨룰 수나 있소?

경화   그것들은 바다 건너에서 불어오는 못된 바람이야. 남사당은
우리 조선백성의 가슴 한복판에서 부는 바람이고! 그걸 잊을
수는 없을 것이야. 버릴 수도 없는 것이고. 우리가 조선사람
이라면!

매호씨   성님, 조선사람 지금 다 죽어가고 있소. 대처에 가면 한복
대신 다 조금씩 조금씩 기둥뿌리부터 좀이 늘고 있는 걸 모
르오?

경화　그러니까 우리 남사당만이라도 흔들리는 뿌리를 부둥켜안고 견디고 서야지. 지키다가 쓰러지는 한이 있더라도!

매호씨　성님, 그게 될 성싶소?

　　　밖에서 신파극단의 음악이 들린다. 이어서 나팔소리 북소리와 함께 화장을 요란하게 한 신파 배우들 갖가지 구호가 적힌 플래카드를 들고 따라다니는 아이들에게 전단을 뿌리며 앞무대를 가로질러 놀이마당으로 들어온다.
　　　극단 유성좌 신춘대공연 유한의 남녀.
　　　눈물의 여왕 전 옥 특별출연, 미남배우 신은봉 등장!
　　　촌가극 연애광산곡 동시상영.
　　　앞장서 선전하는 단원이 배근이다.

배근　(소리나팔에 대고) 자, 눈물 없이는 볼 수 없는 연극, 사랑이냐, 출세냐? 배신한 애인에 복수의 칼을 갈고 있는 여인의 한! 와서 보시라. 즐기시라. 오실 때에는 꼭 손수건 다섯 장 휴대하시라.

　　　배근이 먼저 경화를 알아본다

배근　아니, 이거 날나리 아저씨 아니우? 나요, 나.

경화　배근아!

배근　나 신극 배우가 되었소. 아직도 아저씨는 남사당을 따라다니고 있군요. 그래 바우덕이도 아직 이 패거리에 남아 있는 거요?

매호씨 이 사람아 덕이는 날나리성님 안댁이 되었네.

배근 그러리라 짐작은 했었소. 한 번쯤 만나보고 싶구려.

매호씨 덕이는 우리패의 꼭두쇠가 됐네. 곰뱅이 아저씨하고 놀이 허가받으러 갔어.

배근 덕이가 꼭두쇠라. 참 딱들도 하시우. 때가 어느 때인데 아직도 남사당이우? 여자를 꼭두쇠로 내세우구. (전단을 내주며) 한번 찾아오우, 구경도 할 겸. 덕이를 신극 무대에 세워줄 수도 있소. 남사당을 따라다니니 백번 나을게요. 세상 돌아가는 걸 좀 알아야지 원…….

배근 다시 선전을 하며 퇴장한다.
멍청히 경화와 매호씨 쳐다보며 반대편으로 퇴장한다.
우측무대.
밝아지면 지주댁 사랑채 마당이다.
바우덕이와 곰뱅이쇠 지주한테 사정하고 있다.

바우덕이 저희들이 동구 밖에서 판을 한번 벌여 보겠습니다. 저희 재주를 보시면 놀이 허가를 내주신 걸 후회하지 않으실 것입니다.

지주 사당패 재주야 어디 한두 번 봤나?

바우덕이 저흰 다른 사당패들과는 달라서 안성 바우덕이패 남사당입니다.

지주 바우덕인지 조막돌인지 이 동네에선 소용없으니 다른 동네로 가보게.

곰뱅이쇠　진사어른, 그저 하룻밤 재워줄 방과 요기만 해주시면 됩니다. 식구들이 며칠을 한데서 노숙을 해서 몸들이 얼었습니다요.

지주　그거 내가 알 바 아니고. 이렇게 비럭질을 한다고 어느 동네서 사당패를 끌어들일 것 같은가?

바우덕이　저흰 비럭질을 하는 게 아닙니다.

지주　어허, 이 사람들이 점점 큰소릴세.

바우덕이　저흰 비록 이렇게 사정하면서 놀이 허가를 청합니다만 빌어먹지는 않습니다. 사람들에게 저희 재주를 보여준 값을 받는 거지요.

지주　메치나 엎어치나 한 소리지. 그만 가보게.

곰뱅이쇠　진사어른, 부리는 머슴들이나 작인들, 농사꾼들을 한판 걸 펄지게 놀게 해주시면 신명들이 나서 일들을 잘할 겁니다요.

지주　이 사람아, 아랫것들 신명나는 일이 뭔 줄이나 알고 있나? 읍내 공회당에서 신극 유한의 남녀 신춘대공연을 해. 미남 배우 신은봉이 나오고 여배우로는 전 옥이가 출연해. 요즘 너나 없이 그런 걸 보지 누가 남사당놀이 같은 걸 보려 하나?

바우덕이　어르신네 말씀 듣고 보니 젊고 예쁜 기생을 첩으로 들였다고 조강지처를 박대하는 어른 보는 것 같아 마음이 언짢소.

지주　아니 뭐가 어째?

바우덕이　거기서 실컷 노시다 조강지처 다시 찾을 날 있을 것이오.

지주　이것들이 누구한테 감히?

곰뱅이쇠　말이야 바른 말이지요.

좌측 무대.

놀이마당에는 꼭두각시놀음 포장이 쳐 있다.

포장 막 앞에는 장구와 북이 놓여 있다.

박 첨지 등장한다. (사람 크기의 인형, 또는 사람이 인형으로 분장)

박 첨지 떼루 떼루 떼루야, 꼭두각시 놀린다는데 마당이 텅 비었구나? 구경꾼들 다 팔도강산 유람을 갔나?

북만 튀어나오며 포장 막 앞에 혼자 앉는다.

복만 구경꾼 나 여기 있소.

박 첨지 복만이 너 혼자뿐이냐? 놀음판이란 게 손님이 끼어야 흥이 나는 것인데.

복만 다들 신파극 구경 갔대요.

박첨지 그런데 넌 어찌 안 갔느냐?

복만 난 꼭두각시놀음이 좋소. 어서 시작하시오. 노인장 누구시오?

복만 북채 들어 북을 탁 친다.

박 첨지 나로 말하자면 저 웃녘에 사는 박한량인데, 박 노인이라면 세상이 다 알아.

복만 그런데 거기서 뭘 하는 거지?

박 첨지 내가 뭘 하느냐 하면 세상 한탄하는 중이야.

복만 왜 세상을 한탄해요?

박 첨지 왜냐하면 우리 집안이 다 절단 났어. 내 두 살 반 먹은 조카며느리 애기, 세 살 반 먹은 조카딸 애기하고 뒷절 상좌중하고 춤추러 나간다고 했는데, 알고 보니까 서울로 줄행랑을 쳤어.

복만 그래서요?

박 첨지 그래서 내가 서울로 찾으러 왔는데 와보니 개판이야.

복만 개판이라니 어떻게요?

박 첨지 어디로 갔는지 찾을 수가 없어. 온통 게다짝 소리, 개 패듯 조선사람 패는 소리, 서양개 짖는 소리뿐이야. 그래서 내가 내 조카더러 찾으러 보냈는데 이놈이 돌아와야지? 이놈부터 찾아야지…… 산 넘어 된동아.

홍백가가 나온다. 앞쪽은 붉은 얼굴, 뒤쪽은 흰 얼굴의 인형.

박 첨지 야 이놈아 내가 조카를 불렀지, 널 언제 불렀느냐?

홍백가 난 백성이 원한다면 언제든 나오는 사람이다.

박 첨지 도대체 넌 뭣하는 놈이여?

홍백가 나 외상술값 잘 떼먹는 놈이다.

박 첨지 외상술값을 어떻게 떼먹어?

홍백가 술집에 가서 술을 잔뜩 먹거든? (돌아서며) 내가 언제 술 먹었나?

박 첨지 허, 참, 그렇군.

홍백가 그리구, 한번 한 말 뒤집는 데도 선수다.

박 첨지　어떻게?

홍백가　내가 여러분을 위해 이러구 저러구 하겠소. (돌아서며) 내 언
　　　　제 그랬나?

　　　　퇴장한다.

박 첨지　이러니 내가 세상 한탄하지 않을 수가 있는가?

홍동지　아저씨, 나 불렀소?

　　　　홍동지 인형, 벌거벗고 뛰어 나온다.

박 첨지　야, 이놈아 옷은 다 어디다 벗어던지고 알몸으로 나왔느냐?

홍동지　내 듣기엔 서울이란 덴 어수룩한 사람 홀러덩 깝데기 벳기는
　　　　데 아니오? 그래서 내 처음부터 벗고 다니오.

박 첨지　그래서 애기들을 찾았나?

홍동지　서울 장안을 이리 뒤지고 저리 살피고 해서 찾긴 찾았는
　　　　데…….

박 첨지　내 조카 애기, 조카며느리 애기를 찾았어?

홍동지　찾긴 찾았는데, 아 요것들두 다 벗고 있습디다.

박 첨지　목욕하고 있었던 게지?

홍동지　한 년은 왜놈하고 한 년은 서양놈하고 벗고 목욕을 하는지 때
　　　　를 밀어주는지 요상한 몸짓을 하는데, 아 볼 만합디다.

박 첨지　이놈, 그래서 어떻게 했어?

홍동지　애, 이 연놈들아, 내 오줌이나 먹어라.

홍동지, 오줌을 짝 갈기고 도망친다.

바우덕이 나오며 복만이에게서 북채를 뺏는다.

바우덕이 복만아, 그만두지 못하겠니?

복만 나도 할 수 있단 말이야.

바우덕이 자, 연습 그만하시구 들어가세요. 어서 들어가서 천자문이
나 외도록 해라.

복만 글 배우는 건 싫단 말이야. 나도 북치고 춤추고 싶어.

바우덕이 아버지가 아시면 혼나려구 그러니? 어서 들어가지 못해?

호루라기 소리 요란하다.

일본 순사에 쫓기며 등장하는 봉섭, 놀이마당으로 뛰어든다.

사태를 짐작한 바우덕이, 봉섭을 꼭두각시놀음 포장 속으로 숨
겨둔다.

놀이 계속한다. 일본 순사 두 명이 들어선다.

순사 방금 수상한 자가 도망치는 걸 보지 못했나?

바우덕이 (반대쪽을 가리키며) 저쪽으로 웬 사람이 숨차게 달려가더이
다.

순사 (동료에게) 어서 가세.

순사들이 완전히 사라지는 걸 확인한 바우덕이, 포장을 들추고
봉섭을 나오게 한다.

바우덕이 이제 순사들은 멀리 갔어요. 나오시오.

봉섭 (포장을 들추고 **나오며**) 고맙습니다. 뭐라고 고마운 말씀을 드려야 할지 모르겠소. (바우덕이를 보고) 아니 바우덕이, 바우덕이 아니오?

바우덕이 아니, 댁은 그 때의 그 도련님이시군요.

봉섭 도련님? 날 그렇게 부르지 마오. 난 이제 아무것도 아니오. 조선의 젊은이 모두가 길 잃은 사람이지만…….

바우덕이 일본 순사에게 쫓기는 것으로 보아 패기있는 일을 하시는 줄 알았더니 어찌 그리 기백이 없으시오?

봉섭 일본 유학생이던 때 여름방학이면 동급생들과 극단을 만들어 순회공연을 하기도 했소. 민족정신을 고취시킨다는 거창한 목표를 세우고…… 연극을 하면서 우리가 처음 만났을 때 덕이가 했던 말, 예인의 길이 무엇이라는 걸 어렴풋이 느끼기도 했소. 그 연극 덕에 일본 순사에게 쫓기는 신세가 되었지만…….

바우덕이 그러시던 분이, 어찌 이리 세상 모든 것을 버린 듯한 태도이십니까?

봉섭 덕이를 처음 본 날을 잊을 수 없소. 장구를 둘러매고 나비처럼 춤추던 당신이…… 줄 위에 서면 금시라도 하늘로 날아갈 것 같던 당신의 모습을 언젠가는 다시 보리라는 기다림으로 가슴이 설레이곤 했지. 멀리서 날나리소리만 나도 내 가슴은 당신 생각으로 뛰었소. 그런데…… 어느 날 밤 그 바우덕이가 작은아버지 방에 드는 걸 보았소…… 난 죽고만 싶었소.

바우덕이 그런 일로 죽고 싶었다구요?

봉섭　하필 왜 우리 작은아버지였을까?

바우덕이　그것이 그렇게 문제인가요? 날 보세요. 난 그날 밤 일은 조금도 부끄러워하지 않아요. 그 길만이 우리 식구들을 살리고 남사당을 살리는 길이었으니까요. 또 나의 살 길이기도 했구요. 왜냐하면 남사당이 내게 생명을 주었거든요. 내 한 몸은 중요하지 않아요!

봉섭　내겐 중요한 일이었소. 그날 이후 난 꿈을 잃고 괴로움 속에 방황하는 인간이 되었소.

바우덕이　어리석은 양반, 한 아녀자로 인해 이 땅의 젊은이가 지녀야 할 꿈을 잃고 괴로워하다니…… (품에서 노리개를 꺼내며) 이걸 기억하세요? 우리가 처음 만나던 날 도련님이 내게 주신 노리개예요. 난 이걸 아직도 품에 지니고 있어요. 그리고 지금쯤 도련님은 아주 큰 인물이 돼 있을 거라는 상상을 하며 살아왔어요. 그런데…… 도련님이 내게 이런 모습을 보이다니…….

봉섭　조선의 현실이 우리를 어둠 속에서 헤매게 만들었소.

바우덕이　조선의 현실이 언제는 밝았나요? 우린 늘 어둠 속에서 살아왔어요. 당신은 지금 현실을 괴로워하는 것이 아니라 현실에서 도피할 핑계를 대고 있는 거예요. 아니면 괴로움을 즐기고 있는 건지도 몰라요.

봉섭　괴로움을 즐기고 있다고?

바우덕이　맞서 싸우세요. 우리 같은 사람들을 위해서…… 오늘 밤 이리로 오세요. 당신을 위해 줄을 타겠어요. 당신에게 바우덕이도 변함없이 싸우고 있다는 걸 보여주겠어요.

클라이맥스를 암시하는 음악과 함께 놀이마당에 불이 들어온
다.

패거리들 복색을 차려입고 악기를 들고 줄을 중심으로 깔린 멍
석 주변에 좌정하고 앉는다.

악기를 간단히 쳐보는 패거리들. 버나잽이는 접시를 돌려본다.

머리에 상모를 쓰고 뒤집기를 해보는 풍물잽이. 살판쇠는 땅 재
주넘기 연습을 한다.

오케스트라가 연주를 하기 전에 악기 줄을 고르듯 클라이맥스
를 향한 소리와 동작들이 효과음악과 어울려 무질서의 질서를
형성한다. 봉섭이 한쪽에 등장해서 이들을 본다.

좌측의 무대에서 바우덕이 정성들여 옷을 입는다. 경화가 거든
다.

경화   이 옷은, 당신이 제일 아끼는 옷인데?

바우덕이 입고 싶어요, 오늘은.

경화   정말 줄을 타려 하오?

바우덕이 줄을 타고 싶어요.

경화   며칠 동안 잘 먹지도 못했는데…….

바우덕이 줄을 기운으로 타나요?

경화   그래도 오늘은 줄을 타지 않았음 좋겠소.

바우덕이 너무 오래 줄을 타지 않았어요.

경화   그래서 걱정돼서 하는 얘기요. 누가 봐줄 사람도 없는데…….

바우덕이 누가 시켜서 하는 일이 아니거든요. 다 제가 좋아서 하는 일
         이에요.

경화 그러나 당신, 오늘만은 줄을 타지 않았음 좋겠소.

바우덕이 왜 그러세요?

경화 당신 몸이 약해져서 오래 견딜까 염려되오.

바우덕이 걱정마세요. 난 줄 위에서는 몸이 가벼워요.

경화 바닥에 가마니를 깔게 하겠소. (나가려 한다)

바우덕이 그러지 마세요. 눈을 내려깔 때 가마니의 얽힘이 날 어지럽게 해요.

경화 여보!

바우덕이 왜 그러세요? 당신 정말 이상하군요.

경화 꿈에 복만이가 보여서…… 엄마를 부르고 있었소.

바우덕이 나도 어서 우리 애가 보고 싶어요.

경화 돌아갑시다. 아버지 계시는 데로. 이젠 더 이상 식구들을 잡아둘 사정이 못 되오.

바우덕이 남사당이 없어지면 안 돼요.

경화 없어지기야 하겠나? 누군가 넘쳐나는 재주를 못 견뎌 장구매고 떨치고 나서는 사람들이 있겠지. 신극하는 배우나 곡마단 하는 재인이나 알고 보면 우리처럼 광대끼가 넘쳐서 집을 나선 사람들이 아니겠소?

바우덕이 인연을 끊고?

경화 그래, 세상과 인연을 맺고 싶지 않아 훌쩍 떨치고 나온 사람들이지!

바우덕이 새처럼 자유스럽게 훨훨 날아다니는 사람들!

경화 새처럼?

바우덕이 네, 날고 싶어요, 줄을 타고!

덕이 날아갈 듯 놀이마당으로 향한다. 경화 따라나간다.

놀이마당.

바우덕이 등장하자 조명과 음악이 화려하게 바뀐다.

바우덕이 봉섭을 본다. 봉섭, 덕이의 아름다운 자태에 끌리듯 일어선다.

경화 나와서 북 앞에 앉는다. 북채를 잡고 한 장단 치자 모두 정적.

매호씨 튀어나온다.

매호씨 얼씨구, 때는 꽃 피고 새 우는 춘삼월, 늙은 과부는 담배질 하고 젊은 과부는 시집가고 싶어 부엌에서 솥뚜껑만 쥐었다 놨다 애를 태우는데, 홍안소년은 백마 타자 하고, 늙은 총각은 사자 타고 춤추자네. 우리 금상폐하께서 연 타고 낮잠만 주무신다. 보다 못해 우리 바우덕이가 나서는데, 백설 같은 적삼에 다홍띠 여며 매고 허공에 떠 있는 외줄에 살풋 올라서니,

바우덕이 장단에 맞추어 춤추듯 줄 위로 올라선다

경화 (북을 치며) 나비 한 마리 허공에 떴다. 잠자리 꽃잎에 앉듯 사뿐히 한발 내딛고,

매호씨 얼쑤!

경화 눈썹에 나비 앉아 너울너울 춤을 춘다.

춤추듯 줄을 타고 건너는 바우덕이의 모습.

봉섭, 조마조마하면서 본다.

매호씨 여기서 보기엔 얼마 안 되는 듯싶지만 올라서면 장장 캄캄합니다. 가슴이 두 근 반 세 근 반 하고 다리가 벌벌 떨리고 정신이 아찔, 장히 어렵구나.

경화 선녀 하늘로 오르듯 두 손에 부채를 활짝 펴고,

바우덕이 손에 부채를 펴든다.

경화 구름 연못에 오작교를 건넌다. 견우를 맞아 직녀가 사뿐사뿐 걷는데,

바우덕이 막 줄을 건너려 하는데 호루라기소리와 함께 순사 뛰어들어 봉섭을 덮친다. 일순 정적이 돈다. 끌려가던 봉섭, 뒤돌아 서며.

봉섭 덕이야, 나도 싸울 테다!
바우덕이 안 돼.

바우덕이 크게 소리치다 줄에서 떨어진다. 비명소리들.
순사들도 멈칫 하는 사이 봉섭 팔을 뿌리치고 떨어진 덕이를 향해 달려든다. 힘겹게 상체를 일으키는 바우덕이, 손을 저어 달아나라는 시늉을 한다. 봉섭 달아난다.
그제야 순사들 호루라기를 불며 뒤따른다.

경화 달려들어 바우덕이를 일으켜 안는다.

경화　여보!
바우덕이　남사당을 없애지 말아요!

숨진다. 합창 소리와 함께 불이 켜지면 전 무대가 오픈된다. 배경막에는 멀리 산자락이 보이는 들판이 전개된다.

(합창)
안성 청룡 바우덕이 소고만 들쳐도 돈 나온다
안성 청룡 바우덕이 치마만 들춰도 돈 나온다

영기를 앞세우고 남사당 패거리들 등장한다. 바우덕이를 멍석에 말아 지게에다 진 경화를 선두로 김 노인, 복만이의 손을 잡고 뒤따른다.

(합창)
안성 청룡 바우덕이 줄 위에 오르니 돈 쏟아진다.
안성 청룡 바우덕이 바람을 날리며 떠나를 가네

경화, 지게를 내려놓는다. 식구들 지게에서 멍석에 말린 시신을 조심스럽게 받아 내린다.

김 노인　자, 이쪽으로. 내 딸 바우덕이야, 가는 길 섭섭타 마라. 우리 같은 천한 것이 꽃상여를 쓸 수가 있는가? 묻힐 땅이 따로 있는가? 여기 개천가 돌무덤에 너를 묻을 것이니 가는 길 서럽다 말고 곱게 누워 잠들거라.

무대 후면 중간에 시신을 뉘여 놓는다.
김 노인 돌을 들어 시신 위에 놓는다. 다른 식구들 모두 차례차례 돌을 들어 그 위에 놓는다.
차츰차츰 돌무덤이 형성된다. 어멈 복만에게 돌을 준다.

어멈 네 어머니 가시는 길이다
복만 (울먹이며) 어무이요! (돌을 놓는다)

경화, 김 노인이 주는 돌을 받아들고 무덤 앞에 가며 꿇어앉는다.

경화 여보, 이제 세상 고생 면했구려. (소리없이 흐느낀다)
김 노인 허, 울 것 없네. 우리 덕이가 가는 길이 이렇게 청승맞아서야 되는가? 뭣들 하고 있는 게야? 한판 쳐부숴야지. 바우덕이가 저승에 가면서 춤추며 가게 장단을 맞춰줘야지.

모두 마지못해 악기를 든다. 그러나 슬픔에 치지 못한다.

김 노인 이보게 경화, 덕이가 자네 피리소리를 제일 좋아하지 않는가? 가는 길 배웅해야지. 뭘 하는가?

경화, 허리춤에서 피리를 꺼내든다. 입에 문다. 청승맞은 피리
소리……

처음엔 흐느끼듯 하다가 점차 흥겨워지기 시작한다.

북만이 버꾸를 들고 뛰어나온다.

멋있게 상모를 돌리며 버꾸를 친다.

놀라 보는 경화, 식구들 하나씩 악기를 들고 이들에 합세한다.

김 노인, 상쇠를 친다. 경화 날나리 분다.

이제 이 연극에 처음으로 모든 악기가 동원된 풍물놀이가 넓게
흥겹게 벌어진다.

(합창)
안성 청룡 바우덕이 줄 위에 오르니 날아가네
안성 청룡 바우덕이 구름을 타고 떠나를 가네

남사당 다시 끝없는 행렬을 이루어가면서 멀리 바우덕이 승천
한다.

(창)
떼에루 떼에루 띠어라 따…….

천천히 막 내린다.

좌절과 비극의 작가
― 초 · 중기 작품을 중심으로

유민영 | 연극평론가

　사실 윤대성은 대중에게 있어서 극작가로서보다는 TV작가로 비춰져 있다. 그럴 수밖에 없는 것이 작가의 길을 내딛은 이래로 15년의 작품경력을 쌓아가는 동안 희곡은 고작 십 편을 넘지 못하는 데다가 1970년대 TV드라마에 신풍을 일으킨 장본인이 바로 윤대성이기 때문이다. 이 시기 10여 편의 희곡 중에서도 무대에 올려진 것은 장단편을 합해서 겨우 9편에 불과하니 과작의 극작가라 불릴 만하다. 그러나 어쩌다가 무대에 올려지는 작품들이지만 그때마다 관객의 시선을 끌었고, 그의 예리한 사회적 관찰은 대중을 섬뜩하게 만들곤 했다.

　이는 그의 희곡에서보다도 오히려 TV극에서 더욱 유감없이 발휘되었다. 표현의 제약을 받으면서도 강렬한 그의 사회성이 전파를 탈 수 있었던 것은 순전히 무거운 주제를 재치화할 줄 아는 그의 뛰어난 극술 때문이었다. 한때 인기를 끌었던 TV극에서 〈홍변호사〉라든가 〈수사반장〉 같은 것은 시청자를 향해 비수를 던지는 것 같은 충격성마저 있었다. TV드라마건 희곡작품이건 간에 그의 작품들이 충격적이었던 것은 삶과 사회를 바라보는 날카로움과 사실성 때문이었다. 그가 쓴 대부분의 TV드라마가 사실에 바탕을 두었던 것처럼 그의 희곡도 반 가량이 기록극이다.

　이와 같이 그는 기록극에 강하다. 극작가가 기록물에 강하다는 것은 곧 사회

문제극을 많이 쓴다는 의미도 될 것이다. 그가 기록물에 많이 의존하는 점에서 그는 우리 희곡사의 흐름에서 약간 특이한 존재다. 다른 극작가들처럼 그도 생존권을 향한 몸부림을 커다란 주제로 삼으면서도 감상성을 배제할 수 있었던 것도 순전히 기록성을 중시하는 데서 온 것이 아닌가 싶다.

그리고 남다른 성장배경이 그로 하여금 정서고갈 상태에 빠지게 하고 여유를 빼앗아갔는지도 모른다.

만주 목단강 부근에서 유랑극단 악극배우(후에 인쇄업에 종사)의 장남으로 태어난 윤대성은 독립군과 일본군, 마적단의 총소리를 들으며 성장했다. 관동군을 위문하는 악극단장의 아들이었으므로 생활난은 격지 않았으나 공포와 불안 속에서 소년기를 보낼 수밖에 없었다. 생(生)과 사(死)가 노출된 야성의 도시 목단강은 그에게 일찍부터 부정적 사회관과 절망적 인생관을 심어주었고, 분단과 6·25전쟁은 그것을 더욱 심화시켰던 것 같다. 그는 대학에서 사회과학(법학)을 공부하면서 역사와 인간의 비극이 인간성 자체의 황폐화에 있고 인간을 황폐화시키는 것은 잘못된 정치권력이라고 생각한 것이다.

이와 같은 생각은 그가 청년시대에 마르쿠제에 심취함으로써 더욱 굳어져 갔다. 그러나 그는 한가닥 빛을 찾기 위해 잠시 종교(가톨릭)에 입문하기도 했지만 한때 우리나라를 휩쓴 무신론적 실존주의자들인 사르트르, 까뮈를 만나면서 구원의지를 스스로 꺾고 말았던 것이다.

따라서 그는 계속 방황할 수밖에 없었고 은행입사와 퇴직, 낭인생활 속에서 극작가의 길을 찾게 된 것이다. 인생과 대결할 수 있는 길은 연극밖에 없다는 정치적 주창자 피스카터의 말이 그로 하여금 극작가의 길을 재촉케 한 것이다. 「손님들」, 「형제」 등 주로 신변의 이야기를 갖고 습작기를 보낸 그는 1967년에 단막극 「출발」(동아일보)로 정식 데뷔했다. 습작기 작품들이 그가 장남으로서 가정에서 겪어야 되는 문제를 그린 것이라면 데뷔작은 불안한 시대에 청년이 겪어야 되는 방황과 좌절을 형상화한 것이다. 즉 리상을 쫓아 방황하다가 절망하고 돌아온 청년과 그 청년을 사랑하다가 불행하게 죽은 아내로 해서 그 청년을 만나려고 기다리고 있는 역원. 두 남자는 어느 간이역에서 만난다. 역원은 청년을 만나자마자 도덕적 책임을 추궁한다. 그러나 그 청년이 단지 이상을 쫓아 떠난 죄밖에 없다는 사실을 알고는 기차에 뛰어들어 자살한다는 줄거리다. 현실과 이상의 괴리, 갈등을 묘사한 이 「출발」은 전후 니힐리즘을 단적으로 보여준 것이기도 하다. 김승옥의 「무진기행」도 비슷한 시기에 나오지 않았나 싶다. 작가는 대체로 초기에는 자기의 삶을 묘사하고 중기에는 남의 삶을 묘사하며 말년에는 또다시 자기로 돌아온다는 이야기가 있다.

윤대성이야말로 그런 기적을 밟아가는 듯싶다. 왜냐하면 「손님들」, 「형제」, 「출발」로 이어지는 데뷔를 전후한 작품들이 하나같이 자기 개인의 쓸쓸한 체험을 바탕으로 하고 있기 때문이다. 가령 전통적인 가족구조 속에서 장남이 겪어야 되는 부담과 고통을 그린 「손님들」과 「형제」가 어려웠던 자신의 처지를 극화한 것이라면 한 여자와의 이별을 이상의 무너짐으로 형상화한 「출발」 역시 윤대성 자신의 잊을 수 없는 경험이 배경으로 되어있는 것이다. 「출발」의 주인공인 청년(토마스)과 역원 아내(마리아)의 세례명도 윤대성 자신과 그의 연인의 이름이었다.

그러나 그도 서사성이 강한 가면극, 판소리, 무속 등 전통과 만나면서 자신으로부터 과감히 벗어난다. 1969년에 발표한 최초의 장막희곡 「망나니」는 바로 그러한 작품인 것이다. 자신의 내면을 향해 머물러 있던 시선이 사회로 향했는데, 그런 첫 작품 「망나니」만은 어중간한 것이었다.

왜냐하면 시선이 사회와 역사로 향하면서도 주인공에 자신의 인생관을 너무나 짙게 투영했기 때문이다. 주인공 망나니의 참담한 좌절이 바로 그것이다. 이때 이미 윤대성의 리상주의와 허무주의는 굳어진 듯싶다. 즉 이 작품에서도 한 인간(망나니)이 조선조 후기의 불안한 시대속에서 격랑을 헤쳐나가다가 결국은 비극적 좌절을 겪는다. 그러니까 권력의 비리와 사회의 부조리에 항거하지만 그 끈질긴 생명의지도 결국 무참하게 짓밟히고 마는 것이다. 이와 같이 그의 최초의 사회적 발언은 과거의 역사를 향해 소리쳐졌던 것이다.

그는 서서히 자신(개인)의 좌절과 불행을 사회 속에다 놓고 객관화 시켜서 응시하기 시작했다. 그리하여 부조리한 현대에서 개인은 불행할 수밖에 없고 그것은 순전히 정치권력과 물질이라는 결론을 얻게 된 것이다. 그런 시기에 그는 페터 바이스의 작품을 만나게 되었다. 그것도 마라 사드였다. 미국에서 불었던 리빙 디어터에 관한 것도 읽었다. 이것들은 잠재되어 있던 그의 내면에 반항의 불을 질렀다. 그는 드디어 마라 사드를 본딴「미친 동물의 역사」를 썼다. 마치「마라 사드」가 살인을 다큐멘터리식으로 펼쳤듯이「미친 동물의 역사」도 인간의 살의을 충격적으로 극화한 작품이다. 윤대성은 페타 바이스처럼 이 세상은 광기가 지배한다고 믿기 시작한 것이다.

그리고 이 세계가 광기의 사회로 치닫게 하는데 매스컴의 역할이 크다고 생각했던 것 같다. 획일사회를 공격한 마르쿠제의 영향이 작용한 것이다. 그러나 윤대성은 어디까지나 우리 사회와 상황에서 받은 충격에서 포커스를 맞춰갔다. 전후의 격동하는 정치권력과 경제비리가 尹大星의 공격표적이 되었고, 힘의 꼭두각시로서 대중을 오도하는 매스컴이 혐오의 대상이었다. 미친 동물의 역사에서 주인공 허가 독백하는 "양심은 고문당하고 어린 아이는 유괴당하고 총부리는 안으로 향하고, 살인은 살인을 낳고, 사상은 사상을 죽이고 얼룩진 역사가 되풀이되는 세상, 권력은 부와 친척을 맺고 구호는 약 광고를 선전하고 경제개발은 저축을 부르고 저축하면 장작 두 평을 살 수 있는 그런 세상 말이오!"라는 말은 바로 윤대성의 시니컬한 사회관을 단적으로 표현한 것이다.

따라서 그는 부와 권력의 꼭두각시 매스컴 비판으로 방향을 돌리기 시작한다.「목소리」와「출세기」가 그것이다. 즉 남의 이야기, 타인의 말만을 전달하고 자기의 목소리로 자신의 진정한 내심을 전달 못하는 아나운서가 어느 날 한강에서 투신하는 남자직공, 여공 등 좌절된 전말기를 실황중계 하다가 자기의 진정한 목소리를 찾지만 그로부터 그가 정신이상자로 몰린다는 것이「목소리」이다.

「목소리」에서도 기계에 손목을 잘린 직공 등 하급 노동자를 주인공으로 택한 것이라든가 또 아나운서가 그린 소외된 계층만을 대변하려던 것 등도 주목할 필요가 있다.

그런데「목소리」에서는 매스컴 자체를 신랄히 공격한 것은 아니었다. 다만 매스컴의 구조적 병폐를 부각했을 뿐이다.

그러나 다음 작품 「출세기」부터는 매스컴의 허상을 정공법으로 공격하고 나선다.

한때 화제가 되었던 매몰광부의 전락기인 「출세기」는 매스컴의 생태와 병리를 통해서 현대인의 정신적 황폐를 문명비판적 입장에서 묘파한 작품이다. 매몰광부를 일약 영웅(?)으로 만들었던 매스컴은 그들이 조작해놓은 영웅을 내던져버림으로써 허상을 쫓던 한때의 영웅은 나락으로 떨어지고 말았던 것이다. 자연주의적인 세계관을 깔고 서사기법을 원용한「출세기」는 풍속극의 성격을 지니면서도 고발의 고삐만은 조금도 늦추지 않았던 것이다.

윤대성은 사회병이를 해부하고 고발하자니 궁극적으로 정치와 만나지 않을 수 없었을 것이고 우리 狀況의 벽에 부딪치지 않을 수 없었을 것이다. 그는 서서히 자유의 문제를 심각하게 생각하기 시작한 것이다. 그는 곧 역사를 통해서 우회적으로 자유의 문제를 제기했다. 그것이 「노비문서」이다. 고려시대의 유명한 노비들의 저항운동이었던 '만적의 난'을 소재로 한 「노비문서」는 개인의 비극을 정치체제 속에서 찾아본 작품이다. 결국 노비들의 영웅이었던 만적이었지만 그도 끝내 체제와 제도의 벽을 뚫지 못하고 참담한 패배를 맛보게 되는 것이다. 만적의 처형을 통해서 그가 일깨우려 한 것은 자유의 고귀함과 소중함이었다.

이처럼 그는 현실적 인물과 역사적 인물을 통해서 실존적 자각을 꾀하려 했다. 물론 그의 작품에 줄기차게 흐르는 것은 리상주의이고 그것의 무너짐으로 인한 허무주의이다. 「출발」의 역원으로부터 「망나니」, 「미친 동물의 역사」의 여러 주인공들, 미친 아나운서, 출세한 매몰광부, 만적 등등 모두가 저항과 패배라는 똑같은 궤적을 밟는 것에서도 확인할 수 있다. 그가 창조해 놓은 인물들은 좌절의 쓴잔을 마시고 으레 정신병동에 유폐되거나 혹은 바보가 되거나 죽게 마련이다.

그리고 그의 정치 권력과 배금사상에의 비판은 다시 도덕성의 문제로까지 확대된다. 그는 절대권력과 자본독점이 도덕의 부패를 낳는다는 생각을 갖기에 이르렀다. 그러한 사유 밑에서 쓰여진 작품이 바로 「너도 먹고 물러나라」이다.

황해도의 한량굿 장대장네굿을 소재로 한 이 작품은 넋풀이 형식을 빌어서 6·25 동족전쟁과 그 후의 정치변동 속에서 희생된 넋, 그리고 성륜리의 타락으로 희생된 태아의 원(寃)과 한(恨)을 풀어준다. 그러나 실제로 넋풀음을 통해서 그가 고발하는 것은 이데올로기의 문제요, 통치구조 비판이며 권력과 물질적, 육체적 탐욕이 낳는 오예(汚穢)의 문제였던 것이다. 이 작품에서 박판수의 넋두리 속에 "어떤 사람 팔자 좋아 제 마누라 열씩 두고 남의 아내 눈독들여 동지섣달 설한풍에 담쭉넘어 넘겨보다 얼어죽은 동태귀야 너도먹고 물러가라. 벌써벌서 몇 년 전에 형제간에 싸우다가 너도 죽고 나도 죽어 골육상잔에 돌아간 귀 너도 먹고 물러나고……"는 6·25전쟁과 그 후의 사회문제를 풍자적으로 고발하는 내용이다.

윤대성은 지극히 이상주의자이기 때문에 그를 둘러싸고 있는 모든 사회제도와 윤리상황은 왜곡되고 병든 것으로만 보았던 것 같다. 일찍이 가톨릭에 입교하고 법률을 공부한 그에게 있어서의 사회상은 하나의 질환으로 비쳤던 것같다. 그렇게 때문에 그는 사회구조를 전반적으로 부정하고 매도하는 체질로 굳어진 것이다. 그로부터 그는 인간성 옹호의 소리를 질러대기 시작했다.

인간이 만들어놓은 정치체제라든가 제도, 문명에 의해서 인간은 점점 소외되고 심지어 인간이 만들어 놓은 거대한 권력이라는 망령에 의해서 인간 자신이 압사 당해 간다고 믿게 된 것이다. 그러한 사실을 그는 유괴범으로 몰려 고통받은 한 실제적 인물을 통해 확인했던 것이다.

중기작이면서 그의 연극관과 드라마투르기를 총동원한 듯한 「신화 1900」이야말로 그의 그러한 측면을 잘 나타내는 작품이다. 「신화 1900」은 부산에서 있었던 실화를 바탕으로 하고 있다 김기창이라는 인물이 억울하게 유괴범으로 몰려서 형을 받았다가 나중에 무죄로 석방되었으나 그 동안에 받았던 정신적, 육체적 고통으로 파국을 맞게 된다. 윤대성은 김기창의 파국을 법률과 제도, 그 다음으로 매스컴, 그리고 우매한 대중이 가세해서 만들어 놓은 전률할 결과로 본 것이다.

이들 3자의 완벽한 공모살인으로 본 것 같다. 그가 작의에서 "작금 우리 사회 일각에는 법의 정신을 위배한 법집행에 대한 비판과 언론의 오보, 날조로 인한 피해자가 속출하고 있다"고 한 것은 바로 인간을 얽어매고 있는 제도와 문명의 광기와 공포를 지적한 것이다.

따라서 그는 그러한 사실을 폭로하는 방법으로 「마라사드」나 「미친 동물의 역사」처럼 성신병동으로 실징하여 매우 예리히게 폭로한다. 즉 「신화 1900」은 무대도 정신병원이고 등장인물도 작가와 의사 등 몇 사람을 제외하고는 거의가 정신이상자들이다. 이들이 재판놀이를 벌이는데, 정상적인 사람들이 하는 엄격한 재판보다도 훨씬 진실에 다가서고 있는 것이다.

그리하여 결국 유괴범으로 재판받은 김기창은 무죄로 된다. 그러나 여기서 충격적인 사건이 벌어진다. 김기창을 전범으로 확신하고 있는 남자간호사가 독자적으로 김기창을 처형해 버렸기 때문이다.

> 남자 간호사 제가 사형을 집행해 버렸지요. 그 사람은 범인입니다. 이건 확실한 사실입니다. 내 양심에 따라 거리낌 없이 사형을 집행했습니다. 이 세상은 깨끗한 세상이 되어야 합니다. 난 내 양심을 걸고 선언합니다. 이 자들은 범인입니다.
>
> 〈神話 1900〉

확실한 증거와 위증자들의 양심회복에 의해서 무죄임이 확신되었음에도 남자 간호사만은 여전히 김기창을 계속 범인으로 단정, 독자적으로 처형해 버렸던 것이다. 여기서 주목되는 것은 과거라는 망령에서 못 벗어난 남자간호사의 고정관념이다. 그는 오랜 시간 동안 김기창이 범인인 것처럼 얽어맨 법률과 그것을 완벽한 드라마로 만들어서 세상에 공포해온 무책임한 매스컴의 보도에 은연중 중독됨으로써 김기창의 무죄를 도저히 믿을 수 없게 된 것이다. 획일주의 사회는 이처럼 인간을 고정관념에 사로잡히게 만드는 것이다.

윤대성은 정의나 진실에 바탕을 두지 않은 맹목적 확신이 전율할 만한 결과를 빚는가를 암시하려 한 것이다.

무죄로 판명된 김기창을 일방적으로 처형한 남자간호사의 "이 세상을 깨끗하게 만들기 위해 양심에 따라 감행한 것"이라는 그 충격적 선언은 몸서리쳐질 정도인 것이다. 그런데 윤대성이 이 작품을 통해서 고발하려던 것은 사회체제와 개인의 운명과의 상관관계이고 사회가 진실과 정의를 바탕으로 하지 않고 독선과 편견에 빠질 경우 인간의 존엄성은 짓밟힐 수밖에 없다는 점이었다.

그리고 그는 사회와 윤리, 문명의 오도는 궁극적으로 잘못된 정치권력이나 물질만능사상에서 비롯된다고 보았다. 따라서 양심과 신념에 따라 무죄로 밝혀진 혐의자를 독단적으로, 그것도 아무런 거리낌도 없이 처형해버린 남자간호사는 여러 가지로 음미해 볼 만한 인물이라 생각한다.

그러니까 우리들 개개인도 남자간호사와 비슷한 과거의 망령 속에서 사로잡혀 있고 또 무서운 편견과 도그마를 무의식적으로 갖고 있는지도 모를 일이다.

윤대성은 바로 그 점을 노린 것이고 공범자로서의 대중의 양심마비를 준엄하게 추구하고 있는 것이다. 작가 자신의 상상력의 부족에 따른 윤기의 부족에도 불구하고 그의 작품이 문제성을 지니는 것은 순전히 사실을 헤집고 진실을 밝혀서 대중의 양심문제로까지 확대시키는 날카로운 시선과 기록을 바탕으로 확증성에 있는 성싶다.

이처럼 그의 작품으로 볼 때, 중기로 접어들면서 청년기의 나약한 좌절에 따른 허무주의가 격렬성을 띠어가고 있는 듯이 보인다. 그러나 작품이란 것이 폭로나 고발 이전에 격높은 예술이 되어야 할 것이다. 즉 비판이나 고발도 예술이라는 여과장치를 통해서 표현해야 한다는 사실을 상기해야 된다는 이야기다.

그런데 윤대성이 극작가로서 주목받고 있는 것은 그의 부단한 인간존엄성 회복을 향한 절규에 앞서 다양한 극술의 구사에 있기도 하다. 이미 20대에 우리 자신의 재발견이라는 기치를 들고 민속극(가면극)에서 드라마투르기를 찾는, 첫 번째 장막극인 「망나니」에서는 대담하게 등장인물에 가면을 씌우기도 했다. 이 말은 「망나니」가 적어도 희곡의 양식면에서는 놀랄 만한 변화를 추구한 실험이었다는 이야기다. 소재원천을 전통 민속에서 가져온 경우는 이미 오영진이 시도한 것이지만 그는 대체로 소재주의에 머물러 있었고 윤대성처럼 새로운 양식을 모색한 것은 아니었다.

그 점에서 윤대성은 특이한 존재라 볼 수 있다. 이러한 그의 대담한 약식의 모색은 다음 작품 「너도 먹고 물러나라」로 이어지는데, 이 작품이 비록 황해도 지방의 한량굿인 '장대장네굿'에 바탕을 둔 것이라 하더라도 이미 양식면에서는 서사기법을 사용했던 것이다. 즉 그는 이 작품에서 자연주의적인 무대 공간을 과감하게 깨뜨리기 시작했고, 이는 다음 작품 「출세기」에서 뚜렷이 드러났다. 브레히트의 서사극 방식이 처음으로 윤대성에 의해서 한국무대에 발을 붙이기 시작했다.

이와 같은 그의 재래의 무대형식의 파괴와 새로운 양식의 추구는 「신화 1900」에서 절정에 이르지 않았나 싶다. 왜냐하면 그가 이 작품에서 서사극 바탕 위에 기록극, 사이코드라마, 사회극 등 다양한 기법을 혼용시켰기 때문이다. 언뜻 보면 산만한고 짜임새 없이 느껴지기도 하지만 이 작품은 전체극의 성격을 지니고 있다. 그는 일찍이 민속극에서 서사기법을 터득하고 브레히트 극에서 소격효과를 발견하여 자기 나름의 서사극을 정립해가고 있다.

따라서 그의 희곡은 적어도 양식면에 있어서 어떠한 기법도 수용할 수 있게끔 열려있고 바로 그 점 때문에 여러 가지 기법이 동원되어도 극구성이 별로 흐트러지지 않는다.

그래서 그의 작품은 언제나 실험적으로 보이고 아직도 확고한 우리 스타일을 못 가진 방황하는 작가처럼 보이기도 한다. 그러나 서사극적이고 자유분방한 그것이 곧 윤대성 나름의 드라마투르기인 것을 알아야 한다.

그는 분명히 이 시대의 매우 특이한 사회문제극작가이다.

공연예술신서 · 42

윤대성 희곡 전집 · 2

초판 1쇄 발행일   2004년 2월 27일

지 은 이   윤대성
만 든 이   이정옥
만 든 곳   평민사
　　　　　　서울시 서대문구 남가좌2동 370-40
　　　　　　전화: (02)375-8571(代)
　　　　　　팩스: (02)375-8573
http://www.pyungminsa.co.kr
E-mail pms1976@korea.com

등록번호   제10-328호

ISBN   89-7115-399-7   04680(SET)
ISBN   89-7115-401-2   04680

정 가   11,000원